Collection « Études africaines »

dirigée par Denis Pryen et son équipe

Forte de plus de mille titres publiés à ce jour, la collection « Études africaines » fait peau neuve. Elle présentera toujours les essais généraux qui ont fait son succès, mais se déclinera désormais également par séries thématiques : droit, économie, politique, sociologie, etc.

Dernières parutions

Romaric Franck QUENTIN DE MONGARYAS, *L'école secondaire au Gabon, Analyse sociologique des jugements professoraux*, 2017.
Minette TOMEDI EYANGO TABI, *Bassin versant du Nkam-Wouri. Prototype de la biodiversité des zones humides du Cameroun*, 2017.
Herman Blaise NGAMENI, *La diffusion du droit international pénal dans les ordres juridiques africains*, 2017.
San Simon COULIBALY, *Interroger les défunts, orienter les vivants. Analyse ethnolinguistique des causes de la mort en pays toussian*, 2017.
Auguy MAKEY, *Misère de la philosophie négro-africaine*, 2017.
Edwige KOUADIO, *Du fosterage à l'adoption plénière. L'adoption des enfants de la pouponnière d'Adjamé (Abidjan, Côte d'Ivoire)*, 2017.
Patrice MOUNDZA, *Le quotidien des artères urbaines du Congo*, 2017.
Jean-Emery ETOUGHÉ-EFÉ, *Les bars populaires de Libreville. Des construits de sociabilités*, 2017.
Guy MVELLE et Laurent ZANG (Dir.), *L'Union africaine quinze ans après, Tome 2*, 2017.
Guy MVELLE et Laurent ZANG (Dir.), *L'Union africaine quinze ans après, Tome 1*, 2017.
Joachim Emmanuel GOMA-THETHET, Marcel IPARI, Raymond Timothée MACKITHA, *Introduction à l'histoire et aux civilisations des peuples de la Lékoumou (Congo)*, 2017.
Alhousseini MOULOUL, *L'intégration économique et juridique en Afrique*, 2017.
Martial JEUGUE DOUNGUE, *La garantie des droits fondamentaux au Cameroun*, 2017.
Mamadou Billo BARRY, *Gouvernance et coopération internationale en éducation, Le cas de la Guinée*, 2017.
Christine THÉODORE, *Objets d'initiation. Rencontre avec un chasseur dozo. Échanges d'objets d'initiation et modifications des interactions*, 2017.
Pierre GIGUÈRE, *L'accès à l'habitat dans l'Afrique des villes. Un toit pour l'Afrique*, 2017.
Daniel MULENDA LOMENA EMAMBA, *La gestion de l'intégration des entreprises par la préservation des écosystèmes naturels*, 2017.
Christelle BELPORO, *La responsabilité des entreprises multina-tionales pour les violations des droits de l'homme en Afrique*, 2017.

Dispositions et normes environnementales des lois pétrolières en Afrique centrale

5-7, rue de l'École polytechnique, 75005 Paris

http://www.harmattan.fr

ISBN : 978-2-343-12764-4
EAN : 9782343127644

Mahamat Nasser HASSANE

Dispositions et normes environnementales des lois pétrolières en Afrique centrale

Projets d'exportation du brut tchadien et du pipeline Tchad-Cameroun

L'Harmattan

SOMMAIRE

PRÉFACE

L'auteur du présent petit ouvrage s'est attaqué à une masse de données peu exploitées et à un sujet parfois explosif. Son mérite est aussi lié à sa qualité : ancien Ministre, Aujourd'hui ambassadeur, il en a une parfaite connaissance et a appris au fil de ses fonctions qu'il fallait exposer le sujet avec un maximum de distance et d'objectivité pour espérer en livrer un tableau lisible.

C'est ce qu'il a fait dans sa thèse puis dans cette synthèse qu'en tant que directeur de thèse j'ai poussé l'auteur à commettre malgré son emploi du temps....

Puisse le lecteur intéressé par ces territoires et leur économie prendre autant de plaisir que moi à lire le résultat....

R. Romi,
professeur de droit,
doyen honoraire de la faculté de droit de Nantes.

ACRONYMES

A.E.	Audits Environnementaux
A.E.F.	Afrique Equatoriale Française
A.I.E.	Agence Internationale de l'Energie
A.N.	Assemblée Nationale
A.O.I.	Appels d'Offres Internationaux
A.P.E.	Agence pour la Protection de l'Environnement
A.T.P.	Autorisation de Transport par Pipeline
B.A.D.	Banque Africaine de Développement
B.E.A.C.	Banque des Etats de l'Afrique Centrale
B.E.I.	Banque Européenne d'Investissement
B.I.R.D.	Banque Internationale pour Reconstruction et le Développement
B.M.	Banque Mondiale
B.P.	British Petroleum
P.B.	Procédures Bancaires
B.R.P.	Bureau des Recherches Pétrolières
C.A.	Chiffres d'Affaires
C.C.N.U.C.C.	Convention-Cadre des Nations Unies sur les Changements Climatiques
C.C.O.	Certificat de Conformité de l'Ouvrage
C.C.S.R.P.	Collège de Contrôle et de Surveillance des Revenus Pétroliers
C.E.E.A.C.	Communauté Economique des Etats de l'Afrique Centrale
C.E.M.A.C.	Communauté Economique et Monétaire de l'Afrique Centrale
C.E.S.C.	Conseil Economique, Social et Culturel
C.G.D.	Code Général de Douanes
C.G.I.	Code Général des Impôts
C.I.J.	Cour Internationale de Justice
C.I.P.	Campagne d'Information du Public
C.N.P.C.	China National Petroleum Corporation
C.O.T.CO.	Cameroon Oil Transportation Company
C.P.P.	Contrat de Partage de Production
C.P.S.P.	Comité de Pilotage et de Suivi des Pipelines
CFC.	Chlorofluorocarbone
CH_4.	Méthane
CO_2.	Dioxyde de carbone
CO.B.A.C.	Commission Bancaire de l'Afrique Centrale
CO.F.A.C.E.	Compagnie Française d'Assurance pour le Commerce Extérieur

CON.O.CO.	Continental Oil Company
COP3.	3ème Conférence Annuelle de la Convention-Cadre
D.F.I.	Décision Finale d'Investissement
D.G.H.	Direction Générale des Hydrocarbures
D.U.P.	Déclaration d'Utilité Publique
E.E.	Evaluation Environnementale
E.E.P.C.I.	Exxon Exploration & Production Chad Inc.,
E.I.E.	Etude d'Impact sur l'Environnement
E.M.H.	Etude du Milieu Humain
E.U.A.	Etats-Unis d'Amérique
F.A.O.	Food and Agriculture Organization of the United Nations[1]
F.E.D.E.C.	Fondation pour l'Environnement et le Développement au Cameroun
F.G.F.	Fonds des Générations Futures
F.I.POL.	Fonds d'Indemnisation des Pollutions
F.M.I.	Fonds Monétaire International
F.S.G.E.	Fonds Spécial pour la Gestion de l'Environnement
F.S.O.	Floating Storage Offloading Tanker[2]
G.E.S.	Gaz à Effet de Serre
G.G.F.R.	Global Gas Flaring Reduction[3]
G.I.C.	Groupe International Consultatif
G.I.E.C.	Groupe d'experts Intergouvernemental sur l'Evolution du Climat
I.D.E.	Investissements Directs à l'Etranger
I.E.	Industries Extractives
I.S.	Impôt sur les Sociétés
N.O.A.A.	National Oceanic & Atmospheric Administration[4]
O.C.D.E.	Organisation de Coopération et Développement Economique
O.C.I.	Organisation de la Coopération Islamique
O.C.R.S.	Organisation Commune des Régions Sahariennes
O.D.	Directives Opérationnelles
O.M.C.	Organisation Mondiale du Commerce
O.M.M.	Organisation Météorologique Mondiale
O.N.G.	Organisations Non-Gouvernementales
O.P.	Politiques Opérationnelles
O.P.E.P.	Organisation des Pays Exportateurs de Pétrole
P.A.V.	Peuples Autochtones Vulnérables
P.C.R.	Plans de Compensation et de Réinstallation
P.D.R.	Plan de Développement Régional
P.G.E.	Plan de Gestion de l'Environnement
P.G.I.	Programme Général d'Importation
P.G.R.P.	Plan de Gestion des Revenus Pétroliers
P.I.U.	Plan d'Intervention d'Urgence
PK.	Point de Kilométrique

---

[1] Organisation des Nations Unies pour l'Agriculture et l'Alimentation.
[2] L'Unité flottante de stockage et de déchargement.
[3] Le Partenariat public-privé pour la réduction mondiale des gaz torchés.
[4] L'Administration Nationale de l'Océan et de l'Atmosphère.

P.N.	Notes de Politiques
P.N.I.D.A.H.	Plan National d'Intervention en cas de Déversement Accidentel d'Hydrocarbures
P.N.U.E.	Programme des Nations Unies pour l'Environnement
P.R.E.	Plans de Réhabilitation de l'Ecosystème
P.R.G.	Potentiel de Réchauffement Global
P.R.S.	Station de Réduction de Pression
P.S.	Stations de Pompage
S.C.A.	Système de Contrôle Automatique
S.F.I.	Société Financière Internationale
S.H.T.	Société des Hydrocarbures du Tchad
S.I.G.	Système d'Information Géographique
S.N.	Société Nationale
S.N.H.	Société Nationale des Hydrocarbures
S.T.P.	Système de Transport par Pipeline
T.F.S.	Terminal Flottant de Stockage
T.O.T.CO.	Tchad Oil Transportation Company
U.D.E.A.C.	Union Douanière et Economique de l'Afrique Centrale
U.E.	Union Européenne
U.Q.A.	Unité de Quantité Attribuée
US-EXIMBANK.	Banque d'Export-Import des E.U.A

RÉSUMÉ

A l'heure actuelle, et ce malgré le développement des énergies nouvelles et renouvelables : solaires, éoliens, biocarburants, hydroélectriques etc., le pétrole constitue et demeure encore la principale source d'énergie mondiale, principalement du fait de son coût de revient. En effet, les hydrocarbures sont devenus indispensables depuis fort longtemps à l'industrie mondiale, puisqu'ils en conditionnent en quelque sorte le développement. Mais, si l'exploitation des hydrocarbures s'avère impérative pour satisfaire les besoins en énergie nécessaires au développement industriel mondial, elle ne s'effectue en revanche que très rarement sans un impact négatif sur l'environnement physique, social, économique et culturel de l'homme.

C'est pourquoi, au cours de ces dernières décennies, les Industries Extractives (I.E), en particulier celles des hydrocarbures faisaient et font encore l'objet, à tort ou à raison, de critiques et de contestations par les sociétés civiles, les O.N.G. et même par les populations des zones couvertes par les activités de celles-ci, en particulier les compagnies pétrolières. On les accuse d'être à l'origine de nombreux problèmes environnementaux tels que la dégradation de la couche d'ozone ou la destruction de la nature, et de manière générale, de favoriser la misère au sens large du terme de la population mondiale. La remise en cause des I.E des hydrocarbures depuis plus de deux décennies, notamment au Tchad, le cas du Groupe de Recherches Alternatives et de Monitoring du Projet Pétrole Tchad-Cameroun (GRAMP/TC) qui, à maintes reprises, organisait des conférences de presse, tenait des réunions pour remettre en cause le grand projet d'exportation du but tchadien et de pipeline Tchad/Cameroun exploité par le consortium dont l'opérateur est EXXON-Mobile, et tout dernièrement l'exploitation de pétrole du bassin de Bongor par la compagnie chinoise C.N.P.C, nous a poussé à nous interroger sur les activités des compagnies pétrolières au Tchad, secteur dans lequel nous avons travaillé plus de deux décennies en tant qu'ingénieur sur le terrain, plusieurs fois responsables, puis membre des différents comités et équipes de négociations des contrats et conventions pétrolières, et de façon plus élargie dans la sous-région de l'Afrique centrale. Ainsi, nous cherchons à savoir si les dispositions environnementales contenues dans les lois pétrolières du Tchad et celles de la sous-région de l'Afrique centrale sont-elles suffisantes pour atténuer l'impact environnemental, protéger l'environnement et assurer une vie saine et décente aux populations de ladite sous-région ?

Les lois pétrolières en Afrique centrale s'inspirent du code minier napoléonien en France qui date de plus de deux siècles. Elles furent adoptées dans les Etats membres de l'Afrique centrale à l'aube de leur indépendance dans les années soixante. Dans ces lois, des dispositions pour la protection et la préservation de l'environnement pendant les phases d'exploration, de développement et de production des hydrocarbures sont prévues, car l'exploitation des hydrocarbures ne s'effectue que très rarement sans un impact direct ou indirect sur la faune, la flore et l'activité socio-économique des zones d'extraction.

C'était dans cette lancée que nous avons présenté une thèse doctorale à l'Université de Nantes soutenue avec mention très honorable et autorisation de publication par les membres du Jury, le 11 avril 2015 sur le thème : Les dispositions environnementales des lois pétrolières en Afrique Centrale : efficacité et harmonisation.

Le présent ouvrage est donc un extrait tiré de ladite thèse.

Enfin, nous tenons ici à réaffirmer que ce travail n'aurait pas abouti dans de bonnes conditions, et dans un temps raisonnable si ce n'eut été par la contribution des uns et des autres. Que tous ceux qui ont apporté leurs contributions de près ou de loin reçoivent à ce niveau notre profonde gratitude et nos vifs remerciements.

INTRODUCTION GÉNÉRALE

En Afrique Centrale, il y a deux grands ensembles d'organisation : il s'agit d'abord de la Communauté Economique et Monétaire de l'Afrique Centrale (C.E.M.A.C.), créée par un traité signé le 16 mars 1994 à N'Djamena en République du Tchad, et qui est entré en vigueur le 25 juin 1999 après le 33ème sommet des chefs d'Etat de l'Union Douanière et Economique de l'Afrique Centrale (U.D.E.A.C.), qui s'est tenu à Libreville au Gabon. Cette organisation regroupe en son sein six (6) membres à savoir le Tchad, le Cameroun, le Gabon, le Congo, la Centrafrique et la Guinée équatoriale. Puis, il y a la Communauté Economique des Etats de l'Afrique Centrale (C.E.E.A.C), créée le 18 octobre 1983. Celle-ci regroupe, en plus des Etats membres de la C.E.M.A.C, Sao-Tomé-Et-Principe, l'Angola et ceux des Grands Lacs : la République Démocratique du Congo, le Burundi et le Rwanda. Dans cet ouvrage, toute mention de l'Afrique centrale fait référence aux seuls Etats membres de la C.E.M.A.C qui a été créée en lieu et place de l'U.D.E.A.C (voir la carte de la Zone C.E.M.A.C).

Dans notre analyse, nous nous sommes intéressés à savoir si les dispositions environnementales contenues dans les lois pétrolières du Tchad, et celles de la sous-région de l'Afrique centrale sont-elles suffisantes pour atténuer l'impact environnemental, protéger l'environnement et assurer une vie saine et décente aux populations de ladite sous-région ? Etant donné que cet ouvrage tente de traiter des dispositions environnementales des lois pétrolières en Afrique centrale, il serait nécessaire de donner un aperçu sur le pétrole et l'environnement de manière générale avant d'entrer dans le vif du sujet à traiter.

I. Environnement et droit de l'environnement

Selon le préambule de la déclaration adoptée à l'issue de la Conférence des Nations Unies sur l'Environnement à Stockholm en 1972, « l'homme est à la fois créature et créateur de son environnement qui assure sa subsistance physique et lui offre la possibilité d'un développement intellectuel, moral, social et spirituel. Dans la longue et laborieuse évolution de la race humaine sur la terre, le moment est venu où grâce aux progrès toujours plus rapides de la science et de la technique, l'homme a acquis le pouvoir de transformer son environnement d'innombrables manières et à une échelle sans précédent »[5]. Cette déclaration ne rendrait-elle pas l'homme, en dépit de toutes les connaissances scientifiques et techniques qu'il a acquises, responsable de toute transformation - positive ou négative - de son environnement ? Telle est la lourde charge posée, en effet, sur le dos de l'homme par cette déclaration. Quel est donc cet environnement dont l'homme a la charge ?

Comme en témoignent les différentes définitions qui sont ci-dessous rappelées, aucune définition du terme environnement n'est universellement admise dans le droit positif des Etats, ni même au niveau académique. Il se trouve en effet que chaque Etat ou communautés d'Etat donne au mot environnement une définition propre en fonction de ses intérêts et priorités. Dans le domaine de la recherche, nous ne constatons pas de contradictions, même si la définition de ce terme évolue avec le temps – évolution somme toute normale pour un sujet qui n'a gagné en importance que récemment. Selon le professeur Michel PRIEUR « l'environnement est une notion caméléon[6]». Quant au professeur Jean LAMARQUE, il définit l'environnement comme « l'ensemble à un moment donné des agents physiques, chimiques, biologiques et facteurs sociaux susceptibles d'avoir un effet direct ou indirect immédiat ou à terme sur les êtres

---

[5] Le texte intégral est disponible au Moniteur des Travaux Publics, 24 juin 1972, p.35. Voir également le site du Programme des Nations Unies pour l'Environnement, www.unep.org, ainsi que l'article de KISS (A-C) et SICAULT (J-D) : la Conférence des Nations Unies pour l'Environnement, AFD, 1972, p.603. BEURIER (J-P) et KISS (A-C) : « Droit international de l'environnement », édition Pédon, 2004, p.32 et s. Voir aussi GAUTIER-SICARI (M-A), « Les plates-formes industrielles et le droit de l'environnement, contradictions et avancées juridiques », Thèse, 18 septembre 2006, p.9.

[6] PRIEUR (M) : « Droit de l'Environnement », 5ème édition, Dalloz 2004, p.1 (1001pages).

vivants ou les activités humaines »[7] [8]. Une autre définition, avancée par le professeur Maurice KAMTO, est qu'on « entend par environnement le milieu, l'ensemble de la nature et ressources, y compris le patrimoine culturel et les ressources humaines indispensables pour les activités socio-économiques et le meilleur cadre de la vie »[9]. Quant à Christian Huglo, il définit l'environnement comme « ce qu'il y a autour de l'homme »[10], étant admis par ailleurs que l'homme est dans la perspective des philosophies actuelles, au centre de la civilisation. (...) l'environnement concerne aussi bien la protection de la nature que l'aménagement du territoire ou la protection des perspectives des sites ou des monuments historiques. De nombreuses autres définitions existent. Par exemple, selon le Petit Larousse, « l'environnement est ce qui entoure, ce qui constitue le voisinage, l'ensemble des éléments objectifs et subjectifs qui forment le cadre de vie d'un individu ». Aussi, un intervenant au sommet de Rio ne s'était-il pas empêché de déclarer, bien entendu, dans la colère « ce que vous nommez environnement, c'est ce qui reste de ce que vous avez détruit »[11].

Si l'on examine au regard de textes nationaux de la C.E.M.A.C, il se dégage selon Denis Ronger une définition commune qu'on peut formuler de la sorte : l'environnement est « l'ensemble des éléments physiques, biophysiques naturelles ou artificiels, et les facteurs économiques, sociaux et politiques qui ont un effet sur le processus de maintien de la vie, la transformation et le développement du milieu, des ressources naturelles ou artificielles, par les activités humaines »[12]. Dans le but d'atteindre un objectif clair, tel qu'énoncé par les différentes définitions susmentionnées, le droit positif est

---

[7] Cette définition avait été proposée au Conseil International de la Langue française.

[8] LAMARQUE (J) : « Droit de la protection de la nature et de l'Environnement », LGDJ 1973, avant-propos, p1.

[9] KAMTO (M) : « Droit de l'environnement en Afrique », édition 1996, p16 (416).

[10] Le Petit Larousse, illustré, 2010.

[11] Extrait de la déclaration de David KOPENAWA YANOMAMI, porte-parole des Yanomami au Sommet de Rio de juin 1992, rapportée par LEROUX-GOANACH : le droit international à l'épreuve de la protection des forêts tropicales, Thèses de droit public, Université de Nantes, 15 mai 2002, p.8.

[12] Denis Roger SOH FOGNO, Denis Roger SOH FOGNO, « *Développement et protection de l'environnement en Afrique centrale* », Thèse de droit public : Université de Nantes, 06 mai 2006, p.23.

incontournable[13]. Et comme l'indique le professeur ANOUKAHA, « incapable d'anticiper sur les actions de l'homme, ici comme ailleurs, [le droit de l'environnement] est intervenu après coup pour essayer de les contenir »[14]. En règle générale, le droit doit jouer un rôle préventif, dissuasif et curatif[15]. Afin de s'affirmer en tant que tel, le droit de l'environnement a dû se libérer des autres droits, tels que le droit de l'urbanisme, le droit de la mer, le droit aérien[16]. Cependant, le droit de l'environnement ne peut s'en affranchir totalement, car il est voué à la prise en compte d'un objet, influencé par l'écologie, ou milieu, qui suppose que soit développée une vision globale du problème. Il ne peut être qu'un « droit carrefour»[17] du droit interne et du droit international, du droit privé et du droit public[18]. Le droit de l'environnement est né au XXème siècle des inquiétudes face aux dommages infligés à la nature par les progrès industriels, puis des inquiétudes pour le devenir de l'humanité[19]. Les bases du droit de l'environnement ont été posées du 05 au 16 juin 1972 à Stockholm, puis consolidées à Rio du 03 au 04 juin 1992[20]. La conférence de Stockholm a rassemblé quelques six milles (6 000) personnes, parmi lesquelles les représentants de cent treize (113) Etats. Elle a donné naissance à une déclaration sur l'environnement, et à un plan d'action pour l'environnement composé de cent neuf (109) résolutions relatives

---

[13] KISS (A-C) (sous la direction de ...): « L'écologie et la loi », éd, l'Harmattan, 1989.

[14] ANOUKAHA (F) : « Le droit de l'environnement dans les systèmes africains de protection des droits de l'Homme », leçon inaugurale donnée à l'occasion de la rentrée solennelle de l'Université de Dschang, PUD, le 10 décembre 2002, p.4.

[15] KAMTO (M) : « Droit de l'environnement en Afrique », *op. ci.*, p17.

[16] MAGARINO DE MELLE: the role of law in problems of environment and development: Necessary transformation, *in* Policy of environment and development in Rio World Conference, Uruguay, Editor, The Montevideo, 1992.

[17] ROMI (R) : « Droit de l'environnement », 7ème éd, Montchrestien, Paris, 2010, p.5.

[18] PRIEUR (M) : Tendances actuelles et développement possible du droit international de l'environnement, *in* Vers un nouveau droit de l'environnement ?, Actes de la réunion mondiale des juristes et associations de droit de l'environnement (Sous la direction de Michel PRIEUR), de éd. Du Centre International de Droit Comparé de l'Environnement (CIDCE), Limoges, 2003, pp.22 et s.

[19] ROCHER (C) : « L'essentiel du droit de l'environnement », 5ème éd, Paris, Gualino, 2012-2013, p.15.

[20] Recueil francophone des textes et traités internationaux en droit de l'environnement, op. ci. p27-36. Voir surtout PRIEUR (M) : Tendances actuelles et développement possible du droit international de l'environnement, in Vers un nouveau droit de l'environnement ?, op. cit., pp.16-20.

à l'évaluation et la gestion de l'environnement et à des mesures de soutien. La déclaration de Stockholm a marqué de façon décisive le développement ultérieur du droit de l'environnement[21]. C'est notamment à partir de cette dernière que les membres des Etats de l'Afrique Centrale (C.E.M.A.C) ont pris conscience de l'importance de la protection de l'environnement et ont systématiquement intégré la question de l'environnement dans leurs constitutions respectives. Ainsi, la Constitution de la République du Tchad du 31 mars 1996, révisée par un référendum du 18 juin 2005 consacre les articles suivants au droit de l'environnement : l'article-47 précise que « Toute personne a droit à un environnement sain » ; l'article-48, quant à lui impose à l'Etat et aux collectivités territoriales décentralisées la protection de l'environnement « L'Etat et les collectivités territoriales décentralisées doivent veiller à la protection de l'environnement » ; l'article-52 va au-delà des institutions et charge le citoyen individuellement de protéger l'environnement « Tout citoyen a le devoir de respecter et de protéger l'environnement » et enfin l'article-57 impose à l'Etat d'assurer, par l'exploitation des richesses et des ressources naturelles du pays, le bien-être de toute la communauté nationale. Ceci ne peut se faire que dans le cadre d'un développement durable qui intègre déjà en son sein la préservation de l'environnement « L'Etat exerce sa souveraineté entière et permanente sur toutes les richesses et les ressources naturelles nationales pour le bien-être de toute la communauté nationale ». La Constitution de la République du Cameroun du 18 juin 1996, révisée par Loi N°2008/001 du 14 avril 2008 quant à elle, annonce dès le préambule les mêmes droits et devoirs que la Constitution tchadienne : « Résolu à exploiter ses richesses naturelles afin d'assurer le bien-être de tous en relevant le niveau de vie des populations sans aucune discrimination ; toute personne a droit à un environnement sain ; La protection de l'environnement est un devoir pour tous ; L'Etat veille à la défense et la promotion de l'environnement ». La Constitution de la République Centrafricaine du 27 décembre 2004 ne fait pas de déclaration liminaire, mais, précise quand même en son article-58 que « la protection de l'environnement relève du domaine de la loi ». Dans la Loi N°13/2003 de la Constitution de la République Gabonaise du 19 août 2003, l'Etat s'engage par l'article-1 à garantir au citoyen « un environnement naturel préservé ». Aussi, par l'article-47 l'Etat

[21] VAN LANG (A) : Droit de l'environnement, 2ème édition 2007, p23.

affirme, comme les autres constitutions des Etats membres de l'Afrique Centrale, que « la protection de la nature et de l'environnement relève du domaine de la loi ». La Constitution gabonaise précise en outre que la « protection de l'environnement entre bel et bien dans le champ des compétences du Conseil Economique et Social », l'article-103. Quant à la Constitution de la République du Congo, adoptée par référendum le 20 janvier 2002, elle indique dans l'article-35 que « Tout citoyen a droit à un environnement sain, satisfaisant et durable et a le devoir de le défendre ; L'Etat veille à la protection et à la conservation de l'environnement ». Enfin, dans la loi Constitutionnelle de la Guinée Equatoriale du 21 janvier 1998, révisée le 23 novembre 2011 pour changer l'article-4 relatif à la langue officielle, évoque la protection de l'environnement de manière implicite, car, il n'y a pas été clairement indiqué « la protection, ou la conservation de l'environnement », comme les autres Constitutions de la sous-région C.E.M.A.C. Mais, il y a quand même un article, selon notre lecture, qui traite les questions relatives à l'environnement, même si les termes utilisés ne sont soulignés d'une certaine clarté comme dans les autres Constitutions. En effet, l'article-6 précise que « L'État encourage et promet la culture, la création artistique, la recherche scientifique et technologique et veille à la conservation de la nature, du patrimoine culturel et la richesse artistique et historique de la nation ». Donc, l'Etat veille à la conservation de la nature, qui pour nous, est bien l'environnement. On peut cependant noter que des dispositions relatives à la protection de l'environnement préexistaient déjà dans les codes pétroliers et miniers des Etats membres de la C.E.M.A.C qui imposaient systématiquement à l'exploitant d'une carrière, d'un gisement du pétrole ou d'une mine d'observer les règles d'hygiène, d'utiliser les méthodes les plus propres et confirmées et de nettoyer les sites des activités en cas d'abandon.

La conférence de Rio sur l'environnement, organisée 20 ans après celle de Stockholm, a renforcé davantage les acquis de la conférence de Stockholm et a, par ailleurs, adopté trois instruments :

i) Une déclaration énonçant des principes généraux et un programme d'action ;
ii) Une déclaration sur les forêts ;

iii) Deux conventions de portée universelle : la Convention-Cadre sur les Changement Climatiques et la Convention sur la Diversité Biologique[22].

Ces trois instruments, bien que non-obligatoires, ont permis une avancée considérable du droit de l'environnement. Ainsi, cette conférence a marqué une étape majeure du développement du droit international de l'environnement[23]. Elle a également permis aux Etats membres de la C.E.M.A.C, comme ce fut le cas après la conférence de Stockholm, de renforcer et d'améliorer davantage leurs textes nationaux en matière de protection de l'environnement. Dix (10) ans plus tard, le sommet de Johannesburg, qui a réuni entre le 26 août et le 4 septembre 2002 les représentants de plus de cent quatre-vingt-dix (190) Etats et de dizaines de milliers de personnes venant de la société civile, a poussé à l'extrême la tendance amorcée à Rio consistant à diluer la protection de l'environnement dans une thématique plus vaste : celle du développement. La déclaration adoptée à cette occasion insistait en effet sur la nécessité de faire avancer le développement économique, le développement social et la protection de l'environnement, piliers interdépendants et complémentaires du développement durable[24].

Le droit de l'environnement gagne certes son autonomie, mais, il est encore jeune et en élaboration[25], pour ne pas dire embryonnaire. Progressivement, se mettent en place les règles juridiques qui ont pour objet de protéger l'environnement contre les nuisances et les pollutions[26]. Pour cela, le droit de l'environnement fait d'abord intervenir des données scientifiques et techniques considérables. Cela s'avère être un aspect fondamental de ce droit, puisque les éléments scientifiques et techniques peuvent y être déterminants dans la reconnaissance ou la création d'une règle de droits[27]. « Aucune autre branche du droit ne dépend autant des sciences dures que le droit de

---

[22] Droit de l'environnement, *op. ci,* p25.

[23] Id.

[24] Ibid., p26.

[25] ROMI (R) : Droit et administration de l'environnement, 8ème édition, Montchrestien, Paris, 2014, p. 6.

[26] PASCAL (M.B) : droit de l'environnement, éd Vuibert, sept2010, p8.

[27] Voir infra, le principe de prévention et de précaution par exemple. Un droit « transcientifique », E. Naim-Gesbert, les dimensions scientifiques du droit de l'environnement, contribution à l'étude des rapports de la science et du droit, Bauylant, VUBPresse, Bruxelles, 1999, p60 (pp808).

l'environnement[28]», a affirmé le professeur SHELON (D) dans un document intitulé « Certitudes et incertitudes scientifiques». Le droit de l'environnement présente une certaine spécificité, en particulier le fait d'être un droit carrefour[29] et transversal[30], un droit à caractère horizontal[31] et pluridisciplinaire[32], comme nous avons précédemment pu le voir. Etant transversal par nature, il doit trouver sa place dans les autres droits comme la culture de l'environnement qui doit trouver la sienne dans la vie pratique, personnelle ou professionnelle[33].

Le terme protection se réfère à « l'art de protéger »[34]. D'après le Dictionnaire Universel[35], il peut aussi désigner un « dispositif, une institution qui protège »[36]. Dans le cadre de notre étude, il s'agit d'analyser la protection de l'environnement, pour ce qui nous concerne, en rapport avec les opérations pétrolière dans les territoires des Etats membres de la C.E.M.A.C.

L'homme a commencé à amorcer la connaissance du fonctionnement global de la planète à la fin du XIXe siècle. Un siècle supplémentaire a été nécessaire pour que l'homme découvre non seulement l'impact négatif de ses activités sur l'environnement, mais, aussi pour qu'il se rende compte que cet impact risque d'être définitif. Les hommes ont ainsi pris peu à peu conscience que l'exploitation de la nature pouvait dégrader cette dernière, non seulement dans un cadre accidentel, mais, aussi et surtout dans le cours normal des activités humaines.

Comme nous avons pu le voir, la conférence de Stockholm a attiré l'attention de la communauté internationale dont les Etats membres de la C.E.M.A.C font partie intégrante depuis environ quatre décennies sur la lourde menace qui pèse sur l'environnement et qui risque de détériorer les conditions de vie des générations actuelles et futures[37]. Cependant, protéger ne signifie pas de se priver de l'utilisation ou de

---

[28] SHELTON (D) : Certitudes et incertitudes scientifiques, RJE, 1998, P39.

[29] ROMI (R) : la Transversalité caractéristique moteur et frein du droit de l'environnement confluences mélanges en l'honneur de J. Morand-Déviller, Montchrestien, 2007.

[30] Id.

[31] PRIEUR (M) : Droit de l'environnement, Dalloz, 2004, 5ème édition, p6-12.

[32] Id.

[33] PASCAL (M.B) : Droit de l'environnement, éd Vuibert, sept 2010, p2.

[34] Petit Larousse, grand format, 1992, p.831.

[35] Rapporté par Denis Roger SOH FOGNO, Thèse, *op. cit.* p.21.

[36] Petit Larousse, *op. cit.*

[37] Voir le préambule et les principes 2, 3,4 et 7 de la Déclaration de Stockholm.

la consommation, mais, plutôt assurer la préservation, éviter le gaspillage et garantir la pérennité. Ainsi, les spécialistes de la protection de l'environnement estiment qu'il est nécessaire de prendre un certain nombre de mesures afin d'éliminer, ou tout au moins d'atténuer l'impact négatif des activités humaines sur notre environnement[38]. Ces mesures concernent tout à la fois :

- i) Le domaine scientifique, car elles exigent le développement de connaissances qui pour le moment sont très limitées dans ce domaine ;
- ii) Le domaine juridique, puisqu'il faut mettre en place un arsenal juridique pour réglementer toutes ces actions ;
- iii) Le domaine politique, car les décisions à prendre sont forcément collectives et parfois planétaires ;
- iv) Les populations mondiales, parce que les décisions à prendre ont un coût pour les générations actuelles et un impact pour les générations futures.

En matière de la protection de l'environnement, J-M DEVILL affirme dans son ouvrage que « Au cœur des conflits entre intérêt particulier et intérêt général, et des tensions entre intérêts généraux protagonistes, la protection de l'environnement aurait désormais sa place dans la liste des droits fondamentaux »[39]. De façon générale, le droit existe, mais, il est inappliqué ou mal appliqué. Ceci soulève deux problèmes : celui de la mise en œuvre du droit et celui des procédures de contrôle de son application[40]. Ces deux problèmes se posent particulièrement dans le traitement de questions environnementales de tous les Etats membres de la C.E.M.A.C, pris individuellement. Ce sujet sera largement abordé lors de l'analyse des dispositions environnementales des lois pétrolières de l'Afrique centrale et des exemples que nous donnons pour illustrer et renforcer notre thèse. Le droit de l'environnement a donc pour but de protéger l'environnement, mais, comment le protéger ? Ou alors le protéger de quoi ? Il s'agit avant tout de le protéger de la pollution, au sens large du terme.

La pollution de l'environnement est une notion qui est connue de l'homme depuis la fin de XIXème siècle, bien qu'il ait fallu du temps pour que l'homme prenne conscience de la dégradation durable et

[38] Protection de l'environnement site web de Wikipédia en français (auteurs), page consultée le 07/05/2011

[39] DEVILLE (J M) : Le Droit de l'environnement, 5ème édition 2002, p3.

[40] Beurrier (J.P) : Droit international de l'environnement, 4ème édition, 2010, p556.

irréversible de l'environnement que celle-ci provoque. La pollution désigne selon certains auteurs la dégradation d'un biotope par l'introduction de substances chimiques ou organiques, de gènes ou de radiation, qui altèrent le fonctionnement de l'écosystème[41]. Pour d'autres, la pollution désigne les conséquences de phénomènes géologiques, comme une éruption volcanique[42]. Sur le plan législatif, dans beaucoup des pays, le terme pollution qualifie la contamination d'un milieu par un agent polluant au-delà d'une norme, d'un seuil, d'une loi, ou d'une hypothèse. Historiquement, en France, la législation anti-pollution avait été instituée pour protéger le voisinage, c'est-à-dire ce qui était extérieur à l'usine[43]. Aujourd'hui, en France, on ne parle de pollution que lorsque certaines normes ou certains seuils sont dépassés. La pollution est classée selon trois types : pollution de l'air, pollution des sols et pollution de l'eau. Il y a aussi une classification par agents polluants : la pollution industrielle, atmosphérique, liée aux transports, aux activités radioactives, électromagnétiques, thermiques, lumineuses ou spatiales, par armes ou explosifs, sonores, visuelles et olfactives. En effet, l'exemple de la France a été rappelé, car la plupart des textes environnementaux des Etats membres de la C.E.M.A.C s'inspirent des textes français en la matière. Quant à la législation européenne, elle définit un polluant comme « substance pouvant entraîner une pollution »[44] et elle définit, entre autres, la pollution de l'eau comme étant « l'introduction directe ou indirecte, par suite de l'activité humaine, de substances ou de chaleur dans l'air, l'eau ou le sol, susceptibles de porter atteinte à la santé humaine ou à la qualité des écosystèmes aquatiques ou des écosystèmes terrestres dépendant directement des écosystèmes aquatiques, qui entraînent des détériorations aux biens matériels, une détérioration ou une entrave à l'agrément de l'environnement ou à d'autres utilisations légitimes de ce dernier ». Dans le cadre de la lutte contre la pollution, bien des Etats ont instauré une taxe imposée au pollueur généralement dénommée « principe de pollueur-payeur ». Ce principe de pollueur-payeur, qui associe la notion de protection de

---

[41] Protection de l'environnement site : Wikipédia, *op., cit*, page consultée le 07/05/2011, Adapté à la définition de l'OCDE, 1974.

[42] Protection de l'environnement, *op. cit.,* page consultée le 07/05/2011. Voir aussi : Encyclopédie Larousse de 2009.

[43] PRIEUR (M) : Droit de l'Environnement, 2ème édition, Dalloz 1991, p514-540.

[44]Directive 2000/60/CE du Parlement européen et du conseil du 23 octobre 2000, établissant un cadre pour une politique communautaire dans le domaine de l'eau.

l'environnement et celle de responsabilité, a été adopté par l'Organisation de Coopération et Développement Economique (O.C.D.E) en 1972 et figure dans l'Acte Unique européen de 1986. Le principe du pollueur-payeur facilite l'approche juridique et réglementaire en matière de protection de l'environnement. Il s'agit de faire assumer la charge financière au pollueur afin de prévenir, réduire et lutter contre la pollution. Dans cette optique, les équipements et les produits polluants sont taxés, tandis que les produits non ou moins polluants (dits produits écologiques) bénéficient d'incitations financières via des allégements fiscaux. Dans le cadre de notre étude, ce principe de pollueur-payeur a été appliqué sur les produits pétroliers importés de l'étranger par l'un des Etats de la C.E.M.A.C., en l'occurrence la République du Tchad. En effet, un mécanisme appelé le Fonds-Gaz a été mis en place, puis abandonné suite à la construction et la mise en service d'une raffinerie à quarante (40) km de la capital N'Djamena en juin 2011. Cet abandon, à notre avis, ne se justifie pas, car il constitue une action qui n'encourage guère la lutte contre la désertification à travers l'utilisation massive du gaz comme source de combustible en lieu et place des bois de chauffe et du charbon. Il ne se justifie pas non plus du fait que la population tchadienne n'observe pas un changement de prix entre le kilogramme (Kg) du gaz importé et issu d'une raffinerie à deux milles kilomètres (2 000 km) à partir de la côte camerounaise et celui du gaz produit localement. Nous allons revenir en détail sur ce sujet lorsqu'on abordera la première partie de cet ouvrage.

Les dispositions telles que le principe du pollueur-payeur visent la protection de l'environnement afin de servir les générations actuelles, mais, surtout les générations futures. Dans ce cadre, la protection de l'environnement entre dans les champs de l'éthique et de la morale. En 2010, Michel Rocard, « l'hyper pédagogue », était l'un des premiers à parler de « crime contre l'humanité » pour qualifier ceux qui prennent du retard dans la protection de l'environnement. Quant à l'Eglise, elle désigne le 09 mars 2008 par la voix de Mgr Gianfranco Girotti la pollution de l'environnement, comme une forme moderne du péché. Mgr Girotti insiste sur la définition collective du péché[45] : « Alors que le péché concernait jusqu'à présent plutôt l'individu,

[45] La Croix, 11 mars 2008 et le site, Wikipédia : Protection de l'environnement *op., ci.*, page consultée le 07/05/2011.,

aujourd'hui, il a une résonance sociale, en raison de la mondialisation ».

En dépit du progrès réalisé dans ce domaine, il serait aujourd'hui hasardeux de dire que la protection de l'environnement est un concept stabilisé. Cependant, nous pouvons affirmer que de nombreux aspects commencent à trouver une définition relativement claire et stable[46].

L'année 1972 marque la naissance de la volonté collective d'agir sur la problématique de l'environnement. Car, ce fut l'année qui a vu la création simultanée du Programme des Nations Unies pour l'Environnement (PNUE) et d'instances gouvernementales correspondantes dans les pays développés. Ce fut aussi l'année où les des Etats membres de l'Afrique Centrale (C.E.M.A.C) ont pris conscience de l'importance et de l'enjeu de la protection de l'environnement et ont systématiquement cherché à améliorer leurs textes nationaux en matière de protection de l'environnement.

Le Droit de la mer

Celui-ci sera développé dans le seul objectif d'analyser ultérieurement les dispositions environnementales d'exploitation pétrolière en mer des Etats membres de l'Afrique Centrale (C.E.M.A.C). Justement, quatre pays de la C.E.M.A.C, à savoir le Cameroun, le Gabon, le Congo et la Guinée équatoriale sont concernés par l'exploitation des matières premières en mer et deux autres : le Tchad et la Centrafrique sont des pays géographiquement considérés comme pays enclavés sans issue maritime.

Ainsi, l'espace maritime représente près des trois-quarts de la superficie de la planète, soit trois cent soixante et un millions trois cent mille kilomètres carrés (361 300 000 km^2). L'océan Pacifique, à lui seul, occupe la moitié de la surface des mers, avec cent soixante-dix-huit millions sept cent mille kilomètres carrés (178 700 000 km^2), soit quarante pour cent (40%) de la surface du globe[47]. L'espace maritime mondial constitue non seulement un grand réservoir de ressources biologiques vitales pour l'alimentation de la population mondiale, mais, aussi et surtout un grand réservoir de matières premières qui devraient permettre au monde dans les prochaines décennies de faire face à une relative raréfaction des ressources

---

[46] Protection de l'environnement site web de Wikipédia *op., ci.*, page consultée le 07/05/2011

[47] PANCRACIO (J-P) : « Droit de la mer », précis Dalloz, 2010, p.1.

d'origine continentale[48]. Cela dit, les pays exportateurs de pétrole, en particulier les pays côtiers, commencent à amorcer l'exploitation de leurs ressources pétrolières en eaux profondes. L'océan joue également un rôle important dans le transport intercontinental de marchandises, ainsi que dans le transit de personnes[49]. Sur ce plan, le transport par conteneur occupe une place de choix dans les échanges mondiaux, comme l'a si bien illustré DOLLFUS (O) dans son ouvrage : « la conteneurisation a permis d'articuler plus fortement transports maritimes et transports terrestres en limitant les opérations de manutention et en accélérant les rotations de navires »[50]. Ceci étant, quelle est la définition juridique de la mer ? Pour le professeur Jean-Paul Pancracio, la mer est constituée de l'ensemble des espaces d'eau qui sont en communication libre et naturelle sur toute la surface du Globe[51]. Au sens du droit international, il y a bien un unique océan mondial englobant en son sein les nombreuses mers semi-fermées qui le bordent : « Pour que l'on se trouve en présence d'espaces régis par le droit international maritime, il faut que ces espaces communiquent librement et naturellement les uns avec les autres par toute l'étendue du monde[52]». De nos jours, les ambitions des Etats côtiers sur le domaine maritime, résultant du progrès scientifique et technique réalisé ces dernières décennies, se font de plus en plus pressantes : « Le Droit de la mer se trouve aujourd'hui au centre d'enjeux géopolitiques[53]». Ces ambitions se focalisent sur trois ensembles : surface, masse des eaux et fonds. Par conséquent, le Droit de la mer a connu et connait encore de nombreuses modifications : Tout ce qui concerne la mer bouge et le Droit international maritime qui accompagne et encadre l'activité en mer bouge également. L'évolution est donc un facteur intrinsèque de sa nature[54], comme l'a indiqué ODIER (F). Donc, le droit de la mer est constitué de l'ensemble des règles relatives à l'utilisation des espaces maritimes, par les biais du droit international. Il définit juridiquement, d'une part,

---

[48] Id, p.2.
[49] Ibid., p.3.
[50] DOLLFUS (O), « La nouvelle carte du monde », Paris, PUF, 1995, coll. « Que sais-je ? », n°2986, p.75.
[51] PANCRACIO (J-P) : « Droit de la mer », *op., cit,* p.4.
[52] GIDEL (G), « Le droit international public de la mer », Châteauroux, Mellottée, 1932, T.I, p.10.
[53] « Droit de la mer », site : Wikipédia, consulté 08/05/2011.
[54] ODIER (F), « Le droit international maritime, ses évolutions et la protection des océans », Espaces et ressources maritimes, 2001, n°14, pp. 1-11.

les espaces maritimes « eaux intérieures, mer territoriale, plateau continental, zone contiguë, zone économique exclusive et zone internationale », d'autre part, les droits et les devoirs des Etats dans ces espaces, notamment ceux relatifs à la navigation et à l'exploitation des ressources naturelles, ainsi que de la protection du milieu marin.

Les besoins accrus en énergie ont amené certains Etats à procéder à la recherche de ressources minières, notamment des hydrocarbures, aux bordures maritimes des continents, « en raison, de l'existence d'importants sédiments susceptibles de renfermer des gisements pétroliers »[55]. Cette orientation nouvelle ne peut se réaliser sans poser de nombreuses questions juridiques, dont celle de l'appartenance du plateau continental. Pour bien cerner le contour de droit des Etats riverains sur la mer, deux cas de figures sont présentés : d'abord, le droit des Etats riverains sur le plateau continental, puis, le régime applicable à la haute mer. Historiquement, il est généralement admis qu'un Etat puisse exercer une certaine souveraineté sur une bande maritime adjacente à son territoire terrestre. Mais, il se pose la question de la limite vers la haute mer. Sur la mer territoriale, la souveraineté de l'Etat s'étend jusqu'au fond marin et au sous-sol, qui sont considérés comme une partie submergée du territoire national. Ainsi, dans la limite des eaux territoriales, la richesse minière du sous-sol est soumise à la même juridiction que celle des gisements terrestres. Mais, encore une fois, la question est de savoir comment définir la limite de la mer territoriale ? Pour répondre à cette question, il faut signaler qu'historiquement, il existe deux types de décisions : l'une d'origine internationale et conventionnelle, et l'autre d'origine unilatérale et nationale[56]. L'utilisation de décisions internationales et conventionnelles pour définir l'étendue de la mer territoriale était par le passé très limitée, et on peut citer l'exemple l'accord du 19 avril 1941 entre la Grande Bretagne et Venezuela, pour l'exploitation des gisements de Paria, qui sont situés entre l'Ile de la Trinité et le Venezuela. A la même époque, plusieurs Etats ont préféré délimiter eux-mêmes, par des « réglementations unilatérales », les limites de leur mer territoriale. Ce genre de décisions unilatérales, pour définir la limite des mers nationales, constituent en elles-mêmes des germes de conflits permanents entre les Etats voisins. Afin de régler les

---

[55] BRASSEUR (R), « Législation et fiscalité internationales des hydrocarbures Exploration et Production », édition technip Paris, 1975 p.21.

[56] BRASSEUR (R), « Législation et fiscalité internationales des hydrocarbures Exploration et Production », op, cit., p.22.

problèmes liés au droit de la mer dans un esprit de coopération et de compréhension, et conscients de la portée historique de la convention qui constitue une grande contribution au maintien de la paix, à la justice et au progrès pour tous les peuples du monde, une Conférence des Nations Unis sur le droit de la mer s'est tenue en mars-avril 1958 à Genève, afin d'envisager un accord international[57]. Cette conférence a donné lieu à la signature d'une convention le 29 avril 1958 par un certain nombre d'Etats. Cette convention n'est entrée en vigueur que le 10 juin 1964. Elle précise que les droits des Etats riverains sur le plateau continental « s'étendent jusqu'à la limite de profondeur d'eau de 200 m »[58], ou même au-delà, à condition que l'exploitation des ressources naturelles soit possible. Le droit issu de 1958 a cependant vite montré ses limites : il venait trop tard sur certains aspects conservateurs critiqués par le tiers-monde, et trop tôt du fait d'aspects techniques qui allaient être bouleversés quelques années plus tard par le progrès de l'océanologie naissante. La géopolitique se trouvait elle-même transformée par la grande vague des décolonisations[59]. Aussi, le fait est que cette convention n'était pas suffisamment précise en terme de définition de la limite territoriale nationale, car elle laissait une ouverture : profondeur d'eau de 200 m, ou même au-delà, à condition que l'exploitation des ressources naturelles soit possible. De même, elle ne traite pas le régime des eaux sus-jacentes au plateau continental, ni le régime de l'espace aérien qui le surplombe[60]. Dès lors, il faudrait trouver un accord qui réponde aux lacunes de l'accord de 1958. Ainsi, hormis les accords intermédiaires, le professeur J-P Beurier rapporte dans son ouvrage que « la IIIème Conférence des Nations Unies durera de fin 1973 à fin 1982, et aboutira à la signature le 10 décembre de la Convention des Nations Unies sur le Droit de la mer, après neuf (9) ans d'une négociation surprenante à maints égards[61] »[62].

[57] Id.
[58] Ibid.
[59] BEURIER (J-P) : « Droits maritimes », (sous la direction de J-P Beurier, Dalloz, 2009-2010, p.71.
[60] « Droit de la mer », site Web Wikipédia, consulté 08/05/2011.
[61] BEURIER (J-P) : « Droits maritimes », *op. cit.* .même page.
[62] Pour plus d'information sur le compte rendu des travaux de la négociation, il faut se référer à : J-P Beurier et P. Cadenat, DMF 1975 à 1982 ; et RGDIP 1975, 113 ? – Sur l'ensemble de la conférence J-P Levy, « la conférence des Nations unies sur le droit de la mer, histoire d'une négociation singulière », Pédone, 1980, 169p.

Encore une fois, la volonté de certains Etats d'aller au-delà de leurs limites nationales, encouragée par l'ambiguïté de la Convention de Genève de 1958, a orienté les Etats vers l'établissement d'une réglementation internationale comparable à celle déjà adoptée pour le plateau continental[63]. C'est ainsi que les Nations Unis ont pris la résolution 2749 (XXV) du 17 décembre 1970 qui déclare que la zone du fond des mers et des océans, ainsi que leur sous-sol au-delà des limites de la juridiction nationale et les ressources de celle-ci, sont le patrimoine commun de l'humanité[64]. Dans un souci de traduire la résolution 2749 dans les faits, les Etats côtiers ont procédé à la signature et à la ratification de la Convention des Nations Unies sur le droit de la mer du 10 décembre 1982. Elle comprend Trois cent soixante-dix (370) articles en dix-sept (17) parties : Introduction (partie I) ; Mer territoriale et zone contiguë (partie II) ; Détroits (partie III) ; Etats archipels (partie IV) ; Zone économique exclusive (partie V) ; Plateau continental (partie VI) ; Haute mer (partie VII) ; Régime des îles (partie VIII) ; Mers fermées ou semi-fermées (partie IX) ; Etats sans littoral (partie X) ; Zone internationale (partie XI); Protection du milieu marin (partie XII) ; Recherche scientifique (partie XIII) ; Transfert des technologies (partie XIV) ; Règlement des différends (partie XV) ; Dispositions générales (partie XVI) et Dispositions finales (partie XVII), plus de neuf (9) annexes et quatre (4) résolutions[65]. La Convention de Montego Bay de 1982 sur le droit de la mer a apporté des précisions quant à la définition du plateau continental. En effet, le plateau continental d'un Etat côtier comprend les fonds marins et le sous-sol au-delà de sa mer territoriale jusqu'au rebord externe de la marge continentale, ou jusqu'à deux cents (200) miles marins des lignes de base à partir desquelles est mesurée la largeur de la mer territoriale, si le rebord externe de la marge continentale se trouve à distance inférieure (article -76 de la convention de 1982). La limite extérieure du plateau continental est définie, soit à une distance n'excédant pas trois cents cinquante (350) miles marins des lignes de base à partir desquelles est mesurée la mer territoriale, soit à une distance n'excédant pas cent (100) miles marins de l'isobathe de deux mille cinq cent (2500) m (même article).

[63] BRASSEUR (R) : *op., cit.*, pp.21-25.

[64] Préambule de la Convention de de Montego Bay de 1982 sur le droit de la mer.

[65] BEURIER (J-P) : « Droits maritimes », *op., cit.*,.p.4.

Cet historique de l'évolution du droit de la mer est rappelé dans le but de définir l'appartenance des gisements des ressources minières du sous-sol, soit en mer territoriale, soit dans le plateau continental. A cet effet, la convention de Montego Bay de 1982 indique de manière très claire et sans ambigüité que les Etats côtiers exercent des droits souverains pour l'exploitation de leurs ressources naturelles. Ces droits ne sont pas du tout liés à l'occupation effective ou fictive. Nul ne peut entreprendre des travaux d'exploration ou d'exploitation de ces ressources dans ce plateau, sans le consentement de l'Etat côtier concerné (article-77 de ladite convention). La plupart des Etats côtiers, en termes d'appartenance des gisements miniers, appliquent soit le droit régalien soit le droit mixte (entre le droit régalien et le droit domanial). Les quatre Etats côtiers de l'Afrique Centrale à savoir le Cameroun, le Gabon, le Congo et la Guinée Equatoriale exploitent les richesses pétrolières en off-shore – c'est dire en pleine mer dans le golfe de Guinée de l'océan Atlantique. En revanche, le Tchad et la Centrafrique sont des Etats sans littoral.

A ce jour, la convention de Montego Bay du 10 décembre 1982 est signée et ratifiée par cent trente-cinq (135) pays. Malgré le fait que cette convention ait énoncé les principes qui prévalent en matière du droit de la mer, l'interprétation de ces principes soulève parfois des difficultés ardues comme dans le cas de la mer Caspienne, dont le partage de souveraineté est disputé depuis la création des nouveaux Etats qui la bordent, issus de l'Ex-URSS[66]. Parmi les Etats membres de la C.E.M.A.C, seules la République du Tchad et la République centrafricaine n'ont pas d'ouverture vers la mer, et sont donc des Etats sans littoral. La Convention de de Montego Bay de 1982 était parmi les textes de référence qui ont servi de base pour les négociations tripartites entre le Tchad, le Cameroun et le Consortium dans le cadre de la mise en place du projet pipeline Tchad/Cameroun et le projet d'exportation du brut tchadien.

II. Le pétrole (les hydrocarbures)

Marée noire ou torchage, voilà deux exemples de pollutions contre lesquels le droit de l'environnement essaie de lutter, et qui peuvent être causés par les hydrocarbures et leur exploitation. En effet, l'exploitation des hydrocarbures pourra avoir un impact sur

[66] « Droit de la mer », site Wikipédia, consulté 08/05/2011.

l'environnement. Afin de mesurer l'ampleur de cet impact, il faut tout d'abord donner quelques éléments d'ordre technique, économique, politique et même social en rapport avec l'exploitation des hydrocarbures. Les hydrocarbures, qu'ils soient liquides ou gazeux, sont des substances minérales résultant d'une combinaison d'atomes d'hydrogène et de carbone[67]. Les nombreuses combinaisons expliquent la multiplicité de ces substances à l'état liquide, gazeux ou solide sous forme de pétrole, gaz naturel ou bitume. Les hydrocarbures proviennent de la décomposition de matières organiques marines, à l'abri de l'air : animaux ou végétaux qui se sont accumulés au fond de mers fermées, de lagunes, de lacs ou de deltas, et qui au cours des âges géologiques se sont mélangés aux sédiments et ont été réduits en combinaisons d'hydrogène et de carbone[68] au cours d'un long et lent processus. Ce premier stade de la décomposition organique donne lieu au méthane (CH_4) et surtout, au kérogène (molécules organiques solides imprégnées dans des roches sédimentaires que les géologues désignent sous le nom de roche mère). Sous l'action de hautes températures et de fortes pressions, le kérogène est ensuite transformé en hydrocarbure plus léger, par craquage thermique. A partir d'un seuil de température, le kérogène se transforme en pétrole léger, en pétrole lourd, ou en gaz selon les cas. Ces hydrocarbures migrent sous l'effet de la pression et sont expulsés hors de la roche mère vers une roche poreuse et perméable, dite « roche réservoir »[69]. Ils continuent leur migration jusqu'à la surface s'ils ne rencontrent pas une roche imperméable qui empêcherait leur migration. Lorsqu'ils sont stoppés par des roches imperméables, les hydrocarbures s'accumulent dans des structures géologiques formant des pièges tels que les anticlinaux, les pièges stratigraphiques, etc. Le gaz se décante alors dans les parties hautes, et le liquide et l'eau salée dans les parties basses de ces pièges. Parfois, ne rencontrant pas d'obstacles, ils s'échappent jusqu'en surface.

Si l'homme s'aventure à aller chercher toujours plus en profondeur ces hydrocarbures, c'est parce qu'ils sont une formidable source d'énergie. La recherche et l'exploitation des hydrocarbures consistent tout d'abord à repérer, par des méthodes géologiques et géophysiques,

---

[67] DEAUX-CHARBONNEL (J) : « Droits miniers des hydrocarbures », 2e édition technip, 1987, p.17

[68] Id.

[69] FAVENNEC (J-P), et autres : « Recherche et production du pétrole et du gaz », Edition technip, Paris, 2002 p.61

les structures souterraines susceptibles de contenir des hydrocarbures, et ensuite à forer ces structures mises en évidence pour vérifier la présence d'hydrocarbures liquides ou gazeux. Si le premier forage, dit « forage d'exploration », se révèle positif, il convient d'évaluer la quantité d'hydrocarbure présent en procédant à de nombreux forages supplémentaires qui auront pour objet de délimiter l'étendu du gisement découvert, de définir ses caractéristiques (pression, température, état physique, ...) et d'en évaluer les réserves. Si les opérations de recherche pétrolière concluent à la mise en évidence d'un gisement commercial et économiquement exploitable, on procédera alors à l'exploitation de celui-ci par voie de pompage pour le pétrole lourd, ou de jaillissement naturel pour le pétrole très léger et le gaz.

Les activités d'exploration pétrolière sont très risquées, à la fois sur les plans techniques, économiques et politiques. Pour minimiser les risques techniques des recherches, les géologues, les géophysiciens et les ingénieurs de réservoir procèdent souvent à l'analyse de ce qu'on appelle dans le jargon de l'industrie pétrolière « le système pétrolier». Ce dernier désigne tout simplement la combinaison d'un ensemble des facteurs géologiques majeurs qui permettent l'accumulation des hydrocarbures. Pour que le système pétrolier d'un bassin permette l'accumulation, il faut d'abord la présence d'une roche mère pour la génération des hydrocarbures, telle qu'expliquée ci-dessus : la transformation des matières organiques en kérogène, puis en pétrole léger, lourd ou gaz. Ensuite, une roche poreuse et perméable (couche réservoir) pour permettre la migration des hydrocarbures et leur accumulation. Ce réservoir doit être surmonté d'une roche imperméable (couche couverture) qui agit comme une barrière contre les mouvements ascendants de fluides. En plus de celles-ci, il faut un piège pour sceller le tout afin de permettre l'accumulation. Enfin, il faut du temps pour que la succession de ces événements géologiques se fasse : roche mère, roche réservoir, roche couverture, voix de migration et piège. Cette succession est, dans l'industrie pétrolière, appelée le « timing ». Pour trouver les gisements d'hydrocarbures, il faut que le timing soit favorable. En d'autres termes, il est indispensable que le piège soit formé avant que les hydrocarbures n'aient migré[70].

---

[70] Id.

L'utilisation des hydrocarbures par l'homme remonte au XIXe siècle. Les progrès techniques réalisés ont permis d'en extraire une multitude des produits dérivés qui sont à l'origine de l'essor industriel contemporain. Les hydrocarbures connurent deux utilisations principales : en tant que médicament, et en tant que combustible[71]. C'est cette deuxième fonction des hydrocarbures qui suscite tant d'intérêts ci-dessous mentionnés :

1. Intérêt économique[72]

Les hydrocarbures, en tant que source principale d'énergie, occupent une place primordiale dans l'économie mondiale. Ils sont donc devenus un véritable enjeu pour l'économie des Etats. Les pays importateurs veillent à assurer la continuité de leur approvisionnement, tandis que les pays producteurs et exportateurs s'attachent à accroître leur exploitation économique afin de se procurer des recettes budgétaires substantielles et une monnaie d'échange pour financer l'importation de biens et services permettant un décollage économique réel. Les E.U.A, l'Europe occidentale, le Japon et la Chine, sont de grands consommateurs, et n'en produisent qu'en faible quantité, tandis que les pays du Proche-Orient, certains pays d'Afrique, d'Amérique latine et d'Extrême-Orient en consomment peu, mais sont de grands producteurs et exportateurs. Les hydrocarbures font donc l'objet d'un véritable commerce. Parmi les Etats membres de la C.E.M.A.C, tous disposent de ressources en hydrocarbures sur leur territoire, à l'exception de la République centrafricaine. Cependant, cette dernière a ces derniers temps amorcé l'exploration pétrolière sur son territoire national avec plusieurs compagnies, et procédera éventuellement à l'exploitation de ses ressources pétrolières. Au Tchad, l'un des Etats membres de la C.E.M.A.C, l'exploitation pétrolière a par ailleurs permis d'investir dans les secteurs dits prioritaires, tels que les secteurs de l'éducation, de la santé, du développement rural, de l'énergie et des infrastructures etc. Ces secteurs en eux-mêmes constituent un élément clef d'un décollage socio-économique desdits Etats.

---

71 Ibid., pp.1-2.

72 DEAUX-CHARBONNEL (J) : *op., cit.*, p.18

2. Intérêt politique[73]

Les Etats utilisent les revenus générés par l'exploitation de leur richesse en hydrocarbures, souvent, conséquents pour assoir leur politique vis-à-vis de leurs concitoyens. Par exemple, pour lutter contre la pauvreté et assurer le bien-être de leurs populations. Ils encouragent donc la recherche des hydrocarbures sur leur territoire en vue de financer leur politique, mais, aussi afin d'assurer leur indépendance énergétique. Les Etats producteurs utilisent en outre le pétrole comme une arme géopolitique. Ce fut le cas dans le cadre de la guerre arabo-israélienne de 1973, lorsque les pays du Golfe, grands producteurs de pétrole ont justement menacé de couper l'approvisionnement des pays occidentaux qui soutenaient Israël dans ce conflit. Toutefois, l'exploitation de richesse pétrolière peut être utilisée positivement pour renforcer les relations politiques et diplomatiques entre les Etats. C'est le cas aujourd'hui de deux Etats membres de la C.E.M.A.C à savoir le Tchad et le Cameroun, à travers la réalisation d'un projet d'intégration régionale, dit projet de Pipeline Tchad/Cameroun.

3. Intérêt technique[74]

Étant donné que la recherche des hydrocarbures est une opération hasardeuse et coûteuse, généralement les Etats restent, au début de l'exploitation de leur richesse, à l'écart, à travers des contrats de concession où ils se contentent de percevoir de redevances sur la production et l'impôt sur les sociétés. Par la suite, dans un objectif d'assurer un intérêt technique d'une exploitation pétrolière, les Etats s'impliquent davantage dans celle-ci à travers des structures nationales « société, agence, office, etc.» qui s'associent aux compagnies multinationales pour tirer profit et assurer aux cadres nationaux le transfert des connaissances et de savoir-faire. Cette stratégie donne souvent des fruits, car, bien des structures nationales sont, par le biais de formations et de transferts de savoir-faire, devenues aujourd'hui des compagnies pétrolières multinationales, qui non seulement exploitent leurs richesses nationales, mais, elles vont plutôt au-delà de leurs frontières nationales.

---

[73] *Id.*, p.19.
[74] *Ibid.*

4. Intérêt social[75]

L'industrie pétrolière crée des emplois et des opportunités d'affaires pour les entreprises locales lors de la recherche, du développement et de l'exploitation des hydrocarbures. Les entreprises locales peuvent bénéficier des effets économiques induits créés par les activités de recherche et d'exploitation pétrolière. Parmi les exemples à citer, le projet de Pipeline Tchad/Cameroun, qui a touché deux Etats membres de la C.E.M.A.C, a eu d'énormes impacts positifs sur la vie de populations de ces deux pays. A titre d'exemple, ce projet a permis l'emploi de six mille trois cents (6.300) tchadiens et camerounais dans les trois composantes : en amont dans la compagnie E.E.P.C.I et dans les sociétés de pipeline T.O.T.C.O et C.O.T.C.O[76] en aval. Les compensations individuelles pour l'usage ou occupation temporaire de terrains ont atteint trente millions (30.000.000) de dollars américains à la fin de l'année 2012. Le montant injecté par le projet pour supporter l'économie locale dans les deux pays était évalué à environ cent soixante-quatorze millions (174.000.000) de dollars. Le projet a également contribué à l'augmentation de la production d'électricité à hauteur de vingt pour cent (20%) au Cameroun, à travers sa participation dans la réalisation du projet du barrage hydroélectrique de Lom Pangar. Enfin, de 2003 à 2012, ce projet a généré plus de dix (10) milliards de dollars pour la République du Tchad. Ces ressources ont permis à l'Etat tchadien de se lancer avec un rythme accéléré dans la voie de développement. Certes, l'impact économique et social de ce projet est en effet inquantifiable. Cependant, des impacts négatifs ont par ailleurs été observés, car, ce projet a amené une partie de la population de la zone pétrolière à changer son mode et niveau de vie. Ainsi, au Tchad, certains paysans ont été contraints de quitter leurs champs et changer de profession, d'autres ont même abandonné le secteur de l'agriculture. Cela fait partie des impacts négatifs de l'exploitation du pétrole de manière générale. Enfin, à cause des revenus pétroliers, les recettes fiscales hors pétrole ont connu une baisse sensible observée ces dernières années au Tchad.

Au vu de l'intérêt que les hydrocarbures suscitent, la question de la propriété de ces derniers s'avère cruciale. Ainsi, on est en droit de poser la question suivante : Comment déterminer l'appartenance des hydrocarbures ? En effet, l'industrie pétrolière internationale a, au fil

---

[75] *Ibid.* p.20.

[76] Chad/Cameroon Project: Projects update N°33, end of year 2012, and p8.

de temps, adopté trois régimes qui permettent de définir la propriété des gisements des hydrocarbures. Ces régimes sont : le droit d'accession, le droit domanial et le droit régalien.

Sous le régime du droit d'accession, la propriété du sol implique la propriété du sous-sol, avec toutes les ressources naturelles qui y sont contenues, y compris les hydrocarbures. Comme le rappelle Brasseur dans son ouvrage intitulé : *Législation et fiscalité internationale des hydrocarbures ; exploration et production* « le droit de propriété est un droit naturel, absolu et antérieur à la loi »[77]. En effet, à l'origine, l'appartenance du sol revenait au premier occupant qui, par son travail, mettait celui-ci en valeur. La création d'un bien à caractère agricole se transformait par voie d'héritage, de vente ou d'échange en un titre foncier de propriété. En droit classique, la propriété du sol se justifie donc par le travail de l'occupant. La mise en valeur du sol donne à l'occupant un droit de libre disposition de ce même sol. Appliquer ce même droit du sol aux hydrocarbures enfouis dans le sous-sol peut alors paraître un peu abusif. Puisque le droit du sol est lié au travail abattu, il paraît difficilement applicable aux hydrocarbures du sous-sol, dont l'existence n'est aucunement liée aux efforts du propriétaire du terrain.

A l'heure actuelle, le régime d'accession est en vigueur uniquement aux E.U.A, sur les terres privées, à l'exclusion des terres fédérales qui appartiennent aux Etats de l'Union[78]. Le propriétaire du sol peut octroyer des concessions (leases) à des personnes de son choix et perçoit une redevance (royalty) en contrepartie de cette cession. Toutefois, même, sous ce régime, le droit du propriétaire est limité par les pouvoirs que l'Etat exerce pour préserver l'intérêt général en vue d'assurer la sécurité et la conservation des gisements. Ainsi, l'application de ce régime est assez limitée même aux E.U.A.

D'autres Etats ont préféré garder la propriété des hydrocarbures. Ils ont donc déclaré que les ressources du sous-sol étaient la propriété de l'Etat, et qu'elles faisaient partie du domaine public « spécial ». Cela a donné naissance au régime du droit domanial. Le droit domanial donne à l'Etat le monopole sur les ressources du sous-sol. Ce régime laisse l'Etat libre de fixer les conditions de recherche et d'exploitation des ressources minières, que ce soit à des sociétés multinationales ou à

[77] BRASSEUR (R) : *op., cit.*, p12.

[78] FAVENNEC (J P) et autres : *op., cit.*, p.181.

des sociétés nationales[79]. Le titulaire d'un titre d'exploitation est donc assujetti au respect de la loi, et de la convention ou du contrat qui le lie avec l'Etat, conformément au cadre législatif en vigueur. Ce régime renforce, bien entendu, le caractère national des ressources du sous-sol. Quant aux entreprises d'extraction, leur travail revient à mettre en valeur le domaine de l'Etat. Le régime domanial est largement appliqué au Proche-Orient, Mexique, Brésil, Argentine et en Amérique latine.

Les Etats membres de la C.E.M.A.C n'utilisent ni le droit d'accession, ni le droit domanial, mais, ils utilisent comme de nombreux autres Etats le droit régalien. En effet, certains Etats ont préféré adopter une autre politique, celle d'affirmer que « les ressources minières du sous-sol n'appartiennent à personne »[80]. De ce fait, elles constituent des biens sans propriétaire dont la loi décide du mode d'attribution. Et l'Etat, agissant en tant que puissance publique, détermine les conditions de recherche et d'exploitation de ces ressources nationales[81]. Il fixe dans la législation les modalités d'attribution, de cession et de transmission des propriétés de ces ressources. Ce régime est dénommé droit régalien. Par le passé, les Etats, conformément à leurs lois minières, et en vertu d'un pouvoir discrétionnaire, attribuaient les titres de prospection ou d'exploitation aux entreprises de leur choix. Aujourd'hui, les législations ont beaucoup évolué, et la plupart des Etats utilisent le mode d'attribution de titres d'exploration et d'exploitation par le processus d'appel d'offres. Toutefois, certains Etats tels que le Tchad et la Centrafrique continuent à attribuer les permis sans appel d'offres, et ce depuis les années soixante. En France, par exemple, le droit régalien est en vigueur depuis l'adoption du Code Minier français du 21 avril 1810. Il est également en vigueur dans la plupart des pays industrialisés et dans les Etats membres de la C.E.M.A.C.

Cependant, la plupart des pays pétroliers appliquent de nos jours un régime hybride entre le droit régalien et le droit domanial. L'Etat y fixe par voie réglementaire les conditions d'exercice du droit minier et dispose du pouvoir discrétionnaire pour attribuer le permis ou la concession à une personne physique ou morale, afin de lui permettre d'effectuer, pendant une période limitée, les travaux nécessaires à la

---

[79] BRASSEUR (R) : *op., cit.*, p16.
[80] FAVENNEC (J P), et autres : *op., cit.*, p.182.
[81] Id.

mise en évidence des gisements, et à son exploitation. Ceci permet à l'Etat d'exercer une surveillance administrative des travaux de prospection. Par ailleurs, l'Etat, en qualité de puissance publique, affirme le principe d'appartenance des ressources minières du sol et du sous-sol à l'Etat, mais, rassure le titulaire d'un titre de prospection, en donnant le droit à l'exploitation des gisements en cas de découvertes commerciales.

Compte tenu de la place de choix qu'occupent les pays islamiques ou Arabo-islamique du Moyen-Orient (l'Arabie Saoudite, Emirats Arabes Unis, Kuwait, Qatar, Oman : dits pays du Golfe), du Maghreb (l'Algérie et la Libye) et de l'Asie (la Malaisie et l'Indonésie) dans l'industrie pétrolière internationale, et qui, tous affirment dans leur constitution respective que l'Islam est la religion d'Etat et compte tenu des relations de voisinage avec les Etats membres de la C.E.M.A.C, il nous semble intéressant d'aborder l'appartenance des hydrocarbures dans le droit islamique. Pour ce qui est de notre champ d'études, tous les Etats membres de la C.E.M.A.C affirment et déclarent dans leurs constitutions respectives qu'ils sont des Etats laïcs. Même si certains d'entre eux sont membres de l'Organisation de la Coopération Islamique, comme c'est le cas du Tchad, du Cameroun et du Gabon.

Cela dit, les jurisconsultes musulmans s'accordent sur le fait que la législation islamique repose sur quatre (4) sources fondamentales à savoir :

- Le Coran est considéré par les musulmans, qu'ils soient d'origine arabe ou non, comme source de base. Bien que le Coran soit assez claire et explicite dans ses dispositions, il se contente parfois d'énoncer les principes généraux sans donner de détails ;
- La Sunna est l'ensemble des paroles et des actes du Prophète Mohammed qui ont été transmis oralement après sa mort, puis ont été édifiés vers le troisième siècle de l'Hégire ;
- La Doctrine est l'interprétation du Coran et de la Sunna par les jurisconsultes musulmans[82]. Actuellement, on compte quatre doctrines très semblables qui sont admises par les musulmans. Il s'agit de la doctrine Abou Hanifa, la doctrine Hanbali, la doctrine Alchafii et la doctrine Maliki ;

[82] Farouk EL-ADE : « Les aspects juridiques des problèmes pétroliers dans les pays du Moyen-Orient Arabe », revue « Arab Law Quarterly » en 1999-3-15.

- La Jurisprudence s'appuie sur les décisions de quatre califes : Abou Bakar, Oumar, Ousmane et Ali, et les juges des premiers temps.

Ces quatre sources fondamentales de la législation islamique ont permis de faire une distinction claire entre la richesse minérale au sol et les trésors enfouis. La législation islamique considère la richesse minérale au sol comme un bien commun à tous les musulmans. Chaque individu peut en disposer librement sans aucun paiement à l'Etat de redevance ou de taxe s'il s'agit de satisfaire uniquement ses besoins vitaux. Mais, lorsqu'un individu exploite cette richesse à des fins commerciales, alors il est tenu de verser au trésor de l'Etat annuellement le quart d'un dixième (1/4 de 1/10) de son chiffre d'affaires au titre d'une taxe appelée le Zakat. Pourquoi le quart de dixième du chiffre d'affaire, et non celui de du bénéfice imposable ? Sur ce plan, nous pensons que l'islam a très tôt compris les tentations des hommes d'affaires lorsqu'il s'agit de leurs déclarations fiscales. En effet, la tendance générale qui se dégage est souvent celle de « gonfler les charges afin de minimiser la base taxable, et payer moins d'impôt sur les bénéfices ». Il est vrai que, ce serait très difficile pour un homme d'affaires de cacher son vrai chiffre d'affaires, mais, il lui serait très facile d'y imputer des charges pour minimiser l'assiette et payer moins d'impôt sur les bénéfices.

Quant aux trésors enfouis[83], durant la première ère de l'Islam, ils étaient considérés comme un butin de guerre dans des pays conquis et répartis donc entre l'Etat et les combattants, respectivement en raison d'un cinquième et quatre cinquième (1/5 et 4/5). Pourquoi dans les pays déjà conquis, la répartition est-elle faite, entre l'Etat 1/5 et les combattants qui étaient à l'origine de ce butin de guerre à hauteur de 4/5 ? De notre point de vue, la raison est simple, en effet, ce serait une forme de motivation aux combattants d'aller de l'avant dans leur conquête des pays non encore islamisés. Mais, si les trésors enfouis étaient trouvés dans un Etat déjà islamisé, ils étaient gardés pendant un (1) an pour permettre à leur propriétaire de se manifester et venir les récupérer. Une fois le délai est passé, ces trésors devenaient la propriété de celui à qui appartenait le sol où ils avaient été trouvés.

---

[83] Trésors enfouis, justement à l'époque, l'homme, pour garder son trésor à l'abri de tout danger « vol, feu, yeux curieux, etc.» enfouissait ou enterrait toujours son trésor à quelques dizaines, « voire centaine de mettre sous-sol ».

De ce qui précède, nous constatons que la législation islamique s'est plutôt penchée sur le droit des richesses minérales au sol et des trésors enfouis, mais, il n'a jamais été question de traiter le droit de la richesse du sous-sol. Aucune des quatre sources fondamentales de la législation islamique n'en faisait cas. Pourquoi un tel manquement dans la loi islamique ? La réponse est, selon nous, assez simple, car à la première ère de l'Islam, les activités d'exploration et production de ressources minières sous-sol n'étaient pas encore réalisables. Dans nos lectures, nous avons découvert qu'historiquement, le premier puits d'eau que l'homme a creusé pour satisfaire ses besoins en eau se trouvait en pays perse. Avant cette époque, l'homme se contentait de l'eau de surface pour subvenir à ses besoins. En revanche, l'homme n'avait pas connaissance de l'existence du pétrole à quelques milliers de mètres dans le sous-sol, dont il pouvait accéder pour subvenir à ses besoins en énergie.

De même, dans la recherche que nous avons menée, nous avons effectivement trouvé certains versets coraniques qui, de manière implicite, indiquent déjà l'existence des choses cachées dans la terre (sous-sol). A titre d'exemple, voilà quelques versets que nous citons ci-après [84]:

- Verset-25, Sourate Al Naml « Que ne se prosternent-ils pas devant Allah, Celui qui fait sortir les choses cachées dans les cieux et la terre » ;
- Verset-65 Sourate Al Haj « N'as-tu donc pas vu qu'Allah vous a assujetti ce qui est dans la terre,….» ;
- Verset-2 Sourate SABA « Il sait ce qui s'enfonce dans la terre et ce qui en sort,…».

Bien que des nombreux phénomènes géologiques, y compris l'existence des ressources minières au sol et dans le sous-sol aient été signalées de manière implicite dans le Coran il y a environs quatorze (14) siècles, les musulmans de l'époque n'avaient pas suffisamment des moyens techniques, matériels et financiers leur permettant d'entreprendre les activités d'exploration et de production desdites ressources. Il fallut attendre le XIXème siècle et la période coloniale dans les pays islamiques pour qu'enfin l'exploitation des ressources

[84]La version française du Coran que nous avons utilisée avait été traduite par Dr Zeinab ABDELAZIZ, Professeur de civilisation : « Le Coran et la traduction en langue française du sens de ses versets », Université Al-Azhar, Université Ménoufia 2005.

minières du sous-sol, y compris les hydrocarbures, soit amorcée. En toute logique, on ne peut légiférer que sur des choses auxquelles on a accès. Or, tel n'était pas le cas dans les pays islamiques. Les jurisconsultes musulmans ne s'étaient donc pas penchés sur les règles en la matière. Cependant, au cours de nos recherches, nous avons trouvé deux documents tentant d'interpréter le droit islamique relatif à l'appartenance des ressources du sous-sol et de leur exploitation. La première tentative d'interprétation est celle de ROBERT BRASSEUR dans son ouvrage intitulé « Législation et fiscalité internationales des hydrocarbures »[85] et, la seconde a été réalisée par Farouk Faouk - El-Adé[86]. En effet, les auteurs de ces deux documents ont tenté d'expliquer l'appartenance des hydrocarbures dans le droit islamique en se basant sur les quatre sources fondamentales de l'Islam que nous venons de mentionner ci-dessus. Mais, malgré ces tentatives d'interprétation, nous affirme avec force que la législation islamique n'a jamais, selon nos lectures et analyses de quatre sources fondamentales de l'Islam, codifié l'appartenance et l'exploitation des richesses sous-sol, et ce pour des raisons évidentes : difficile, voire même impossible de légiférer sur des choses dont on n'a pas accès. C'est pourquoi aucun pays islamique ne dispose aujourd'hui une loi islamique pour gérer son secteur des hydrocarbures. Tous ces pays, sans aucune exception, appliquent le droit régalien, le droit domanial ou le droit hybride entre le droit régalien et le droit domanial.

III. Environnement et pétrole

Etant donné que notre étude vise un seul objectif, celui de déceler les points forts et/ou faibles des dispositions environnementales des lois pétrolières en Afrique centrale de la C.E.M.A.C, et nous basant sur les affirmations du professeur SHELTON (D) rappelées précédemment, il est nécessaire de donner un aperçu général sur les aspects techniques et scientifiques de l'impact des hydrocarbures sur l'environnement : quels dégâts cause l'exploitation de ressources pétrolières sur l'environnement ? Que se passe-t-il sur le terrain au cours des opérations de recherche et d'exploitation si des mesures adéquates et appropriées n'ont pas été préalablement mises en place ?

---

[85]BRASSEUR (R) : *op., cit.,*.

[86] Farouk Faouk -El-Adé : « les aspects juridiques des problèmes pétroliers dans les pays du Moyen-Orient Arabe », revue « Arab Law Quarterly » en 15-03-1999.

Quel est l'impact des activités liées à la recherche, au développement, à l'exploitation, au transport, au stockage et au raffinage des hydrocarbures sur l'environnement ? Et quel est l'impact direct du pétrole brut et des produits pétroliers ?

Comme nous l'avons vu précédemment, la recherche pétrolière est souvent amorcée par des études géologiques de surface, suivies d'études géologiques et géophysiques du sous-sol. Les méthodes géophysiques généralement utilisées dans ces opérations sont la sismique, la magnétométrie, la gravimétrie et la diagraphie de puits. Parmi celles-ci, la sismique a une incidence majeure sur l'environnement. Au cours des opérations de sismique, la dynamite, la chute de poids ou les camions vibrateurs sont utilisés dans le but de créer des ondes. Ces activités sismiques ont un impact sur l'environnement. La recherche provoque également la pollution des sols et des sous-sols. En effet, lors des forages de recherche, certains produits sont utilisés tels que la boue de forage, que l'on appelle Bentonite. De même, les rayons gamma utilisés pour les enregistrements de puits pourraient se révéler nuisibles à l'environnement. Ainsi, l'impact direct ou indirect des activités de recherche sur les terres cultivables, les sites archéologiques, la faune ou la flore est constaté pendant et après lesdites activités.

Le risque de pollution au cours de la phase de production est encore plus grand. En effet, le moindre accident ou acte de sabotage au niveau d'un puits, d'un pipeline, ou encore d'un centre de traitement du brut, risque d'entrainer un déversement des hydrocarbures dévastateur pour l'environnement. De plus, le processus de production lui-même entraine de fortes émissions de CO_2, avec ce qu'on appelle communément le torchage qui correspond au flambage du gaz associé au pétrole ou de gaz issu de traitement du pétrole.

L'impact du pétrole brut et des produits pétroliers raffinés sur l'environnement

Les produits pétroliers peuvent poser des risques à la fois pour l'homme et pour la planète en général. Un déversement d'hydrocarbure peut par exemple entrainer des problèmes de santé tels que des intoxications respiratoires ou des brûlures. Surtout cela risque de rendre infertiles les terres cultivables et de détruire la biodiversité là où le déversement a lieu. Sauf, si les revenus pétroliers sont bien gérés, car, avec ceux-ci, un Etat peut aménager, traiter les terres détériorées et récompenser les déficits alimentaires par des importations de l'extérieur. Mais, si un Etat ne se préoccupe pas de ces problèmes, alors, une exploitation pétrolière serait un germe de conflit permanent dans cet Etat (mouvements sociaux, rébellions, etc.) et une source de malédiction.

Dans cette étude, notre attention a particulièrement été retenue par deux cas de déversement accidentel qui s'étaient produits dans deux Etats membres de l'Afrique centrale. Le déversement du pétrole brut en offshore gabonais, dans la première partie du présent ouvrage, et celui de pk35 au sud du Tchad, dans la deuxième partie. Quant aux cas de déversement par suite d'un acte de sabotage, ils sont nombreux et fréquents et surtout dans des pays en conflits internes ou en guerres civiles. Citons par d'exemple : plusieurs fois en Irak, mais, aussi dans le delta du Niger au Nigéria, et tout dernièrement en Egypte lors de l'explosion du gazoduc qui transportait le gaz égyptien vers Israël et la Jordanie, au début de l'année 2011. Toutefois, nous n'avons pas, cependant, enregistré de cas de déversement par suite d'un acte de sabotage dans la zone d'étude en Afrique Centrale de la zone C.E.M.A.C.

Il serait aussi utile d'évoquer, dans le cadre de l'impact des activités pétrolières amont sur l'environnement, le plus important déversement au niveau international de ces dernières décennies. Il s'agit de la Marée noire du Golfe du Mexique au large de Louisiane aux Etats-Unis d'Amérique (E.U.A). Puisque ce déversement a fait couler beaucoup d'encre, et qu'il continue à alimenter le débat au niveau national et international, nous allons revenir en détail sur ce qu'il s'est réellement passé, et étudier les conséquences d'un tel incident sur l'environnement. Ainsi, la marée noire causée par l'explosion d'une plate-forme pétrolière opérée par la firme britannique British Petroleum (B.P) dans le Golfe du Mexique au large de la Louisiane, aux E.U.A. est le plus important déversement accidentel de ces dernières décennies. Une explosion accidentelle a eu lieu le 20 avril 2010 sur la plateforme de B.P, ce qui a causé une fuite du pétrole. Cette fuite a, à en croire les responsables de la compagnie pétrolière B.P, déversé cinq milles (5.000) barils par jour du pétrole brut en mer, et ce pendant quatre-vingt-six (86) jours : soit quatre cent trente mille (430.000) barils, avant d'être arrêtée. Elle a par ailleurs, semé la panique tant au niveau des autorités américaines qu'au sein des responsables de B.P. La secrétaire à la sécurité intérieure des Etats-Unis déclara qu'il s'agissait d'une « marée noire d'ampleur nationale », et les responsables de B.P la qualifièrent d' » opération anti-marée noire la plus importante de l'histoire »[87]. Quant au président Barak Obama, il a ajouté que le pétrolier B.P serait « in fine tenu responsable du financement des opérations de nettoyage »[88]. L'annonce de cette catastrophe a subitement fait perdre à B.P dix pour cent (10 %) de sa valeur en bourse. Aidée par les forces américaines, B.P a d'abord tenté de brûler le pétrole pour limiter la croissance de la nappe, mais, en vain. Près d'un (1) mois après l'explosion de la plate-forme, B.P a tenté un autre procédé pour arrêter l'écoulement du pétrole, il s'agissait d'installer un système de siphonage au niveau du puits accidenté. Malgré cela, le gouvernement américain ne cachait pas son scepticisme et déclarait dans un communiqué que « cette technique n' [était] pas la solution au problème, et [qu'on ignorait] dans quelle mesure cela [pouvait] réussir »[89]. Parallèlement au système de siphonage mis en place, B.P poursuivait ses préparatifs d'injection de boue dans le puits accidenté, afin d'arrêter définitivement la fuite de pétrole. En effet, les ingénieurs sont parvenus à fermer les valves d'un entonnoir posé sur le puits, ce qui a pu arrêter la fuite du brut. Cette opération a permis d'éviter le pire désastre environnemental de l'histoire des Etats-Unis. Mais, certains scientifiques, après avoir repéré quatre (4) gigantesques nappes de pétrole sous la surface de l'eau[90], ont estimé que la quantité de brut déversé dans la mer était bien supérieure au chiffre annoncé par B.P.

Pour ce qui était de la quantité journalière déversée, nous retenons plutôt l'hypothèse des scientifiques qui pensaient que la quantité était plus importante que celle déclarée par la compagnie B.P pour trois raisons ci-après :

i) Raison technique : l'accident survenu au niveau de puits (explosion de puits) aurait pour conséquence d'avoir mis hors service son système de comptage individuel, voir même son réseau de collecte qui contrôle aussi le débit dudit puits. En l'absence d'un système de comptage fiable, la compagnie B.P serait certes obligée de passer, pour connaître la quantité qui s'échappait, par une estimation et non par des mesures fines donnant une quantité précise. C'est de cas qui arrive souvent

[87] Dans la catégorie Nature, Publié le 30/04/10.
[88] Lexpress.fr du 28/05/2010 consulté le 11/05/2011.
[89] Déclaration de la Secrétaire d'Etat à la sécurité intérieure, Janet Napolitano, et du Secrétaire d'Etat à l'intérieur, Ken Salazar, publié dans LEMONDE.FR avec AFP et Reuters, consulté le 11/05/2011.
[90] France info du 17 mai 2010, consulté le 11/05/2011.

où les compagnies passent par des estimations pour quantifier de perte de pétrole. Et techniquement, une estimation est toujours difficile et dispose une marge d'erreur qui peut être minimisée au maximum et ce, selon l'expérience de l'ingénieur en charge d'une telle opération ;

ii) Raison financière : La puissance publique du pays d'accueil de la compagnie B.P, en l'occurrence les Etats-Unis d'Amérique tente le plus souvent d'imposer des charges financières plus importantes pour nettoyer, indemniser les personnes affectées et contrecarrer toute pollution causée par les activités de compagnies pétrolières, et ce selon le degré de pollution qui s'exprime en termes de quantités déversées. La compagnie pétrolière B.P avait donc tout à fait intérêt de minimiser le degré de pollution pour que les charges financières qui seraient exigées par le pays hôte ne soient pas très importantes. Ce n'est pas un cas spécifique pour la compagnie B.P. Toutes les compagnies pétrolières font la même chose dans le but de réduire sensiblement leurs charges financières d'amende, et par voie de conséquence d'augmenter leurs marges bénéficiaires ;

iii) Raison économique : La plupart des compagnies pétrolières multinationales sont cotées en bourse. De ce fait, elles n'ont aucun intérêt de déclarer la quantité exacte des déversements accidentels du pétrole, surtout quand elle est très importante, car, cela pourrait jouer sur leur cotation en bourse. Par exemple, dès l'annonce de la catastrophe d'explosion de la plate-forme de la compagnie B.P dans le Golfe du Mexique au large de Louisiane, la firme britannique a aussitôt perdu dix pour cent (10 %) de sa valeur en bourse. Voilà, pourquoi, en cas de déversement du pétrole, qu'il soit accidentel ou par suite d'un acte de sabotage, on ne peut pas se fier aux données des compagnies pétrolières qui opèrent, mais, chercher plutôt à engager des inspecteurs indépendants qui donnent leur appréciation sur l'étendue des dégâts qu'aurait causé un déversement. Nous insistons sur l'indépendance de l'inspecteur à engager, car, les compagnies n'acceptent pas les conclusions des inspecteurs nationaux pour des raisons évidentes. Toujours en rapport avec ce déversement de la compagnie B.P, l'Agence Internationale de l'Energie (A.I.E) avait, pour sa part, estimé qu'il y avait entre deux et virgule trois à quatre et virgule cinq (2,3-4,5) millions de barils) d'or noir déversés, et s'étaient répandus en mer[91]. Nous retenons, sans réserve, cette estimation dans ce genre de catastrophe, car, cette Agence ne donne que des estimations proches de la réalité. Certes, elle peut aussi se tromper, vu les difficultés techniques pour parfaire ces estimations, mais, elle n'a aucun intérêt à minimiser l'ampleur d'une telle catastrophe ou d'un tel dégât écologique. Concernant le coût financier de cette catastrophe, B.P affirme avoir déboursé à la date du 12/07/2010 une enveloppe de trois milliards et cinq cent millions (3.500.000.000) de dollars pour lutter contre la marée noire dans le Golfe du Mexique. Elle avait aussi versé cent soixante-cinq (165) millions de dollars en guise de compensation aux pêcheurs et aux commerçants qui avaient perdu leur gagne-pain. La compagnie B.P s'était vue obligée de vendre certains de ses actifs pour constituer un fonds de réserve de vingt milliards (20.000.000.000) de dollars qu'elle avait promis aux autorités américaines pour assurer les coûts de nettoyage et des dédommagements liés à la marée noire dans le golfe de Mexique[92]. Pour prévenir toute future fuite de pétrole, le département américain de l'intérieur avait, par ailleurs, décrété un moratoire sur l'exploration pétrolière en eau profonde jusqu'au 30 novembre 2010, mais, celui-ci pouvait être levé avant date si les autorités estimaient que les activités de forage en eau profonde pouvaient être effectuées en toute sécurité[93]. Ce moratoire avait bloqué l'octroi de permis pour tout forage pétrolier en haute mer. Finalement, il a été levé plus tôt que prévu, le 12 octobre 2010[94].

Un autre exemple notoire de déversement accidentel est celui du pétrolier ERIKA. ERIKA était un navire pétrolier battant pavillon maltais, et affrété par la compagnie Total-Fina-Elf pour le transport de trente-sept milles (37.000) tonnes de fioul lourd, en provenance de Dunkerque et à destination de Livourne (en Italie). Le dimanche 12 décembre 1999, à une distance de trente-sept (37) kilomètres au sud de Penmarch, le navire s'est cassé en deux parties, et a libéré environ

---

[91] TERRE dans *Liberation.fr* le 18 juillet 2010, consulté le 12/05/2011.

[92] Mounia Daoud, le 12 juillet 2010 sur le site *Rfi.fr*, consulté le 12/05/2011.

[93] Service économique, site *consulfrance-houston.org*, du 15 septembre 2010, consulté le 10 /05/2011.

[94] Le site *cedre.fr*, le 11/01/2011, consulté le 10/05/2011.

dix milles (10.000) tonnes du fioul. Les deux parties du navire fuitaient légèrement. Trois (3) nappes du fuel furent identifiées en surface. Mais le pompage en mer en vue de leur récupération était rendu difficile par les conditions météorologiques et la température. Les nappes se morcelèrent et les premières parties atteignirent la côte près de Lorient le 25 décembre 1999. Cette situation a poussé le ministre français de l'écologie à faire une déclaration pour rassurer la population : « ce n'est pas la catastrophe du siècle[95]». Malgré cette déclaration, les représentants de la région sinistrée ont organisé, le 1er avril 2000, une marche dans Paris pour manifester leur volonté de préserver la mer. Ils demandaient notamment à l'Etat de prendre des mesures drastiques afin de nettoyer les côtes avant l'été et d'indemniser les professionnels dont l'activité était mise à mal par la marée noire (pêcheurs, ostréicultures, hôteliers, etc.). Ils demandaient également la mise en place d'une véritable cellule de crise, le commencement des opérations de pompage et des mesures contre les rejets illicites des hydrocarbures en mer[96]. Les dégâts causés par ce déversement accidentel furent énormes. Nous pourrions citer entre autres[97] le fait que les côtes françaises du Finistère à la Charente-Maritime étaient souillées sur une longueur de quatre cents (400) kilomètres ou que le nombre d'oiseaux morts était estimé entre cent cinquante milles et Trois cent milles (150.000 et 300.000), dix fois plus que lors du naufrage de l'Amoco Cadiz. Les poids de déchets étaient estimés à deux cent cinquante mille (250.000) tonnes et le coût de ce naufrage avoisinait le milliard d'euros d'après les parties civiles. Les Fonds d'Indemnisation des Pollutions (F.I.POL) et l'assureur du navire (Streamship Mutual) avaient déjà versé, en décembre 2002, environ cinquante-trois (53) millions d'euros. Les versements du F.I.POL étaient plafonnés à cent quatre-vingt-deux (182) millions d'euros. Le F.I.POL avait engagé des poursuites judiciaires contre tous les acteurs de l'accident : propriétaire, armateur, assureur, affréteur et la société de classification. La compagnie Total, qui logiquement ne devrait être tenue responsable, en sa qualité d'affréteur, s'est vue condamnée par la Cours de cassation pour manque de vigilance, et non-vérification du pétrolier avant affrètement.

---

[95] Le site de fabrice-nicolino.com, le 20 septembre 2008, consulté le 12/05/2011.

[96] Naufrages et bateaux poubelles, posté sur le site grain-de-vie.skyrock.com le mardi 20 janvier 2009, consulté le 15/05/2011.

[97] Erika (pétrolier), *op., cit.*, page consultée le 15/05/2011.

Tableau 1. Exemples de déversements pétroliers des volumes de plus de Cent mille tonnes (100 000 tonnes)[98]

Source	Pays	Date	Quantité déversée en millions de baril
Puits de pétrole	Koweït	15 février-novembre1991	60-150
Puits	Etats-Unis (Comté de Kern,Californie)	14 mars 1910-septembre 1911	9,02
Terminaux pétroliers	Koweït	19-28 janvier 1991	6-11
Plate-forme	Etats-Unis, Golfe de Mexique	4 avril-mi-juillet 2010	4,9
Plate-forme	Mexique, Golfe du Mexique	3 juin 1979-23 mars 1980	3,333
Puits	Ouzbékistan, Vallée de Ferghana	3 février 1992	2,09
Champ pétrolier	Iran, Golfe Persique	Novembre 1987	1,907
Puits	Libye	1er août 1980	1,0467
Cuves de stockage	Koweït	20 août 1981	0,742800
Pipeline Kharyaga-Oussinsk	Russie	25 octobre 1994	0,731

Pour terminer cet introductif général, il convient de préciser que la présente étude, qui tente d'apprécier les dispositions environnementales des lois pétrolières des Etats membres de l'Afrique centrale de la C.E.M.A.C, et voir la possibilité de leur harmonisation, aura trois (3) limites à savoir :

Limite géographique

L'étendue de l'étude couvrira seulement les six (6) Etats membres de l'Afrique Centrale se retrouvant dans la zone de la Commission Economique et Monétaire de l'Afrique Centrale (C.E.M.A.C). Elle comprend en effet : la République du Tchad, la République du Cameroun, la République du Congo, la République du Gabon, la République de la Guinée Equatoriale et la République Centrafricaine. L'accent sera en particulier mis sur les deux premières, car, elles ont permis la réalisation d'un projet gigantesque du pipeline transnational, où la question environnementale a été bien analysée, implantée, gérée et regardée à la loupe. A l'exception de la République centrafricaine, tous les autres Etats membres de la C.E.M.A.C sont des pays

[98] **Source :** Marées noirs de site web *Wikipédia en français* (auteurs), page consultée le 12/05/2011.

producteurs du pétrole à divers échelle, mais, elle aussi est en voie de l'être car les activités de recherches pétrolières viennent d'être entamées par la compagnie chinoise C.N.P.C dans ses bassins du nord du pays adjacent aux bassins tchadiens producteur du pétrole au sud du Tchad.

Limite des activités

A ce niveau, même si certaines lois pétrolières de l'Afrique Centrale en l'occurrence celles de la Guinée équatoriale traitent et fusionnent dans leurs dispositions le secteur aval pétrolier : le raffinage, la pétrochimie, le stockage des produits finis, le transport par citernes et la distribution etc., et le secteur amont pétrolier : la recherche, la production et le transport du pétrole brut par canalisations, l'étude sera plutôt limitée à l'amont pétrolier, car, il est d'usage que les deux secteurs aient de textes de réglementation différente comme c'est le cas aujourd'hui dans beaucoup des pays à travers le monde.

Limite temporelle

L'essentiel de nos analyses sera plutôt porté sur les dernières lois pétrolières en vigueur dans chaque Etat membre de l'Afrique Centrale, même si, au passage, nous rappelons et analysons l'évolution des lois minières françaises vers le code pétrolier saharien, du fait de leur lien étroite et historique avec les lois pétrolières en Afrique centrale, ainsi que l'évolution des lois pétrolières dans les deux Etats à savoir le Tchad et le Cameroun, où un projet-modèle d'intégration régionale avait été en fait mis en place avec l'aide et la participation directe de partenaires au développement, en l'occurrence le groupe Banque Mondiale.

Revenons à présent à la question posée tout au début de cette introduction générale, celle de savoir si les dispositions environnementales contenues dans les lois pétrolières du Tchad, et celles de la sous-région de l'Afrique Centrale, après leur multiple refonte, sont assez suffisantes et techniquement mûrs pour protéger l'environnement et assurer une vie saine et décente aux populations de ladite sous-région ? **(Partie I)**. Le caractère contraignant de l'application des normes environnementales par les institutions financières : groupe Banque Mondiale (BM, FMI, S.F.I etc.), dans des projets pétroliers en Afrique, est-il efficace ? **(Partie II)**.

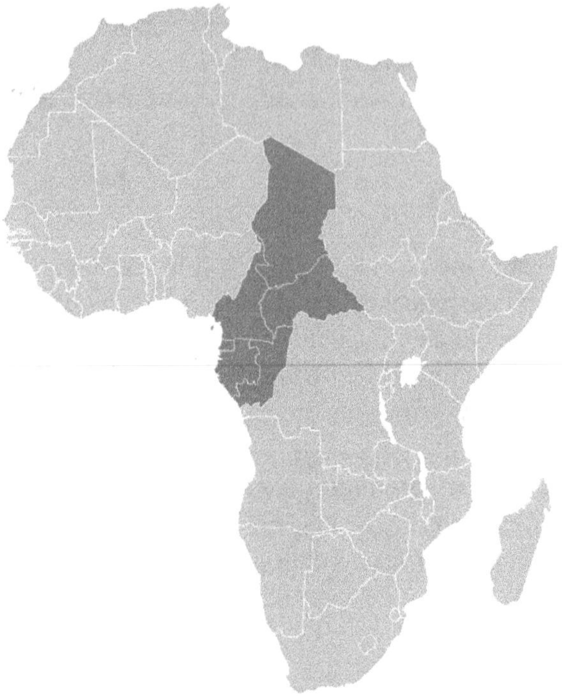

Carte des États membres de la C.E.M.A.C
Source : http://www.gaboneco.com/nouvelles_africaines_32031.html

PREMIÈRE PARTIE

Les dispositions environnementales des lois pétrolières en Afrique Centrale (C.E.M.A.C) et les possibilités de leur harmonisation

Nous ne pouvons traiter la problématique de cette première partie qui a trait à l'efficacité ou non des dispositions environnementales de lois pétrolières des Etats membres de l'Afrique centrale de la C.E.M.A.C, et la possibilité de leur harmonisation, sans nous référer aux conclusions des différentes conférences qui ont permis de jeter une base parmi lesquelles la Conférence de Stockholm 1972. Au cours des assises de cette conférence, les conférenciers s'étaient en effet rendu-compte que la préservation ou la protection de l'environnement était d'une importance capitale pour le peuple du monde entier, car, elle peut influencer, d'une manière ou d'une autre son bien-être et que désormais tous les gouvernements des différents pays ont le devoir de mettre en place les règles et règlementations pour y parvenir. Cette volonté des peuples du monde a été aussitôt traduite en une Déclaration de la conférence qui précise que « la protection et l'amélioration de l'environnement est une question d'une importance majeure qui affecte le bien-être des populations et le développement économique dans le monde entier ; elle correspond au vœu ardent des peuples du monde entier, et constitue un devoir pour tous les gouvernements »[99]. De même, cette déclaration affirme que « dans les pays en voie de développement, la plupart des problèmes de l'environnement sont causés par le sous-développement (...). En conséquence, les pays en voie de développement doivent orienter leurs efforts vers le développement, en tenant compte de leurs priorités et de la nécessité de préserver et d'améliorer l'environnement. (...) »[100]. En

[99] Deuxième point du préambule.
[100] Quatrième point du préambule.

outre, il faudrait peut-être rappeler le principe 11 qui précise aussi que « les politiques nationales d'environnement devraient renforcer le potentiel progrès actuel et futur des pays en voie de développement, et non l'affaiblir ou faire obstacle à l'installation des meilleures conditions de vie pour tous (...)»[101]. Les Etats membres de l'Afrique Centrale (C.E.M.A.C) qui font partie intégrante des pays en voie de développement et disposant tous des ressources pétrolières, à l'exception de la Centrafrique, sont en effet interpellés par les principes pertinents de la déclaration de Stockholm. Justement, les Etats sont encouragés à assurer leur propre développement, bien entendu, par l'exploitation de leurs ressources naturelles pour améliorer les conditions de vie de leurs populations tout en protégeant l'environnement, de telle sorte que les intérêts des générations actuelles et futures ne soient pas remis en cause. Les gouvernements de tous les pays en voie de développement sont sommés d'adopter des politiques nationales en matière d'environnement pour préserver les progrès actuels et futures. Ainsi, chaque Etat membres de la C.E.M.A.C se précipite et se donne le devoir d'insérer des dispositions pertinentes relatives à la protection de l'environnement dans ses lois et textes fondamentaux. En plus des dispositions environnementales insérées par chaque Etat membres de l'Afrique centrale de la C.E.M.A.C dans sa Constitution, chaque Etat membres est d'abord amené à adopter un code de l'environnement qui traite de généralités, puis, refondre, à maintes reprises, ses lois pétrolières et ses codes de l'environnement pour y renforcer les dispositions environnementales. Pour rappel, l'étendu de notre étude reste cadré aux dispositions environnementales des lois pétrolières, et non aux codes de l'environnement qui ont une portée plutôt générale. A titre d'exemple, listons ci-après certains textes de portée générale pris par les Etats membres de l'Afrique centrale de la C.E.M.A.C pour lutter contre la pollution, et la préservation de l'environnement :

- Au Tchad, la loi N°14/PR/98 sur les principes généraux de la protection de l'environnement a été promulguée le 17 avril 1998, et deux textes d'application ont été successivement pris : le décret N°904/PR/PM/MERH/2009 portant réglementation des pollutions et des nuisances à l'environnement du 06 août 2009, et le décret N° 630/PR/PM/MEERH/2010 portant

[101] Principe 11 de déclaration.

réglementation des études d'impact sur l'environnement en date du 04 août 2010 ;

- Au Cameroun, la loi N°96/12 du 5 août 1996 portant loi-cadre à la gestion de l'environnement a été promulguée le 5 août 1996 et son décret d'application, le décret N°2005/0577/PM du 23 février 2005 sur les modalités de réalisation des études d'impact environnemental a été pris le 23 février 2005 ;
- En Centrafricaine, la loi N°07/018 du 23 décembre 2007 portant code de l'environnement a été promulguée le 23 décembre 2007, quant à ses textes d'application, du 12 - 14 juillet 2011, c'est-à-dire quatre ans après la promulgation de la loi, le ministère de l'environnement et de l'écologie a organisé un atelier de validation de ses textes d'application. Jusqu'au moment où ce paragraphe est en cours de rédaction, ces textes d'application ne sont pas encore publiés ;
- Au Congo, la loi N°003/91 du 23 avril 1991 sur la protection de l'environnement, fiscalité en matière d'environnement a été promulguée le 23 avril 1991 et son décret d'application, décret N°2009-415 du 20 novembre 2009, nomenclature et contrôle des installations classées, énergie nouvelles et renouvelables a été pris le 20 novembre 2009 ;
- Au du Gabon, la loi N°016/93 du 26 août 1993 relative à la protection et à l'amélioration de l'environnementale a été promulguée le 26 août 1993, au lendemain de la conférence de Rio tenue en 1992 et son premier texte d'application, le décret N°000405/PR/MEFPREPN du 15 mai 2002 portant réglementation des études d'impact sur l'environnement a été pris le 15 mai 2002 ;
- En Guinée Equatoriale : la loi N°7/2003 du 27 novembre 2003, régulatrice de l'environnementale en Guinée Equatoriale a été promulguée le 27 novembre 2003, et son décret d'application N°171/2005 du 8 septembre 2005, sur la stratégie et plan d'action pour la conservation de biodiversité en Guinée Equatoriale a été pris le 8 septembre 2005.

Ceci étant dit, toutes les lois pétrolières des Etats membres de l'Afrique Centrale de la C.E.M.A.C, à l'exception de la Guinée Equatoriale s'inspirent et tirent leurs sources de textes français en l'occurrence le code pétrolier saharien, le code minier français 1958, lesquels à leur tour tirent l'essentiel de leurs dispositions du code minier napoléonien à savoir « la loi de 1810 sur les mines ». Les lois pétrolières en Afrique Centrale furent adoptées dans chaque Etat membres à l'aube des années d'indépendance, précisément dans les années soixante. Avant l'indépendance, le secteur des mines et celui des hydrocarbures dans tous les Etats membres, à l'exception de la Guinée Equatoriale, étaient régis soit par le code minier français, soit par le code pétrolier saharien, que nous allons aborder un à un dans la présente étude.

Dans les lois pétrolières de l'Afrique Centrale, des dispositions pour la protection et la préservation de l'environnement pendant les phases d'exploration, de développement et de production des hydrocarbures y sont prévues. Ces lois, qui au départ prévoyaient uniquement le régime de concession pour l'attribution d'un contrat pétrolier, avaient subi des réformes pendant ces dernières décennies en vue d'introduire d'autres régimes de contrat tels que : le Contrat de Partage de Production (C.P.P) et le Contrat de Service. En outre, l'exploitation des hydrocarbures ne peut pas se passer sans un impact direct ou indirect sur les faunes, les flores et les activités socio-économiques dans les zones d'activités. Ces réformes ont par ailleurs touché aussi les dispositions environnementales. Dans cette première partie de l'étude, nous examinons d'abord les lois sources : le code minier napoléonien, le code minier de 1956 en France et le code pétrolier saharien **(Titre-I),** puis les lois pétrolières des Etats membres de l'Afrique Centrale de la zone (C.E.M.A.C) **(Titre-II).**

TITRE I

Les sources des lois pétrolières des Etats membres de l'Afrique centrale

Comme précédemment rappelé, les lois pétrolières des Etats membres de l'Afrique centrale tirent leurs sources des textes français adoptés pendant la période coloniale jusqu'aux années d'indépendance **(Chapitre-1),** dont sont issues toutes les dispositions pertinentes du code pétrolier saharien **(Chapitre-2).**

CHAPITRE 1

Les lois minières

Les archives auxquels nous avons eu accès nous enseignent que le XVIIIème siècle avait vu l'apparition des nombreuses ordonnances qui régulaient toutes les parties du droit civil et toutes les branches de l'administration. Ces ordonnances statuaient sur tous les intérêts du monarque et des sujets et sur tous les droits de l'Etat et des citoyens. Sous le règne de Napoléon, le souci de tenir compte des expériences vécues, des erreurs commises et de l'exploitation de la richesse au profit du peuple a favorisé et encouragé la rédaction des nouveaux codes : trésors de la législation où sont contenues les richesses de tous les siècles. Parmi toutes les parties de la législation qui ont attiré le regard, ce fut la législation minière[102] qui devrait être un objet spécial de ses méditations **(Section-1)**[103]. Pour réaffirmer la propriété des ressources minières du sous-sol (qui est déjà adoptée dans la loi concernant les mines N°160 du 21 avril 1810, laquelle autorisait déjà l'exploitation des mines sous le sol d'autrui, moyennant juste le paiement de la redevance au propriétaire du sol et de taxes à l'Etat, et ainsi qu'à l'institution d'octroi de titre minier par décret) le code minier de 1956 avait été pris **(Section-2)**.

Section 1. La loi concernant les Mines N°160 du 21 avril 1810 (code minier napoléonien)

La première moitié du XIXe siècle s'est caractérisée par des mutations technologiques qui ont profondément modifié l'industrie et la société : besoins croissants en énergie avec le remplacement

---

[102] L'adoption de la loi concernant les mines N°160 du 21 avril 1810.

[103] Exposé des motifs du projet de loi sur les mines.

progressif du charbon de bois par l'huile, usage accentué des mécaniques hydrauliques, développement de la machine à vapeur, utilisation du coke en sidérurgie, améliorations décisives des moyens de transports, recherches méthodiques du potentiel minier fondé sur les connaissances géologiques, exploitations plus rationnelles pour des travaux beaucoup plus profonds, et nouvelles précautions pour lutter contre les explosions de grisou. Tous ces éléments introduisent des changements d'échelle, des concentrations vers les meilleurs gîtes d'huiles, des dangers nouveaux associés à l'indispensable amélioration de la productivité. C'est dans ce contexte que les pouvoirs publics ont eu à exercer leur action[104]. Nous analysons successivement les origines de cette loi, ses éléments relatifs à la propriété des ressources minières du sous-sol et ses dispositions pour la préservation et la protection de l'environnement. Mais, avant tout, à qui appartiennent les ressources minières du sous-sol dans cette loi ?

D'abord, la loi sur les mines du 21 avril 1810 est à la fois un aboutissement et un renouvellement. Elle complète les dispositions prescrites par les quatre arrêts du Conseil. Celle du 9 août 1723 sur les fourneaux et les forges, celle du 15 janvier 1741 sur les mines métalliques, celle du 14 janvier 1744 et celle du 19 mars 1783 qui remplace la loi de 1791 sur les mines d'huiles dont elle améliore considérablement la mise en œuvre[105]. L'arrêt de 1744, rendu sous l'influence de Trudaine, supprimait déjà la liberté absolue laissée jusqu'alors aux propriétaires du sol de fouiller leurs fonds et d'y exploiter des mines de « charbon de terre », sans aucune autorisation préalable. Il prescrivait en outre pour la première fois des mesures techniques importantes pour la sûreté, la solidité et la rationalité des exploitations souterraines. Les mines d'huiles étaient ainsi placées sous le régime des permissions ou concessions. C'était la fixation du principe même de la législation organisant les concessions, encore

---

[104] Lionel Latty, « la loi du 21 avril 1810 et le Conseil général des mines avant 1866. Les procès-verbaux des séances », *Document pour l'histoire des techniques* 16 2e semestre 2008, mis en ligne le 06 octobre 2010, consulté le 15 octobre 2012, URL : http://dht.revues.org/803.

[105] Lamé Fleury, *De la législation minérale sous l'ancienne monarchie ou Recueil méthodique et chronologique des lettres patentes, édites, ordonnances, déclarations, arrêts du Conseil d'Etat du Roi, du Parlement*, Paris, Auguste Durand, 1857.

actuellement en vigueur, avec des aménagements successifs, mais qui ne remet pas en cause son fondement[106].

En établissant les principes de propriété, le code minier napoléonien a en quelque sorte posé la première pierre d'un autre monument législatif, sur lequel doit reposer le grand intérêt de l'exploitation des mines, contenus dans le sous-sol, recherchées par l'industrie et versées dans la société pour satisfaire ses besoins et accroître sa richesse[107].

Dans l'ancien droit romain, le propriétaire de la surface (sol) l'était également pour le sous-sol et disposait librement de ses richesses. Cela est aujourd'hui connu sous le régime du droit d'accession, en vigueur aux Etats-Unis, même si, son champ d'application demeure très réduit. Avec le code minier napoléonien, on peut exploiter des mines sous le sol d'autrui puisque la loi règle le problème de la redevance à payer au propriétaire du sol et aux services de l'administration fiscale (l'Etat), c'est le régime du droit régalien. Héron de Villefosse et Migneron ont donné au droit régalien deux définitions opérationnelles complémentaires. La première par son principe : la primauté de l'Etat garant de l'intérêt général ; la seconde par trois dispositions à respecter pour sa mise en œuvre à savoir : régler la destination de la propriété souterraine au bénéfice des personnes qui peuvent le mieux la mettre en valeur, surveiller l'exploitation dans ses rapports avec l'ordre public, avec la conservation du sol, et avec la sûreté des ouvriers mineurs, et enfin, percevoir un certain tribut sur les produits obtenus par l'exploitant.

Les propriétaires du sol acceptent mal de voir leur sous-sol attribué, sous forme de concessions, à d'autres qu'à eux-mêmes. A vrai dire, ces propriétaires n'avaient jusqu'alors pas été confrontés aux difficultés de creuser en profondeur dans leur sous-sol, sinon, ils auraient probablement eux-mêmes renoncer à leur droit d'exploiter le sous-sol, et l'auraient confié à d'autres personnes ayant les compétences nécessaires pour y parvenir. L'incompréhension et l'opposition furent permanentes et inévitables. Il fallut donc trouver un arrangement juridique qui permettrait à tout le monde d'y trouver son compte : le propriétaire du sol, l'exploitant et l'Etat.

---

[106] Lionel Latty, « la loi du 21 avril 1810 et le Conseil général des mines avant 1866. Les procès-verbaux des séances », *op., ci.*

[107] Exposé des Motifs du projet de Loi sur les Mines.

En France, jusqu'en 1791, la législation n'a jamais été, ni solennelle, ni régulière, parce que les tribunaux n'ont jamais pris connaissance des affaires de mines, celles-ci étant exclusivement traitées par le Conseil du Roi. Donc, avant 1791, les mines en France étaient une propriété domaniale, et c'est la loi de juillet 1791 qui mit les mines à la disposition de la nation. Cela signifie que le gouvernement pouvait désormais en disposer selon l'intérêt de la société. La loi accordait une préférence aux propriétaires de surface (sol), ce qui exclut pour le gouvernement la liberté de la disposition. Cette loi, à cause de son imperfection, avait presque été inexécutée. Ce qui suppose que les mines étaient dans toute la France sans surveillance administrative, sans activités et même sans produits[108]. L'imperfection de la loi juillet 1791, qui offrait tantôt des obstacles, tantôt des lacunes, a amené les législateurs de l'époque à penser à une nouvelle loi qui offrirait à l'administration d'assurer la surveillance des activités minières et rassurer l'exploitant sur la permanence de la nature de sa propriété et sa jouissance[109]. D'où, l'adoption de la loi du 21 avril 1810 qui considère, désormais, les mines comme une propriété perpétuelle, disponible, et transmissible, lorsqu'un acte du gouvernement (une concession) aura consacré cette propriété. Justement, cet acte règle le droit de propriété du sol. Tout se concilie dans ce système : l'intérêt de l'Etat, l'intérêt de l'exploitant et l'intérêt de propriétaire du sol[110]. Aujourd'hui, on peut se permettre d'imaginer aussi que l'une des raisons qui aurait poussé à l'adoption de la Loi du 21 avril 1810, serait, le fait qu'on puisse tracer précisément les limites de propriété au sol, mais, qu'en sous-sol, les limites géologiques des gisements n'ont rien à voir avec les limites au sol. D'où, un gisement des mines en sous-sol peut se retrouver dans le domaine privé de plusieurs propriétaires au sol, et cette situation risque de constituer un germe de conflits permanents, si elle n'est pas bien réglementée. C'est pourquoi, les mines étant la propriété de tous, et par conséquent de personne, doivent entrer dans le domaine de l'Etat. Cette définition résout la contradiction entre les dispositions du Code Civil qui précisent que « la propriété du sol emporte la propriété du dessous »[111] et celles de la loi de juillet 1791, qui met les mines à la disposition de la nation. Il fut déclaré que « les mines ne peuvent être exploitée qu'en

[108] *Id.*
[109] *Ibid.*
[110] *Ibid.*
[111] Code civil français, l'Article-552.

vertu d'un acte de concession délibéré en Conseil d'Etat ; mais, cet acte réglera les droits des propriétaires de la surface sur le produit des mines concédées »[112]. Ainsi, la loi sur les mines du 21 avril 1810 remplace enfin la loi du 28 juillet 1791. La première version du projet de loi est présentée au Conseil d'Etat le 1er février 1806, et quatre années ont été nécessaires pour parvenir au texte définitif[113]. Cette loi, malgré son âge, vieille de plus de deux cents ans, n'a pas perdu de vue des aspects environnementaux, même si les notions qui y étaient prévues étaient de portée très vague.

La loi du 21 avril 1810 dispose à l'article-43 que « les propriétaires de mines sont tenus de payer les indemnités dues au propriétaire de la surface sur le terrain duquel ils établiront leurs travaux. Si les travaux entrepris par les explorateurs ou par les propriétaires de mines ne sont que passagers, et si le sol où ils ont été faits peut-être mis en culture au bout d'un (1) an comme il l'était auparavant, l'indemnité sera réglée au double de ce qu'aurait produit net le terrain endommagé ». De même, elle dispose également à l'article-44 que « lorsque l'occupation des terrains pour la recherche ou les travaux des mines prive les propriétaires du sol de la jouissance du revenu au-delà du terme d'une année ou lorsqu'après les travaux, les terrains ne sont plus propres à la culture, on peut exiger des propriétaires des mines, l'acquisition des terrains à l'usage de l'exploitation. Si le propriétaire de la surface le requiert, les pièces de terre trop endommagées ou dégradées sur une trop grande partie de leur surface, devront être achetées en totalité par le propriétaire de la mine. L'évaluation du prix sera faite, quant au mode, suivant les règles établies par la loi du 16 septembre 1807, sur le desséchement des marais, etc. titre XI ; mais le terrain à acquérir sera toujours estimé au double de la valeur qu'il avait avant l'exploitation de la mine ».

Au regard de ces deux articles, on peut dire que la connaissance et la définition de l'environnement à cette époque étaient très limitée et superficielle. Elle se résumait en termes de privation d'un propriétaire de son terrain pendant une période d'un an et plus et de perte de fertilité de la terre après les activités minières. La loi prévoyait justement de résoudre ce problème par un paiement d'indemnités par

[112] Les dispositions de la *loi de juillet 1791*. Nous n'avons pas eu accès à cette loi, c'est pourquoi, il nous a été presque impossible de citer exactement l'article concerné.
[113] Lionel Latty, « la *loi du 21 avril 1810* et le Conseil général des mines avant 1866. Les procès-verbaux des séances », *op., ci.*

les explorateurs et ou les concessionnaires des mines aux propriétaires de la surface (sol) en guise de compensation et d'indemnisation pour la dégradation et le dommage qu'auraient causé leurs activités au sol, en dessous duquel les mines se retrouvent. Or, en ce temps, l'homme n'avait pas une vision claire sur la dégradation de l'environnement, ni une définition précise sur la pollution et la protection de l'environnement. Sa seule préoccupation était comment protéger son champ contre toute dégradation dû aux activités minières ? Donc, sa seule unité de mesure de l'état d'atteinte à l'environnement, et son seul souci était les manques à gagner en termes de quantités perdues des produits vivriers, dues aux activités minières sur son sol. Ainsi, la dégradation et le dommage de la surface causés par les activités minières sur son sol sont évalués par la perte de la partie de surface cultivable.

En outre, la Loi précise à l'article 45 que « lorsque, par l'effet du voisinage ou pour toute autre cause, les travaux d'exploitation d'une mine occasionnent des dommages à l'exploitation d'une autre mine, à raison des eaux qui pénètrent dans cette dernière en plus grande quantité ; lorsque, d'un autre côté, ces mêmes travaux produisent un effet contraire et tendent à évacuer tout ou partie des eaux d'une autre mine, il y aura lieu à l'indemnité d'une mine en faveur de l'autre : le règlement s'en fera par experts ».

La loi évoque aussi le cas de préjudice subi par une mine dû aux activités d'une mine voisine. En effet, cet article va au-delà de la dégradation et de l'endommagement de la surface cultivable d'un non-exploitant (propriétaire), et prévoit par ailleurs de régler les problèmes de contamination entre détenteurs des mines par le paiement des indemnités, si, par l'effet du voisinage, ou pour toute autre cause, les travaux d'exploitation d'une mine causeraient des dommages à l'exploitation d'une autre mine.

La loi du 21 avril 1810 a largement traité la question de propriété des ressources minières sous-sol, mais, en ce qui concerne l'environnement, elle reste très primitive dans son ensemble. Elle ne traite les aspects environnementaux que dans les trois articles rappelés ci-dessus. Dans tous les cas, l'analyse de ces articles nous conduit à déduire qu'aucune disposition claire tendant à protéger ou à préserver l'environnement, au sens large du terme, ou à minimiser l'impact des activités de recherche, ou d'exploitation minière sur l'environnement, n'y était prévue.

Au contraire, la loi donne la liberté à l'exploitant (concessionnaire) d'utiliser tous les moyens lui permettant de faire l'exploration et d'extraire les ressources minières du sous-sol, sans imposer des mesures appropriées pour protéger et préserver l'environnement pour les générations présentes et futures. Les connaissances en matière d'environnement étaient limitées. Elles étaient traduites et limitées aux pertes d'une surface cultivable : soit par la pollution causée par les activités minières, soit par une occupation permanente qui prive les propriétaires du droit de jouissance sur leur terrain, et des indemnités y étaient régulièrement versées en conséquence.

Section 2. Le Décret n°56-838 du 16 août 1956, portant code minier

Par souci de donner plus de détails en rapport avec le titre minier, et pour avancer dans le processus en matière d'environnement, les autorités françaises des années cinquante ont jugé utile d'appliquer le décret n°56-838 du 16 août 1956, qui tient lieu du code minier.

Ce code fait exiger aux demandeurs d'un titre minier (permis-H de recherche ou concession d'exploitation) de détenir obligatoirement des capacités techniques et financières permettant de mener à bien les opérations pétrolières. Les sociétés détentrices d'un permis-H de recherche ont droit, en cas de découverte commerciale, à une concession d'exploitation (un droit perpétuel de propriété). En guise de rappel, les titres miniers sont octroyés par décret.

Cependant, les travaux de prospection préliminaire peuvent être, dans ce domaine, autorisés par la décision du préfet. La société détentrice d'une autorisation de prospection n'a pas droit à une concession quelconque d'exploitation et ne peut en disposer des produits extraits issus de ses travaux de prospection.

En matière de protection ou de préservation de l'environnement, ce code a connu une petite évolution positive par rapport au code minier napoléonien. Il précise en effet dans ses dispositions que « tout exploitant des mines des hydrocarbures liquides ou gazeux est tenu d'appliquer à l'exploitation des gisements les méthodes confirmées les plus propres à porter au maximum compatible avec les conditions économiques le rendement final en hydrocarbures de ces gisements »[114]. C'était en effet la première fois qu'on imposait dans

[114]*Code minier de 1956* (Alinéa-2 de l'article-81).

une loi ou un code l'utilisation de méthodes confirmées et propres. Cependant, s'il y a évolution par rapport aux notions calées sur la privation de jouissance de terrain pendant plus d'un an ou perte des terrains cultivables, les contraintes posées par les dispositions de ce code restaient encore dans des termes généraux et très vagues, car, nulle part dans ses textes, l'étendu des méthodes propres et confirmées, telles qu'indiquées, n'y soit défini.

En matière d'environnement, le code minier de 1956 a plutôt gardé la ligne droite tracée par la loi n°160 du 21 avril 1810, laquelle laissait la liberté à l'exploitant d'utiliser tous les moyens sauf, cette fois-ci, des méthodes confirmées les plus propres lui permettant de faire ses recherches et d'extraire les ressources minières, sans en imposer des mesures appropriées et adéquates pour protéger et préserver l'environnement.

Pour conclure, la notion d'atteinte à l'environnement lors des activités de recherche ou d'exploitation des substances minérales jusqu'alors n'a pas été perçue de manière claire, ses contours n'étaient pas bien cernés. On reste encore dans le tâtonnement. L'atteinte se mesure en termes de perte de surface cultivable qu'aurait causée ces activités, et la privation de jouissance de terrain, et non par d'autres critères beaucoup plus précis que nous examinerons ultérieurement dans de codes plus récents.

CHAPITRE 2

Le Code pétrolier saharien

Comme nous l'avons signalé en introduction de cette étude, la plupart des lois pétrolières des Etats membres de l'Afrique Centrale, en particulier celles des Etats francophones, excepté la loi de la Guinée Equatoriale découlent du code pétrolier saharien, l'analyse de ce dernier sera faite plus en détail et ne se limitera pas uniquement aux dispositions relatives à la propriété et à l'environnement.

Le parcours de l'histoire des textes régissant la gestion du secteur minier en France et dans les départements Outre-mer nous amène à constater que le secteur pétrolier fut toujours, par la passé, régi par les mêmes textes et lois que le secteur minier. Pour la première fois, après les découvertes du pétrole dans le Sahara algérien dans les années cinquante, les législateurs de l'époque ont jugé utile, voire nécessaire, de détacher le secteur des hydrocarbures des autres substances minérales du secteur minier par un code séparé.

Pour l'exploitation des hydrocarbures liquides et gazeux, il fallait mettre en place un régime spécial qui sort un peu du cadre du code minier classique et était désormais adapté aux conditions de lieu (Sahara) et de temps[115]. De même, il fallait aussi trouver un mécanisme qui assure l'intérêt général bien entendu de la France et de la région du Sahara, attirer des investisseurs tant privés français qu'étrangers et donner le maximum de garantie à l'exploitant[116].

C'est dans ce contexte que la Direction des Mines et de l'Energie de l'Organisation Commune des Régions Sahariennes (O.C.R.S) a été

---

[115] TREYER (C) SAHARA 1956-1962, *publications de l'Université de Dijon XXXVII*, 1966, p215.

[116] *Ibid.*

chargée dès 1957 d'élaborer les textes réglementaires en se fondant sur l'avant-projet de la Direction des Carburants.

Les anciennes archives consultées nous indiquent qu'avant la promulgation du code pétrolier saharien en 1958, il y avait deux textes qui réglementaient le secteur des hydrocarbures, à savoir[117] :

i) La « législation minière algérienne » pour les anciens territoires du sud algérien ;
ii) La « législation minière des territoires Outre-mer » pour les territoires Outre-mer tels que le Tchad, le Niger, le Mali et la Mauritanie.

Etant donné que la compétence territoriale de l'O.C.R.S s'étendait en 1958 sur les régions sahariennes du Tchad, du Niger, du Mali et de la Mauritanie, le code pétrolier saharien devait donc harmoniser la réglementation pétrolière pour tous les territoires relevant de la compétence de l'O.C.R.S. Pour le reste, nous supposons que le secteur pétrolier des autres membres des Etats de l'Afrique Centrale, à l'exception de la Guinée Equatoriale, continue à être régi par le même code minier français.

L'O.C.R.S a fait adopter tous les textes qu'elle a élaborés par voie d'ordonnances[118]. Les trois ordonnances n°58.1111, 58.1112, 58.1113 du 22 novembre 1958, constituent ensemble le « code pétrolier saharien». Ce code a connu deux décrets d'application que sont le décret du 02 décembre 1958 et celui de du 22 novembre 1959[119].

Le code pétrolier saharien a été consacré par l'ordonnance N°58.1111 du 22 novembre 1958 **(Section-1)**. Puis, modifié pour étendre le transport par canalisations des hydrocarbures en Algérie **(Section-2)**. Ensuite, il a été enfin modifié une seconde fois pour accorder un allégement fiscal aux sociétés détentrices de titre minier **(Section-3)**.

Section 1. L'ordonnance n°58.1111, du 22 novembre 1958

Par le code pétrolier saharien, les autorités avaient tenté pour la première fois de définir de manière beaucoup plus claire les conditions

---

[117] TREYER (C) SAHARA 1956-1962, *op., cit.*,

[118] TREYER (C) SAHARA 1956-1962, *publications de l'Université de Dijon XXXVII*, 1966, p215.

[119] Nous n'avons pas eu accès à ces deux décrets, mais l'information est tirée de l'exposé des motifs pour les trois ordonnances de 1958.

de recherche, d'exploitation et du transport par canalisations des hydrocarbures. Il s'inspirait des principes du droit minier français ci-dessus décrits, tels qu'aménagés par les décrets du 20 mai 1955[120]: L'octroi discrétionnaire et gratuit des permis-H de recherche par l'Etat, le droit à l'obtention d'une concession en cas de découverte commerciale, la durée de concession (identique à celle prévue par le code minier français), l'obligation de rendu pendant la période de recherche, avec le maintien de l'effort financier et la surveillance administrative stricte des opérations pétrolières par la puissance publique.

Le code pétrolier saharien comporte cependant des dispositions nouvelles par rapport au code minier français notamment : la convention-type, annexée au décret d'octroi de concession, constitue le cahier des charges de concessionnaire, le droit de transport par canalisations est reconnu au concessionnaire, pour transporter sa production, l'autorisation est accordée aux entreprises étrangères de participer à la mise en valeur du sous-sol saharien, la garantie juridique sur une période de longue durée est accordée au concessionnaire, le taux d'impôt pétrolier est fixé à cinquante pour cent (50%) des bénéfices réalisés et l'investissement dans le secteur des hydrocarbures est encouragé par l'exonération de certaines charges supportées par les activités de recherche et de production.

Le titulaire d'une autorisation provisoire d'exploiter, ou d'une concession d'exploitation a le droit de transporter ses produits par pipelines inter-champs ou pipeline d'exportation. Le droit de transporter peut être transféré individuellement ou conjointement par le titulaire de titre minier dans les conditions fixées par la convention-type. L'O.C.R.S. doit accorder aux titulaires de titres miniers les avantages résultant de conventions signées avec les Etats limitrophes, pour faciliter le transport par canalisations des hydrocarbures. Le tracé et les caractéristiques de pipeline doivent être établis de façon à assurer le transport dans les meilleures conditions techniques et économiques. Le promoteur du projet de pipeline dispose du droit d'occupation temporaire de terrains pour la réalisation de projet dans les conditions fixées par un décret. Le décret portant approbation du projet de pipeline mène à la Déclaration d'Utilité Publique du projet. Les propriétaires de terrains privés faisant l'objet d'occupation temporaire par le projet ont droit au paiement d'indemnités.

[120] Exposé des motifs, *ordonnance n°58.1111*, du 22 novembre 1958.

L'obligation est faite aux entreprises de pipeline de transporter, dans la limite de capacités des leurs installations, des hydrocarbures provenant d'autres champs, que ceux qui sont à l'origine du pipeline. Le tarif de transport doit être appliqué sans aucune discrimination à tous les produits qui empruntent le pipeline. Les tarifs de transport sont établis par les entreprises du pipeline. Ils sont soumis au contrôle du délégué général de l'O.C.R.S et du ministre des mines. Si le titulaire d'une autorisation de transport ne se conforme pas aux conditions de l'ordonnance, de convention-type et d'autres textes réglementaires, le délégué général de l'O.C.R.S. peut procéder dans l'ordre : à la mise en demeure, à la mise en régie des installations et au retrait de l'autorisation de transporter. Toutes ces mesures ne s'appliquent pas aux pipelines inter-champs, c'est-à-dire à l'intérieur d'une concession. Les litiges dans le cadre du transport par pipeline relèvent en premier et dernier ressort du Conseil d'Etat.

Les sociétés pétrolières et les entreprises du pipeline de transport qui ont investi dans la zone d'influence de l'O.C.R.S ont le droit de transférer leurs bénéfices et leurs dividendes dans leur pays d'origine. A la date d'entrée en vigueur du code pétrolier saharien, le permis d'exploitation en cours de validité demeure valable pour la période restante. Aussi, les titulaires de permis-H de recherche, en cours de validité, ont le choix d'opter en faveur, soit de convention-type au dernier renouvellement du permis-H, soit en faveur de convention-type en vigueur à la date de l'octroi de la concession.

Section 2. L'ordonnance n°58.1112, du 22 novembre 1958

Cette ordonnance a été justement prise pour répondre à un besoin ardent d'étendre l'application de certaines dispositions de l'ordonnance n°58.1111, du 22 novembre 1958 relatives au transport par canalisations du pétrole en Algérie. Dans cette ordonnance, désormais, toutes les dispositions de l'ordonnance n° 58.1111 relatives au transport par pipeline des hydrocarbures dans la zone d'influence de l'O.C.R.S sont aussi applicables en Algérie. Les arrêtés d'approbation des projets de pipeline sont pris cette fois-ci par le ministre de l'Algérie en ce qui concerne les activités de transport dans les territoires relevant de sa compétence. Les tarifs de transport par pipeline sont soumis également au contrôle du ministre de l'Algérie. Les procédures d'occupation, d'expropriation et d'indemnisation des terrains nécessaires pour la construction et l'exploitation du pipeline de transport sont soumises à la législation, et à la règlementation minière locale, en vigueur en Algérie.

Section 3. L'ordonnance n°58.1113, du 22 novembre 1958

Cette ordonnance a été adoptée uniquement pour accorder un allégement fiscal afin d'encourager les sociétés désireuses d'investir massivement dans le domaine de la recherche et de l'exploitation des hydrocarbures, qui est un domaine à risque. C'était le but principal recherché par la nouvelle ordonnance. Les sociétés détentrices des titres miniers et leurs associés, qui sont assujetties au paiement de la redevance sur la production et à l'impôt direct sur les bénéfices dans la zone d'influence de l'O.C.R.S, sont exemptés du paiement de la taxe proportionnelle qui peut être exigé en France Métropolitaine et dans les départements Outre-mer, lors de la distribution de leurs produits provenant des activités couvertes par les titres miniers. Les modalités d'application de la présente ordonnance sont fixées par décret simple.

Contrairement au code minier français, le code pétrolier saharien ne prévoit aucune disposition tendant à protéger l'environnement, ou à atténuer l'impact négatif des activités de recherche, de l'exploitation et de transport des hydrocarbures sur l'environnement. On se pose la question suivante : Est-ce simplement un oubli ? ou alors, puisque ce code régit des activités dans les départements Outre-mer, il n'y avait pas un intérêt pour les méthodes confirmées et propres, pour le paiement d'indemnités en cas de privation de terrain pendant plus d'un (1) an, ou en cas de perte des terres cultivables, etc. Pire encore, en cas d'occupation ou d'expropriation de terrains privés, les sociétés sont soumises au paiement d'indemnités égales à la valeur de terrains avant l'occupation, alors que dans le cadre du code minier, elles paient le double de la valeur avant occupation.

De Titre-I, on peut conclure qu'en matière du droit de propriété des ressources minières, y compris les hydrocarbures, qu'il y a eu une évolution positive en partant du code civil (droit d'accession), à l'avant-projet de la loi 1791, où les mines entraient dans les domaines réservés de Sa Majesté (droit domanial), puis le code minier napoléonien qui adopte le droit régalien.

Pour ce qui est de la protection et de la préservation de l'environnement, d'abord, les notions ont été très primitives, allant de privation de terres pendant plus d'un an, en passant par les terres cultivables jusqu'aux méthodes confirmées et propres, qui restent encore des notions très vagues. Les sociétés exerçant dans ce secteur spécifique des hydrocarbures avaient la main libre de faire tout ce qu'elles voulaient, moyennant juste le paiement d'indemnité en cas de dégradations ou dommages constatés sur le sol, lors des opérations pétrolières, lesquelles sont souvent mesurés en termes de perte de productivité agricole du sol. On constate cependant qu'il y avait une discrimination intentionnelle ou pas en matière de protection de l'environnement entre la France Métropolitaine et les départements Outre-mer, car, le code pétrolier saharien n'avait prévu aucune disposition consacrée à la protection, ni à la préservation de l'environnement telle que décrite dans les lois régissant les activités minières de Métropole.

TITRE II

Les lois pétrolières des Etats membres de l'Afrique Centrale

Pour plus de cohérence et afin de mieux étudier les lois pétrolières des Etats membres de l'Afrique Centrale, il convient de diviser ces lois en deux groupes. Un premier groupe, composé des lois de la République du Tchad et de la République du Cameroun, sera en fait étudié en détail, car celui-ci a été au centre de la mise en œuvre d'un projet d'intégration dans la sous-région « Le projet d'exportation du Brut tchadien et le projet pipeline Tchad-Cameroun » et qui, du point de vue de l'environnement, a été très apprécié par l'opinion nationale et internationale, voire même qualifié de projet-modèle **(Chapitre 1)**. Le second groupe concernera bien entendu toutes les autres lois des Etats membres de l'Afrique Centrale à savoir : la République Centrafricaine, la République du Congo, la République du Gabon, et la République de Guinée équatoriale **(Chapitre 2).** Puis, nous soulèverons dans un troisième chapitre la question de l'efficacité et de l'harmonisation des dispositions environnementales de ces lois pétrolières en Afrique Centrale **(Chapitre 3).**

CHAPITRE 1

Les lois pétrolières du Tchad et du Cameroun

Dans ce chapitre, nous examinons d'abord la loi pétrolière de la République du Tchad qui s'est substituée au code pétrolier saharien depuis les années d'indépendance et suivrons par la suite l'évolution, dans le temps, de ses dispositions pertinentes, en particulier celles relatives à l'environnement **(Section-1)**. Puis, nous analyserons la loi pétrolière de la République du Cameroun depuis la première loi qui avait hérité du code minier français jusqu'à la dernière loi portant code pétrolier **(Section-2)**.

Section 1. Le code pétrolier de la République du Tchad

Le 28 Novembre 1958, une République fut proclamée sur le territoire du Tchad qui faisait partie intégrante de l'A.E.F. Dans le code pétrolier saharien précédemment examiné, il a été mentionné que le Tchad faisait partie de l'O.C.R.S. Y avait-il donc une contradiction s'agissant du statut de la jeune République ? Puisque ce pays se retrouvait dans deux regroupements sous régionaux. Pour nous, nous ne pensons pas qu'il y ait une contradiction, car, selon les archives consultées, le Tchad faisait bel et bien politiquement partie de l'A.E.F, alors qu'en matière des textes régissant ses activités du secteur des hydrocarbures, il se retrouvait avec ses frères de l'O.C.R.S, dont les activités du secteur pétrolier étaient régies par le code pétrolier saharien. C'est notre lecture.

Avant les années d'indépendance, le Tchad faisait partie des pays sous l'influence et la compétence territoriale de l'O.C.R.S. Donc, son secteur des hydrocarbures étaient régi dans un premier temps par la « législation minière des territoires Outre-mer » pour les territoires

Outre-mer composés du Tchad, du Niger, du Mali et de la Mauritanie, puis, dans un second temps, par le code pétrolier saharien à partir de 1958. Le 11 août 1960 à minuit, la République du Tchad a accédé à la souveraineté nationale. La déclaration d'indépendance fut lue au nom du Général de Gaulle à Fort-Lamy (devient N'Djamena dès 1973) par André Malraux, représentant la puissance colonisatrice. A l'aube des années d'indépendance, la République du Tchad, à l'instar des autres pays, enthousiasmé par son statut d'Etat indépendant et poussé par la fierté africaine, a voulu se doter d'un instrument juridique qui régira désormais les activités de recherche, d'exploitation et de transport par canalisations sur son territoire national en tant qu'Etat indépendant. Cette volonté politique a été consacrée par la première tentative du code pétrolier du Tchad indépendant, matérialisée par l'ordonnance 07/PC/MTP/MH/1962 du 03 février 1962 relative à la recherche, à l'exploitation au transport par canalisations des hydrocarbures et au régime fiscal de ces activités sur le territoire de la République du Tchad.

L'ordonnance n° 07/PC/MTP/MH du 03 février 1962 relative à la recherche, à l'exploitation, au transport par canalisations des hydrocarbures et au régime fiscal de ces activités sur le territoire de la République du Tchad

L'examen de cette ordonnance aboutit à la conclusion que ses conditions de recherche, d'exploitation et de transport par canalisations des hydrocarbures liquides et gazeux sont presque identiques ou similaires à celles du code pétrolier saharien d'où elle tire son origine. De même, si l'on veut exagérer, on peut tout simplement dire que les législateurs du jeune Etat indépendant n'ont pas, en toute franchise, fait d'efforts pour la rédaction du nouveau code. Le plus grand changement serait la République du Tchad en lieu et place d'un pays sous la compétence territoriale de l'O.C.R.S.

Cette Ordonnance s'inspire et reprend textuellement toutes les dispositions du code pétrolier saharien, à l'exception du changement de zone géographique d'influence, des institutions et de nature des textes à prendre. Ainsi, on y trouve : la République du Tchad, en lieu et place de la zone d'influence de l'O.C.R.S et l'Algérie ; Le gouvernement de la République du Tchad qui remplace le délégué général de l'O.C.R.S ; Les ministres en charge des mines, des finances, des domaines ou des travaux publics du Tchad qui remplacent le ministre des affaires sahariennes, celui de l'Algérie ou celui chargé des départements Outre-mer de la France ; et cette ordonnance impose systématiquement la prise de décrets, alors que le code pétrolier saharien limite les décrets à l'octroi, au retrait ou à l'annulation du permis-H de recherche et de concessions d'exploitation. Pour le reste, ce sont des arrêtés des différentes institutions qui sont généralement pris. Cette ordonnance s'est substituée sur le territoire de la République du Tchad, au régime applicable à la recherche à l'exploitation et au transport par canalisations des hydrocarbures liquides ou gazeux.

Pour les dispositions environnementales, l'ordonnance n'a pas connu une grande évolution par rapport au code pétrolier saharien. Elle a plutôt repris les mêmes formules qui tirent leurs origines du code minier français. En effet, l'ordonnance prévoit à l'article-7 de « poursuivre avec diligence » les travaux de délimitation d'un gisement. De même, l'ordonnance préconise à l'article-25.5 d'appliquer « les méthodes confirmées et leurs conditions d'emploi les plus propres afin d'éviter des pertes d'énergie et de produits industriels etc.». Ce sont des termes généraux et très vagues qui ne disent pas grands choses en matière de protection de l'environnement. Le souci des autorités tchadiennes en ce temps n'était pas de protéger l'environnement, mais plutôt de conserver le gisement des hydrocarbures de toute destruction qui risque de jouer sur sa capacité de produire et d'éviter tout gaspillage d'énergie en utilisant les méthodes confirmées, aussi de se procurer de l'argent pour amorcer et lancer le développement de ce jeune Etat indépendant.

Après plusieurs décennies de recherches, et dans le cadre de la réalisation du projet d'exportation du brut tchadien et le projet pipeline Tchad-Cameroun, il a été constaté en 1997 qu'il y avait des carences dans le code pétrolier de 1962 pour répondre aux exigences des prêteurs dans le cadre de la mise en œuvre dudit projet. D'où son amendement par la loi N°04/PR/97 portant modification de l'ordonnance 07/PC/MTP/MH, du 03 février 1962, relative à la recherche, à l'exploitation au transport par canalisations des hydrocarbures et au régime fiscal de ces activités sur le territoire de la République du Tchad.

La loi N°04/PR/97 portant modification de l'ordonnance 07/PC/MTP/MH, du 03 février 1962, relative à la recherche, à l'exploitation au transport par canalisations des hydrocarbures et au régime fiscal de ces activités sur le territoire de la République du Tchad

Les efforts considérables déployés par les compagnies pétrolières ont abouti à la découverte de champs d'hydrocarbures pouvant être économiquement et commercialement exploitables. Ainsi, le montage et la réalisation d'un projet d'exportation du brut tchadien par un pipeline, à partir des champs pétroliers du sud du Tchad jusqu'au large de la côte atlantique camerounaise, ont rendu nécessaire la mise en place d'un certain nombre d'instruments juridiques et financiers complémentaires, parmi lesquels, le complément apporté à l'ordonnance 07/PC/MTP/MH, du 03 février 1962, portant code pétrolier, en révisant son article-43 pour tenir compte d'un aspect qui n'a pas été visé par ledit article, et qui apparaît pendant les négociations être très nécessaire dans le dispositif de réalisation dudit projet. D'abord, dans le cadre du projet d'exportation du brut tchadien, deux sociétés de pipeline ont été créés : l'une de droit tchadien, dénommée Tchad Oil Transportation Company, en abrégée (T.O.T.CO) qui doit désormais s'occuper de la construction et de l'exploitation de la portion du pipeline sur le territoire de la République du Tchad, et l'autre de droit camerounais, dénommée Cameroon Oil Transportation Company, en abrégée (C.O.T.CO) qui s'occupera de la construction et de l'exploitation de la portion du pipeline au Cameroun (nous y reviendrons en détail dans la deuxième partie de la présente étude). Les deux sociétés de transport ont signé des conventions d'établissement dans les deux pays avec leur gouvernement respectif, et qui ont été approuvées par des lois. L'article ci-dessus mentionné précise que « le détenteur d'un titre minier d'exploitation a le droit de transporter ou de faire transporter ses produits à l'intérieur de la République du Tchad dans les conditions économiques normales. Le détenteur du titre minier bénéficie sans discrimination de tous les avantages résultant de l'exécution des conventions passées entre la République du Tchad et d'autres Etats pour faciliter le transport par canalisations des hydrocarbures liquides ou gazeux. Tous les droits susvisés peuvent être transférés individuellement ou conjointement par le détenteur du titre minier uniquement dans le cadre de convention-type[121] de

[121] Convention-type, il s'agit bien de la convention visée par l'article-27 de l'ordonnance N°07/PC/MTP/MH, du 03 février 1962 relative à la recherche, à

concession». En effet, par rapport à cette disposition, il se trouve que la société du pipeline de droit tchadien (T.O.T.CO) ne fait pas partie de la Convention-type, par conséquent, elle n'était pas concernée par l'application dudit article. Elle ne peut donc pas bénéficier des avantages qui y sont prévus, et surtout de ceux découlant des conventions ou accords entre la Républiques du Tchad et d'autres Etats (en l'occurrence la République du Cameroun). De même, le cas des prêteurs tiers qui sont intervenus pour le financement ou le refinancement du projet susvisé n'a pas été, non plus, prévu dans les dispositions de l'ordonnance n°07/PC/MTP/MH/1962 du 03 février 1962, relative à la recherche, à l'exploitation au transport par canalisations des hydrocarbures et au régime fiscal de ces activités sur le territoire de la République du Tchad. Dans le dispositif du projet, et afin de lui permettre de se réaliser dans de bonnes conditions, il fallait alors trouver un arrangement juridique pour tenir compte de tous ces manquements, en particulier ceux à trait aux prêteurs tiers. C'est ainsi que l'article en question a été sans difficulté complété pour étendre certains avantages aux sociétés de pipeline et aux prêteurs tiers. Quels sont ces avantages ? La nouvelle rédaction de l'article-43 précise que « les droits visés à l'article-42[122] peuvent être transférés individuellement ou conjointement à toute société de droit tchadien qui signe une convention d'établissement avec la République du Tchad pour le transport des hydrocarbures. Le transfert s'effectuera conformément aux conditions fixées par la Convention d'établissement et non par celles prévues dans l'ordonnance N°07/PC/MTP/MH, du 03 février 1962 relative à la recherche, à l'exploitation au transport par canalisations des hydrocarbures et au régime fiscal de ces activités sur le territoire de la République du Tchad. La convention d'établissement est approuvée par loi et ses dispositions prévalent sur celles de l'ordonnance en cas de contradiction. Les droits dérivant d'un transfert effectué à toute société de droit tchadien qui signe une convention d'établissement pour le transport des hydrocarbures peuvent être cédés, y compris à titre de garantie, nantissement ou transfert par leur titulaire dans les conditions fixées par la convention d'établissement pour le transport

---

l'exploitation au transport par canalisations des hydrocarbures et au régime fiscal de ces activités sur le territoire de la République du Tchad.

[122] Ordonnance N°07/PC/MTP/MH, du 03 février 1962 relative à la recherche, à l'exploitation au transport par canalisations des hydrocarbures et au régime fiscal de ces activités sur le territoire de la République du Tchad, Article-42.

des hydrocarbures. Les prêteurs ayant participé au financement ou au refinancement du système de transport peuvent se substituer à la société de transport dans le cadre des droits et obligations résultant de la convention d'établissement. Les prêteurs ayant participé au financement ou au refinancement du système de transport peuvent se substituer au titulaire d'un titre minier d'exploitation qui a transféré ses droits à une société de transport des hydrocarbures pour l'exploitation de la concession. Si la République du Tchad conclut un traité avec un pays tiers pour le transit du brut à travers le territoire du Tchad, les droits de transport qui en dérivent peuvent être transférés en totalité ou en partie à une société de transport de droit tchadien ».

Il apparait de façon très claire que l'objectif visé par cette loi complémentaire à l'ordonnance de 1962 était de faire bénéficier de certains avantages les sociétés de transport par pipeline qui étaient pratiquement oubliées dans le dispositif de l'article-43, et de donner tout le gage aux sociétés financières (prêteurs tiers) qui financent la réalisation du pipeline, y compris le droit de se substituer aux sociétés de pipeline en cas de défaillances ou manquements graves. En effet, la révision dudit article n'a pas été adoptée à l'initiative de la République du Tchad, elle l'a été sous l'injonction des prêteurs qui ont participé au financement et au refinancement du projet d'exportation du brut tchadien. Cette révision vise essentiellement à étendre les droits concédés aux concessionnaires (exploitants de champ pétrolier) dans le cadre de l'ordonnance n°07/PC/MTP/MH/1962 du 03 février 1962 aux sociétés de transport qui concluent de convention d'établissement avec la République du Tchad pour le transport de son brut. Elle vise aussi à accorder le droit aux prêteurs susvisés de se substituer aux concessionnaires et/ou aux sociétés de transport en cas de problème pour leurs permettre d'exploiter les champs pétroliers et le pipeline afin de récupérer leurs prêts. Donc, il n'y avait aucunement l'intention d'améliorer les dispositions relatives à l'environnement, mais, plutôt, ce sont les prêteurs qui avaient, au cours du montage dudit projet, dicté leurs mesures environnementales à respecter par toutes les parties prenantes audit projet. Nous reviendrons sur cet aspect un peu plus tard quand nous traiterons l'implication des institutions financières : le groupe Banque Mondiale dans le projet d'exportation du brut tchadien et le projet pipeline Tchad-Cameroun.

Dans un souci d'amener le pays à bien contrôler son secteur des hydrocarbures, de permettre aux cadres nationaux de prendre en main le secteur des hydrocarbures par le biais de la création d'une structure nationale à caractère industriel et commercial, d'introduire, pour la première fois, le régime du contrat de partage de production, le Gouvernement s'est justement vu obligé d'adopter un nouveau code en 2007 : C'est la loi N° 06 /PR/2007du 02 mai 2007 relative aux hydrocarbures » .

La Loi N° 06 /PR/2007 relative aux hydrocarbures

L'industrie pétrolière internationale a connu une grande évolution en matière de type de contrat liant les compagnies pétrolières aux pays hôtes. Ainsi, un nombre conséquent de pays pétroliers ont abandonné le régime classique à savoir la « concession », et ont conclu plutôt d'autres types de contrat tels que : le contrat de partage de production ou le contrat de service. La République du Tchad, dans sa nouvelle politique pétrolière, a voulu atteindre trois objectifs :

- i) Assurer son indépendance énergétique, en procédant à la transformation locale de son brut par le biais de la construction et de l'exploitation d'une raffinerie sur son territoire ;
- ii) Permettre aux cadres nationaux de prendre en mains son secteur pétrolier, ceci ne peut se réaliser que par la création d'une structure nationale dans le domaine pétrolier et l'adoption de régime du Contrat de partage de production, ou une Concession moderne [123];
- iii) Disposer d'un texte lui permettant d'assurer la promotion du secteur des hydrocarbures sur le territoire national, de favoriser le développement des ressources naturelles, d'inciter les compagnies pétrolières à venir massivement investir, prendre les risques nécessaires à l''exploration pétrolière dans les bassins sédimentaires tchadiens, et de préserver l'intérêt national quant à l'exploitation de ressources naturelles.[124]

C'est ainsi que, sur proposition du gouvernement, l'Assemblée Nationale a délibéré et adopté, en sa séance du 20 Avril 2007, le projet de loi relative aux hydrocarbures. Cette loi a été promulguée le 02 mai 2007, sous le N° 06/PR/07 par le Président de la République. Le souci

---

[123] Une concession moderne est un type de contrat hybride entre le régime de concession et celui de partage de production.

[124] Il convient de relever que la République du Tchad figure, du point de vue de l'industrie pétrolière, parmi les pays dont les bassins sédimentaires sont encore vierges, ou sous-explorés.

du gouvernement, les normes et la pratique de l'industrie pétrolière internationale, la politique et les stratégies adoptées par les pays producteurs du pétrole pour garantir une répartition équitable de la rente pétrolière m'ont amené à procéder à une relecture de cette loi et relever quelques observations ci-après : Les activités du secteur aval des hydrocarbures (raffinage, transport, stockage, et distribution des produits pétroliers) sont aussi critiques et importantes que celles du secteur amont (exploration, production et transport par canalisations ou par pipelines des hydrocarbures). Par conséquent, le secteur aval mérite d'être réglementé de la même façon que celui de l'amont. Or, la loi du 02 mai 2007 l'a brièvement traité : un chapitre et trois articles lui ont été consacrés (chapitre III, les articles-38, 39 et 40). Dans le souci de bien réglementer la pratique de l'industrie pétrolière et d'assurer le suivi du secteur des hydrocarbures, des textes de loi distincts réglementant chaque secteur sont adoptés par les autorités compétentes du pays. La loi précise en son article-5 que les compagnies pétrolières interviennent dans les activités des opérations pétrolières en République du Tchad, soit dans le cadre d'un contrat de concession ou d'un contrat de partage de production[125]. Autrement dit, la loi écarte de facto toute possibilité de signer un contrat de Service[126]. Or, la société nationale, dénommée la Société des Hydrocarbures du Tchad (S.H.T) peut contracter une compagnie pétrolière pour la mise en exploitation d'un champ marginal dans le cadre d'un contrat de service dont la rémunération de la compagnie est assurée en espèce ou en brut (rien n'empêche de demander la valeur d'une rémunération en brut)[127]. Les notions du titulaire d'un permis-H (détenteur d'un titre minier) et de contractant (simple contractant des services dans le cadre de contrat de partage de production ou de contrat de service) sont trop confondues et mal définies. Cela pose de réels problèmes, surtout en matière d'obligations des compagnies pétrolières, selon leurs différents statuts (titulaire d'un titre minier ou un simple contractant). Les trois termes clefs, Cost Oil, Cost Stop et

[125] Le Contrat de Partage de Production a été appliqué pour la première fois en Indonésie au début des années soixante, où il a été initialement utilisé dans le domaine de l'agriculture, avant d'être introduit dans l'industrie pétrolière.

[126] Type de contrat très utilisé dans les grands pays producteurs du pétrole, surtout ceux du Golfe.

[127] A titre d'exemple, la S.H.T détient le champ marginal de SEDIGUI depuis 2010. Elle peut en effet dans le cadre d'un contrat de service contracter une compagnie pour sa mise en exploitation.

Profit Oil, qui sont généralement utilisés dans le contrat de partage de production sont définis à l'article-8, alors qu'ils ne sont utilisés nulle part dans le corps de la loi. Dans le cadre du contrat de concession, si l'Etat exerce son droit de participation, il devient détenteur d'une part d'intérêts dans le permis-H et est considéré comme Co-titulaire de celui-ci. Ceci ne ressort pas clairement dans la rédaction de cette loi. De même, la prise de participation de l'Etat en deux temps citée à l'article-13 de la loi ; « participation initiale » aux travaux de recherche, puis une option de « participation en cas de découverte déclarée commerciale » n'a pas de sens. En effet, si l'Etat prend l'option de participation initiale, il doit nécessairement être Co-titulaire du permis-H de recherche quitte à demander le préfinancement[128] de son Co-titulaire (la compagnie pétrolière). Le titulaire d'un permis-H de recherche (y compris son Co-titulaire), en cas de découverte commerciale, a droit à l'obtention d'un permis d'exploitation. Il est inhabituel qu'un Etat qui participe aux travaux de recherche (période de risques) puisse se désister ou réfléchir avant de participer aux travaux de développement et d'exploitation d'une découverte commercialement exploitable. La loi précise aussi en son article-17 que dans le cadre du contrat de partage de production, l'Etat, par le biais de la Société Nationale (S.N.) a droit à une participation initiale aux travaux de recherche et à une option de participation additionnelle en cas de découverte commerciale. Cette rédaction introduit une confusion de taille, et il serait judicieux de la clarifier. En effet, dans le cadre d'un contrat de partage de production, le titre minier est accordé exclusivement à la S.N. qui devient seul le titulaire du permis-H. La personne morale étrangère ou la compagnie pétrolière n'est qu'un simple prestataire des services (contractant) pour le compte de la S.N. Elle est rémunérée par une part de la production. Donc, il n'y a pas de participation initiale ou option de participation en cas de découverte, car le permis appartient à la S.N. La loi indique aussi en son article-21 qu'en cas de cession ou de transfert au bénéfice d'une personne morale affiliée ou à un tiers, la plus-value de celle-ci est passible d'une taxe non-déductible d'un pour cent (1%) du montant de la transaction payable à l'Etat. Or, la pratique

[128] Le préfinancement dans ce genre d'opération se fait par le biais de portage. Autrement dit, la compagnie pétrolière prend entièrement en charge les dépenses d'exploration jusqu'au moment où elle déclare avoir découvert un gisement économiquement et commercialement exploitable. C'est à ce moment que l'Etat entre la phase où il doit investir et rembourser sa part des dépenses d'exploration.

actuelle en la matière dans l'industrie pétrolière est que les Etats taxent à hauteur de dix pour cent (10%) du montant de la transaction. Dans la loi, l'article-26 précise que l'autorisation de prospection peut être accordée pour une durée de deux (2) ans au plus et renouvelable une seule fois pour la même durée. C'est-à-dire un délai total de quatre (4) ans pour une simple prospection en surface. Ce temps accordé juste pour entreprendre des travaux de prospection est en effet trop long, car la pratique de l'industrie pétrolière, même en tenant compte de la saison de pluies, n'accorde qu'une période courte pour la prospection. Généralement, cette période ne dépasse pas, avec le renouvellement, deux (2) ans. Les dispositions transitoires et finales du Titre-III de la loi posent problème. En effet, une loi entre en vigueur dès sa promulgation, et ne doit pas avoir un effet rétroactif. Par conséquent, obliger les concessionnaires existants à se conformer à la nouvelle loi risque de créer un germe de conflits entre le pays hôte et les compagnies pétrolières, car, ces dernières vont, sans nul doute, se prévaloir des clauses de stabilité contenues dans leurs conventions ou contrats pétroliers. Sans préciser une telle disposition dans la loi ou dans le décret N°795/PR/PM/2006, l'Etat est en droit, lorsque les conditions économiques de contrat pétrolier changent, de renégocier de bonne foi avec ses partenaires privés certaines clauses du contrat lui permettant de bénéficier un partage équilibré de la rente pétrolière. C'était justement dans ce cadre que le Gouvernement avait entamé des négociations avec le consortium pétrolier dirigé par EXXON en 2009. La loi a abrogé toutes les dispositions antérieures contraires, notamment l'ordonnance 07/PC/MTP/MH du 03 février 1962 relative à la recherche, à l'exploitation, au transport par canalisations des hydrocarbures et au régime fiscal de ces activités sur le territoire de la République du Tchad. Cela pose aussi problème, car, tous les contrats pétroliers en cours d'exécution ont été négociés et leurs clauses sont stabilisées dans le cadre de l'ordonnance susvisée[129]. La loi a donné trop de détails qui devraient plutôt figurer dans ses textes d'application. Le défaut de paiement de la redevance sur la production pendant la phase de recherche ne constitue en aucune manière un manquement pour retirer le permis-H de recherche, alors que article-28 l'affirme à tort. En effet, une production pendant la phase de recherche

[129] D'après les dernières informations que nous avons reçues du ministère du pétrole et de l'énergie, toutes les compagnies pétrolières se sont réfugiées derrière leurs clauses de stabilité, car, leurs conventions pétrolières ont force de loi du fait qu'elles aient été approuvées par voie législative.

n'est pas une production commerciale. Elle a un but scientifique (vérifier la capacité de production de puits) pour permettre l'établissement un plan de développement de champ. Donc, exiger le paiement d'une redevance sur cette quantité qui n'est pas destinée au marché mais, plutôt généralement brûlée, est sans objet. La loi n'a pas permis la déductibilité de vingt-sept et demi pour cent (27,5%), pendant les cinq (5) premières années de production, au titre de fonds pour la reconstitution des gisements, alors que cet avantage qui attire les investisseurs existait dans les anciens codes pétroliers. C'était en 2010 que la loi a connu son premier décret d'application : Le décret N°796/PR/PM/MPE/2010 fixant les modalités d'application de la loi N°006/PR/2007 du 02 mai 2007 relative aux hydrocarbures, tel que modifiée et complétée par l'Ordonnance N°001/PR/2010 portant approbation du contrat type de partage de production régissant les activités de recherche et d'exploitation des hydrocarbures liquides ou gazeux.

Nonobstant, les points ci-dessus soulevés, cette loi a quand même permis des avancées significatives dans certains domaines. Elle a été adoptée après plusieurs décennies d'activités de recherche, et après la réalisation de plus grands projets dans la sous-région pour la mise en production des champs pétroliers tchadiens et l'évacuation de leurs bruts à travers un pipeline d'export jusqu'à la côte camerounaise. Donc, cette longue expérience vécue par la République du Tchad dans le cadre des opérations pétrolières a orienté la loi sur un certain nombre de clauses qui ne figuraient pas dans l'ordonnance 07/PC/MTP/MH du 03 février 1962 relative à la recherche, à l'exploitation, au transport par canalisations des hydrocarbures et au régime fiscal de ces activités sur le territoire de la République du Tchad, ni dans la Loi N°04/PR/1997 portant modification de l'article-43 de l'ordonnance 07/PC/MTP/MH. Parmi ces clauses, on trouve notamment que la loi accorde pour la première fois une importance capitale à la protection de l'environnement en exigeant de manière très claire au permissionnaire, au concessionnaire ou au contractant de réaliser une Etude d'Impact sur l'Environnement (E.I.E), un Plan de Gestion de l'Environnement (P.G.E), et un Plan d'Intervention d'Urgence (P.I.U) en cas de déversement des hydrocarbures. On trouve notamment l'introduction du régime de partage de production, alors que les anciennes lois ne reconnaissaient que le seul régime de concession, l'introduction de taux modulaires pour le paiement de la redevance au lieu d'un taux unique, la redevance sur la production constitue une charge déductible pour le calcul de l'I.S., et non comme un crédit d'impôt, comme c'était le cas dans le cas des anciens codes pétroliers, l'introduction de taux modulaires pour le paiement de l'I.S. au lieu d'un taux unique.

La loi N° 06 /PR/2007 relative aux hydrocarbures a eu l'avantage d'être lancée et adoptée après le montage et la réalisation du projet pétrolier le plus important dans la sous-région. Il s'agit du projet de mise en production des champs pétroliers du sud du Tchad et d'évacuation de ses bruts par un pipeline d'exportation jusqu'à la côte atlantique camerounaise. Ce projet a vu la participation des institutions telles que le groupe Banque Mondiale (BM, S.F.I etc.,) et d'autres prêteurs tiers (US-EXIMBANK, COFACE etc.) à son financement et à son refinancement. C'est pourquoi, au-delà des normes contenues dans des textes nationaux en République du Tchad et en République du Cameroun, plusieurs normes de prêteurs et des normes internationales ont été utilisées. Pour combler les vides qui existaient dans les textes nationaux, les législateurs tchadiens et camerounais ont été poussés à réviser un certain nombre de textes. Ainsi, la notion de la protection de l'environnement dans la loi a connu une très grande évolution par rapport aux anciens codes pétroliers tchadiens. En effet, c'était pour la première fois que la loi accorde une importance capitale à la protection de l'environnement en y imposant aux sociétés pétrolières les mesures suivantes : exiger de manière très claire au permissionnaire, au concessionnaire, ou au contractant de réaliser une E.I.E, un P.G.E et un P.I.U en cas de déversement des hydrocarbures avant d'entamer toute activité des opérations pétrolières, écarter les frais et coûts rattachés aux préjudices ou dommages causés à l'environnement des coûts pétroliers, c'est-à-dire que ces frais sont à la charge du contractant et ne sont pas déductibles, considérer les frais et coûts rattachés aux E.I.E comme des coûts pétroliers qui sont déductibles, exiger que l'E.I.E soit soumise à l'enquête publique, créer un F.S.G.E. L'analyse de ces mesures prouve de manière suffisante jusqu'à quel point que l'Etat tchadien commence à prendre conscience des enjeux d'ordre environnemental dans le cadre des opérations pétrolières sur son territoire national.

Avant de conclure le code pétrolier tchadien, nous voudrions rappeler au passage que dans le cadre de principe du pollueur-payeur, la République du Tchad a pris une décision très salutaire en créant un

Fonds Gaz pour lutter contre la désertification accentuée de ces derniers temps.

Le Fonds Gaz

Géographiquement, le désert occupe environ un tiers de la superficie totale de la République du Tchad. L'utilisation abusive du bois-énergie et du charbon impacte significativement l'environnement et accélère l'avancée du désert. Constatant cette avancée accélérée qui touche désormais les zones sahéliennes et soudaniennes, le gouvernement de la République du Tchad a cherché des moyens pour stopper ce phénomène. C'est ainsi que dans le cadre du principe universel du pollueur-payeur, le Tchad a créé, par un arrêté du Premier Ministre[130], un « Fonds Gaz » pour soutenir un programme de substitution du bois-énergie et du charbon par le gaz. Le Fonds Gaz se fixait un objectif celui d'accélérer le recours à l'utilisation du gaz butane de substitution comme combustible de cuisson et cela se faisait par l'adoption de quatre mesures à savoir[131]: la subvention du gaz populaire en emballage de 6 Kg, la subvention des équipements à gaz, le soutien aux activités d'animation et de sensibilisation des populations à l'utilisation du gaz, et le soutien aux activités de suivi et de contrôle de prix et des mesures arrêtées. Les ressources de ce Fonds provenaient d'une péréquation fixée à un (1) franc CFA par litre et appliquée sur l'essence, le gasoil et le pétrole lampant[132]. Après une courte période de mise en œuvre de ce programme (environ un an), le gouvernement a procédé à une modification de certaines dispositions de l'arrêté portant création dudit Fonds. Cette modification porte sur les taux unitaires de péréquation et les produits pétroliers concernés. Ainsi donc, par l'arrêté rectificatif[133], les articles 3 et 4 ont été modifiés de telle sorte que le taux unitaire appliqué à l'essence est passé à cinq (5) francs CFA par litre, celui du gasoil à trois (3) francs CFA par litre et enfin, celui du JET A1, en lieu et place du pétrole lampant, passe à trois (3) francs CFA par litre[134]. Il convient de signaler que cette péréquation est entièrement supportée par les consommateurs finaux des produits pétroliers, et non par les

---

130 Arrêté n°034/PM/MMEP/2000, du 07 juillet 2000.
131 Arrêté n°034/PM/MMEP/2000, *op., cit.*, Article-2.
132 *Id.,* Article-3 et 4.
133 Arrêté n°021/PM/MMEP/2001, du 21 juin 2001.
134 Arrêté n°021/PM/MMEP/2001, *op., cit*, Articles 3 et 4.

distributeurs, car, elle rentre dans la structure de prix à la pompe (station de service). Dans le cadre de la mise en œuvre de ce Fonds, il a été constaté que les grands consommateurs de produits pétroliers, en l'occurrence les compagnies pétrolières refusaient de payer la péréquation en prétendant que leurs conventions pétrolières prévoyaient des dispositions d'exonération de cette charge financière. Le gouvernement, par un arrêté en 2005[135], a donc tenté à nouveau d'apporter des précisions pour l'imposer aux pétroliers : « La péréquation s'applique à toutes les importations des produits pétroliers, y compris celles qui sont en exonération de toutes taxes »[136]. Malgré cette disposition claire et précise, les compagnies pétrolières ont d'ailleurs affiché une fin de non-recevoir, en se réfugiant derrière les clauses de stabilité contenues dans leurs contrats pétroliers respectifs. Toutefois, le gouvernement est resté passif pour prendre d'autres mesures contraignantes en vue de leur imposer la péréquation. Cette position de faiblesse affichée par le gouvernement pourra s'interpréter par la faiblesse des outils juridiques pris pour la mise en œuvre dudit Fonds. En tout état de cause, la population tchadienne s'est aussitôt familiarisée avec le gaz, comme nouvelle source d'énergie et s'est mise à l'utiliser de manière abondante. Donc, la péréquation collectée n'était plus en mesure de couvrir la demande de subvention du programme. L'Etat s'est vu obligé de prévoir, en sus de péréquation collectée sur les trois produits pétroliers à savoir l'essence, le gasoil et le jet A1, d'autres sources de subvention dans le budget annuel, qui se chiffrait à plus d'un milliard de francs CFA. Enfin, le Fonds Gaz, qui a fonctionné normalement pendant plus d'une décennie, et qui a eu un impact très positif sur la protection de l'environnement, a été en effet arrêté en juin 2011. L'argument avancé par le ministère de l'énergie et du pétrole pour prendre une telle décision est la mise en service de la Raffinerie de Djarmaya à environ une quarantaine de kilomètre au nord de la capitale N'Djamena. En tout cas, la population constate avec amertume que le gaz importé et subventionné, en son temps, était beaucoup moins cher que le gaz produit aujourd'hui localement. De même, il en manque beaucoup pour combler le déficit et répondre à la demande. Quel sera l'avenir de

---

[135] Arrêté n°1518/PM/MME/2005, du 12 juillet 2005, rectificatif de l'Arrêté n°034/PM/MMEP/2000 du 07 juillet 2000.
[136] Article-2 de l'Arrêté n°1518/PM/MME/2005 du 12 juillet 2005.

l'utilisation du gaz comme source d'énergie dans ce nouveau contexte ? Attendons de voir !

Pour conclure cette section, nous pouvons affirmer sans risque de nous tromper que le code pétrolier tchadien a connu une évolution nette par rapport au code pétrolier saharien, car, dans le dernier code pétrolier, on passe du régime unique de concession à celui de partage de production. On y trouve la possibilité de créer une structure nationale à caractère industriel et commercial dans le domaine pétrolier et enfin, l'imposition des mesures claires pour la protection et la préservation de l'environnement (E.I.E, P.G.E, P.C.R, P.I.U et F.S.G.E).

Photo, lancement du développement de champ de Ronier et de la construction du pipeline Ronier-Djarmay pour l'alimentation de la Raffinerie de Djarmaya, à 40 Km de N'Djamena par le Président de la République le 1er juillet 2009

Photo, visite du Ministre du Pétrole d'un puits d'exploration en cours de forage par la société chinoise C.N.P.C à Bakassoula dans le bassin du Lac Tchad en 2005.

Section 2. Le code pétrolier de la République du Cameroun

A l'instar des autres pays de l'Afrique Centrale de la zone C.E.M.A.C, et à l'aube de son indépendance, la République du Cameroun avait tenté de réglementer l'ensemble de son secteur minier, y compris celui des hydrocarbures dans le but d'amorcer rapidement l'exploitation de ses ressources minières qui doivent, désormais, s'ajouter à celles du secteur de l'agriculture pour lancer le développement de ce jeune Etat indépendant. Cette volonté des autorités camerounaise de l'époque avait été traduite et consacrée par l'adoption de la Loi N° 64/LF/3 du 06 avril 1964 portant régime des substances minérales de la République Fédérale du Cameroun.

La Loi N° 64/LF/3 du 06 avril 1964 portant régime des substances minérales de la République Fédérale du Cameroun

Cette loi constitue la première du genre adopté par la République Fédérale du Cameroun après son indépendance. Ce fut un premier essai pour la République dans sa recherche d'organiser et de règlementer les activités liées à la recherche, à l'exploitation et au transport de toutes les substances minérales, y compris les hydrocarbures. Le régime adopté par cette loi en matière d'autorisation de prospection, de permis-H de recherche et d'exploitation est celui de la concession. Cette dernière était presque identique à celle adoptée par la loi minière française, à l'exception de quelques spécificités camerounaises, telles que la conduite des opérations pétrolières en milieu de forêt tropicale. Dans cette loi, toutes les dispositions applicables aux substances minérales l'étaient également aux hydrocarbures liquides ou gazeux. Aussi, elle précisait dans ses dispositions que « en ce qui concerne les hydrocarbures liquides et gazeux, des règles particulières, notamment le contrôle interne des sociétés, la conduite des travaux, les débouchés, le transport ou la transformation sur place des produits d'exploitation, seront fixées par décrets »[137].

En matière de protection de l'environnement, la loi n'avait pas prévu de dispositions claires, sauf que les permissionnaires et les concessionnaires étaient autorisés à occuper des terrains, y compris des terrains privés moyennant le simple paiement d'indemnités au propriétaire. Pour des terrains occupés provisoirement, mais dégradés, l'obligation était faite à l'occupant de l'acquérir. La valeur d'acquisition de ce terrain était égale à sa valeur initiale avant l'occupation. Ceci était évidemment la reprise des dispositions du code minier français en la matière. Les sociétés étaient aussi autorisées à abattre les arbres à l'intérieur de leurs périmètres, sous réserves de paiement de droits, taxes et redevance prévus par la législation en vigueur. Autrement dit, les sociétés étaient en fait autorisées à détruire les forêts, s'il s'avérait que la coupe des arbres était inévitable et nécessaire pour leurs opérations pétrolières, sans qu'il y ait une politique claire pour la préservation et la protection de celles-ci, ni une politique de reboisement.

Soucieuses de faire associer les structures nationales et d'impliquer davantage les cadres nationaux dans les opérations pétrolières directement et à tous les niveaux, les autorités camerounaises étaient amenées à adopter et promulguer une nouvelle loi complétant la première, à savoir la loi N° 78/-14 du 29 décembre 1978. Cette loi complétait, en ce qui concerne les hydrocarbures, la loi N°64/LF/3 du

[137] Article-21 de la loi N°64/LF/3 du 06 avril 1964.

6 avril 1964 portant régime des substances minérales de la République Fédérale du Cameroun.

La Loi N° 78/-14 du 29 décembre 1978 complétant la loi N°64/LF/3 du 6 avril 1964 portant régime des substances minérales de la République Fédérale du Cameroun

Dans le cadre de la loi de N°64/LF/3 du 6 avril 1964, l'exploitation des hydrocarbures liquides ou gazeux se faisait sous le régime de concession. Un régime classique hérité en quelque sorte du code minier français. C'est-à-dire que l'Etat camerounais se contentait uniquement, en ce temps, de percevoir la redevance sur la production et l'I.S., et d'assurer la surveillance administrative des compagnies pétrolières qui opéraient sur son territoire. Mais, il ne participait pas directement ou indirectement aux opérations pétrolières. Cette situation pourrait être comprise, car, il s'agissait d'une jeune République qui s'installait à l'aube de son indépendance. En revanche, une telle situation n'est guère acceptée par les autorités camerounaises, et surtout, après plusieurs décennies d'indépendance. Ainsi, les autorités avaient plutôt opté pour une implication directe dans les opérations d'exploitation de leurs richesses nationales que sont les hydrocarbures liquides et gazeux. Par conséquent, la volonté, et la décision d'adopter pour une nouvelle loi qui doit désormais répondre à leur souci a été prise. Cette volonté a été concrétisée par la promulgation de la présente loi qui complète, en ce qui concerne les hydrocarbures liquides et gazeux, la loi minière de 1964. Ce fut pour la première fois qu'à travers la nouvelle loi, les autorités camerounaises imposaient et exigeaient des sociétés détentrices ou désireuses d'obtenir des titres miniers pour l'exploration et l'exploitation des hydrocarbures au Cameroun qu'elles signent des « accords d'association » avec l'Etat. Cette exigence constituait l'objectif principal visé par la nouvelle loi qui était mise en perspective de la création d'une structure nationale devant s'impliquer directement pour le compte de l'Etat ou pour son propre compte dans les opérations pétrolières avec les multinationales. C'était dans cette perspective que la structure nationale projetée fut créée et dénommée par la suite S.N.H.

L'examen des dispositions de la nouvelle loi fait apparaître les mesures pertinentes et très positives. En effet, l'obligation est faite à toutes les sociétés pétrolières qui opèrent déjà ou cherchent à opérer dans le domaine de l'exploration et de la production des hydrocarbures en territoire de la République du Cameroun de signer des accords d'association avec l'Etat camerounais. L'Etat garantie aux sociétés détentrices d'accords d'association un pourcentage de la production, selon un certain nombre des critères, mais ne dépassera en aucune manière soixante pour cent (60%). Les sociétés pétrolières prennent entièrement à leur charge toutes les dépenses de recherche et du développement de champs à exploiter. Elles ont l'obligation de satisfaire d'abord les besoins nationaux en hydrocarbures, de faire transporter le brut par les compagnies nationales de transport maritime, de négocier avec l'Etat le prix de vente des hydrocarbures, de répartir entre les sociétés pétrolières et selon leur part de production en territoire de la République du Cameroun les besoins nationaux en hydrocarbures, de notifier aux producteurs la décision d'achat de l'Etat dans des délais raisonnables, d'utiliser en priorité, à conditions égales, les entreprises nationales de fournitures et de services, d'assurer la formation professionnelle et technique de la main d'œuvre nationale pour permettre aux cadres camerounais d'accéder à tous les postes en rapport avec leur qualification, de respecter toutes les mesures ordonnées par l'Etat tendant à améliorer l'exploitation optimale de gisement, et de se conformer aux dispositions de la loi dans un délai de douze (12) mois à compter de la date de promulgation.

Pour répondre à la demande de la République du Tchad, pays sans littoral, de faire évacuer son pétrole à travers le territoire camerounais, la République sœur du Cameroun s'est vue obligée de combler le vide juridique qui existait dans ses textes régissant le secteur des hydrocarbures, en l'occurrence le transport des hydrocarbures en provenance de pays tiers. D'où l'adoption de la loi N°96/14 du 5 août 1996 portant régime du transport par pipeline des hydrocarbures en provenance des pays tiers.

La Loi N°96/14 du 5 août 1996 portant régime du transport par pipeline des hydrocarbures en provenance des pays tiers

Les négociations tripartites entre la République du Tchad, la République du Cameroun et le Consortium pétrolier composé des compagnies pétrolières EXXON, PETRONAS et CHEVRON, pour la réalisation du projet d'exportation du brut tchadien et le projet pipeline Tchad/Cameroun afin d'acheminer les hydrocarbures issus des champs pétroliers du Sud du Tchad, à travers la République du Cameroun jusqu'à sa côte atlantique au large de Kribi vers le marché international, ont été en effet entamées dès le deuxième semestre de l'année 1992 à Yaoundé au Cameroun. Mais, déjà en prélude de ces négociations, l'opérateur du consortium (EXXON) avait tenu informé les autorités tchadiennes qu'il avait pu découvrir des réserves du brut suffisantes (environ un milliard de barils) qui pourraient économiquement et commercialement être produites et acheminées vers le marché international de brut. A cet effet, il avait besoin de construire un pipeline qui aboutirait à la côte atlantique camerounaise. Plusieurs tracés du pipeline ont été au préalable étudiés avant de retenir celui du Cameroun. En effet, les possibilités qui s'offraient étaient de construire un pipeline vers la Méditerrané en passant par la Libye, vers la mer rouge à travers le Soudan, ou vers l'océan Atlantique en passant par la Centrafrique et le Congo, ou le Cameroun. Les deux premiers tracés (la Libye et le Soudan) ont été écartés pour de questions économiques, car, le niveau des réserves (environ un milliard de barils) ne pouvait pas supporter les coûts de pipelines sur de telles distances. Donc, Il ne restait que la voie de l'océan Atlantique, et là aussi il y avait deux possibilités qui se présentaient : a) Traverser et négocier avec un seul pays, en l'occurrence le Cameroun ; ou alors, b) Traverser et négocier avec deux pays qui sont la Centrafrique et le Congo.

L'option de traverser uniquement le Cameroun a été retenu pour deux raisons :

i) Il n'y a pas un grand écart de distance « 1200 km de pipeline à travers la Centrafrique et le Congo, et 1070 km à travers le Cameroun » ;
ii) Il est plus facile de négocier des conditions de passage, droit de transit et autres, d'un pipeline avec un seul pays qu'avec deux pays.

En début des sessions de ces négociations, les parties se sont rendues compte que le code pétrolier camerounais, constitué de la loi N°64/LF/3 du 6 avril 1964, de la loi N°78/-14 du 29 décembre 1978, n'avait en aucune manière traité le cas de transport par pipeline des hydrocarbures en provenance de pays tiers. La Convention des Nations sur le Droit de la Mer, signée à Montego Bay le 10 décembre 1982, malgré le fait qu'elle comporte des dispositions donnant droit aux pays sans littoral de faire transiter leurs marchandises en exportation ou en importation à travers les pays côtiers, n'avait pas non plus prévu le cas de transport par pipeline des hydrocarbures des pays sans littoral à travers des pays côtiers. C'est pourquoi, la République du Cameroun s'était vue dans l'obligation de légiférer le cas du transport par pipeline transnational des hydrocarbures en provenance des pays tiers pour pouvoir traiter la demande tchadienne d'exporter ses ressources en hydrocarbures à travers son territoire national, et peut être d'autres demandes similaires à l'avenir. La législation pour traiter le pipeline transnational a été matérialisée par l'adoption et la promulgation de la loi N°96/14 du 05 août 1996 portant régime du transport par pipeline des hydrocarbures en provenance des pays tiers. L'examen de cette loi, considérée comme le premier du genre au Cameroun tentant de définir les règles en matière de transport par pipeline des hydrocarbures en provenance du pays tiers, fait apparaitre des mesures importantes suivantes : la loi définit le régime particulier applicable aux hydrocarbures en provenance de pays tiers et fait partie intégrante du code pétrolier camerounais. La construction, l'exploitation et l'entretien des pipelines pour le transport des hydrocarbures en provenance des pays tiers et évacués à travers le territoire camerounais sont considérés comme des activités pétrolières. En plus des traités et conventions internationaux en la matière, les pays tiers désireux d'évacuer leurs productions en hydrocarbures par pipelines à travers le territoire camerounais doivent forcément conclure des accords spécifiques avec la République du Cameroun[138]. Le Système de Transport par Pipeline (S.T.P) comprend le pipeline et toutes les activités annexes, y compris son extension ou son raccordement à venir. L'exportation des hydrocarbures en provenance des pays tiers et évacués par pipeline à travers le territoire camerounais est soumise au régime de transit prévu par les traités internationaux et les accords spécifiques[139] signés avec la République du Cameroun. L'Etat du Cameroun, pour des questions de souveraineté ou de sauvegarde de l'intérêt supérieur de la nation, peut limiter ou suspendre le transit des hydrocarbures à travers son territoire. La construction, l'exploitation et l'entretien d'un S.T.P. sont soumis à l'obtention d'une Autorisation de Transport par Pipeline (A.T.P), accordée par décret. Elle ne peut être accordée qu'à une société de droit camerounais, qui conclut une convention

---

[138] Accord entre le gouvernement de la République du Tchad et le gouvernement de la République du Cameroun, relatif à la construction et à l'exploitation d'un S.T.P pour les hydrocarbures, signé le 08 février 1996 à Yaoundé (Accord Bilatéral du 08 février 1996 à Yaoundé).

[139] Accord bilatéral le 08 février 1996 à Yaoundé.

d'établissement avec l'Etat. Elle reste valable aussi longtemps que la convention d'établissement est en vigueur. La convention d'établissement fixe et détermine les droits et obligations entre l'Etat et la société bénéficiaire de l'A.T.P. Elle a une durée de validité de vingt-cinq (25) ans. Elle peut être prorogée pour la même durée, mais, après renégociation de ses termes contractuels, fiscaux et douaniers, en considération de l'importance et des retombées économiques de projet.

La convention d'établissement peut être prorogée par tacite reconduction pour une durée n'excédant pas vingt-cinq (25) ans. Le titulaire d'une A.T.P. a droit à la libre conversion et au libre transfert des fonds à l'étranger, sous réserves de remplir les obligations de la convention d'établissement et les formalités administratives relatives à la réglementation des changes en vigueur au Cameroun. L'ordre de priorité d'utilisation du S.T.P. s'établit successivement, tel qu'en premier lieu se trouve le transport des hydrocarbures issus des bassins sédimentaires du pays tiers à l'origine de la demande d'A.T.P, suivi du transport des hydrocarbures issus des autres bassins sédimentaires du pays tiers à l'origine de la demande d'A.T.P, mais, mis en concurrence avec les hydrocarbures extraits des bassins sédimentaires du Cameroun, et enfin le transport des hydrocarbures en provenance des autres pays. Le titulaire d'une A.T.P. dispose d'un droit de renoncer à l'exploitation de la totalité ou à une partie du S.T.P.. Il peut céder ou transférer ses droits, y compris à titre de garantie dans les conditions fixées par la loi et la convention d'établissement. Les prêteurs, ayant participé au financement ou au refinancement du Système de Transport, peuvent se substituer au titulaire de l'A.T.P. et reprennent à leur compte les droits et obligations résultant de l'A.T.P. et de la convention d'établissement. Tout transfert ou émission des actions ne peut être opéré qu'au vu d'une approbation préalable du ministre des mines. Les normes techniques et de sécurité relatives à la protection de l'environnement sont systématiquement imposées à toutes les sociétés de transport par pipeline. La mise en service du S.T.P. n'intervient qu'au vu d'un Certificat de Conformité de l'Ouvrage (C.C.O) délivré par le ministre des mines. Les sociétés de transport par pipeline sont tenues d'assurer la formation professionnelle et technique de mains d'œuvre nationale pour permettre aux cadres camerounais d'accéder à tous les postes en rapport avec leur qualification. Elles sont tenues également d'utiliser en priorité, à conditions égales, les entreprises nationales de fournitures et de services. Elles sont aussi exemptées de faire une déclaration préalable d'importation ou d'exportation des hydrocarbures en transit en provenance des pays tiers.

Les travaux de construction, d'exploitation et d'entretien du S.T.P sont déclarés par l'Etat d'utilité publique. L'emprise foncière nécessaire à la construction, à l'exploitation et à l'entretien du S.T.P est affectée provisoirement par décret au titulaire de l'A.T.P. Les terrains qui ne font pas partie du domaine public ou privé de l'Etat sont inclus dans le décret, après avoir suivi la procédure normale d'expropriation pour cause d'utilité publique. Le titulaire d'une A.T.P. a le droit d'occupation des sols, de jouissance des sols, de libre accès aux installations du S.T.P., de possession de protection à l'intérieur de l'emprise foncière, d'utilisation de lesdites installations et de couper, moyennant juste le paiement des droits, taxes et redevance prévus par la législation en vigueur, les bois nécessaires à ses travaux. L'Etat, malgré cette affectation provisoire, demeure propriétaire des terrains affectés. Le raccordement au S.T.P. peut être demandé par le ministre des mines au titulaire d'A.T.P., sous réserves de disponibilité des capacités excédentaires de transport. Le titulaire de l'A.T.P. paie une redevance d'emprise foncière dont le taux varie entre soixante-quinze centimes (0,75) FCFA et trois (3) FCFA par mètre carré, il prend à sa charge d'autres frais tels que : les frais d'enquête publique, d'instructions et de publications etc. Les sociétés de transport par pipeline des hydrocarbures sont soumises au paiement de droit de transit et à l'I.S. Le tarif applicable au droit de transit est fixé dans la convention d'établissement. En cas de retards dans le paiement du droit de transit, des pénalités sont prévues. Pour tout retard inférieur à trente (30) jours, les sommes dues sont majorées d'un pour mille (1/1000) par jour de retard. A partir de trente (30) jours de retard, la pénalité est de dix pour cent (10%) des sommes dues par jour de retard. Si la société sous-estime ou déclare moins de droit de transit, le montant compromis est passible d'une pénalité de retard de dix pour cent (10%).

Le droit de transit est admis comme charge déductible pour le calcul du bénéfice imposable. Les sociétés de transport par pipeline des hydrocarbures sont soumises au paiement de l'I.S. à un taux réduit de cinq pour cent (5%). Elles bénéficient des allégements fiscaux, d'où elles sont exemptées de paiement de tout autre impôt qui frappe directement leurs résultats. En revanche, ces sociétés sont soumises au paiement de taxes et de redevances pour des services rendus. Elles sont soumises en principe au C.G.D et ses textes d'application. Tous les équipements et matériels nécessaires aux activités du S.T.P. sont admis au taux global réduit de cinq pour cent (5%). Ces sociétés sont tenues de fournir au ministre des finances un P.G.I et une prévision annuelle des importations admises au taux réduit. L'application de taux réduit ne doit pas excéder cinq (5) ans à compter de la date de mise en service de l'ouvrage. Le ministre des mines, et à travers lui, tous les fonctionnaires et agents de l'Etat commissionnés, veille à l'application de la loi et de ses textes d'application, et assure la surveillance administrative et technique des activités de transport par pipeline. Les documents et les informations recueillis dans le cadre de la surveillance administrative ne peuvent être communiqués à des tiers par l'administration qu'avec l'accord du titulaire de l'A.T.P. D'autres règles de confidentialité, qui couvrent ces documents, sont prévues dans la loi. Le titulaire de l'A.T.P. est tenu de prendre des mesures correctives à toute activité qui met en danger la sécurité publique, la sécurité civile, l'environnement, l'hygiène de son personnel ou la conservation des sites et réserves classées, des sources et des voies publiques.

Comme dans le cas de la loi tchadienne N°006/PR/2007 relative aux hydrocarbures, la loi et son décret d'application N°97/116 du 7 juillet 1997 ont aussi eu l'avantage d'être lancés et adoptés au moment des négociations du projet d'exportation du brut tchadien à travers la République du Cameroun. L'implication du groupe Banque Mondiale et d'autres prêteurs tiers au financement et au refinancement de ce projet (S.F.I, COFACE, US-EXIM), a obligé les parties à regarder au-delà des textes nationaux en République du Cameroun. Plusieurs normes de prêteurs et des normes internationales ont été insérées dans la nouvelle loi. Afin de renforcer les dispositions environnementales et de combler les vides qui existaient dans un certain nombre des textes nationaux, cette loi et les textes pris pour son application ont été adoptés. Ainsi, la notion de la protection de l'environnement dans cette loi a connu un changement et une très grande évolution par rapport aux anciens textes de la République du Cameroun. En effet, la loi accorde une grande importance à la protection de l'environnement, en imposant systématiquement aux sociétés pétrolières de transport par pipeline des mesures telles que la mise en place d'un C.P.S.P, de toutes les activités, y compris les aspects environnementaux du projet d'exportation du brut tchadien (projet pipeline Tchad/Cameroun), l'imposition aux sociétés pétrolières de transport par pipeline de réaliser dans les détails des E.I.E, le choix du tracé de pipeline doit tenir compte de l'environnement naturel, industriel et humain, ainsi que des contraintes particulières affectant les zones traversées, le titulaire de l'A.T.P. est tenu de prendre des mesures correctives à toute activité qui met en danger la sécurité publique, la sécurité civile, l'environnement, l'hygiène de son personnel ou la conservation des sites et réserves classées, des sources et des voies publiques, les normes techniques et de sécurité relatives à la protection de l'environnement sont systématiquement imposées à toutes les sociétés de transport par pipeline, et la mise en service du S.T.P n'intervient qu'au vu d'un C.C.O, délivré par le ministre des mines. Ce dernier peut interdire la mise en service d'ouvrage qui ne répond pas aux normes environnementales.

Compte tenu de la place qu'occupe l'énergie dans le développement socio-économique d'un pays, et dans leur recherche des voies et moyens pour promouvoir le secteur des hydrocarbures, les autorités camerounaises ont fini par adopter une nouvelle loi, c'est la Loi N°99/13 du 22 décembre 1999 portant code pétrolier qui est actuellement en vigueur.

La Loi N°99/13 du 22 décembre 1999 portant code pétrolier

Cette dernière loi tient lieu du code pétrolier sur l'ensemble du territoire de la République du Cameroun, et remplace en conséquence tous les textes qui régissaient jusqu'alors le secteur des hydrocarbures camerounais, à l'exception de la loi N° 96/14 du 5 août 1996 portant régime du transport par pipeline des hydrocarbures en provenance de pays tiers, qui en effet la complète. La loi vise essentiellement à promouvoir les opérations pétrolières sur l'ensemble du territoire national, à fixer les modalités de prospection, de recherche, d'exploitation et de transport par canalisations à l'intérieur du territoire national, à déterminer le régime juridique, fiscal, douanier et de change des opérations pétrolières et à fixer les droits et obligations liés aux opérations pétrolières.

La relecture du nouveau code pétrolier et l'examen de ses dispositions nous font découvrir de nouvelles dispositions par rapport aux anciennes lois et leurs textes d'application. Je peux citer à titre d'exemple : l'introduction de procédure d'appel d'offres pour l'octroi de titres miniers, ou la conclusion de contrats pétroliers dans les zones ouvertes aux opérations pétrolières ; la coexistence sur un périmètre donné d'une autorisation ou d'un contrat pétrolier avec des titres miniers pour des substances autres que les hydrocarbures ; les opérations pétrolières peuvent être entreprises, soit sous le régime de contrat de concession, ou le régime de contrat de partage de production proprement dit. L'introduction de la notion de transport intérieur pour faire la différence avec le transport transnational qui est régi par la loi N° 96/14 du 5 août 1996 portant régime du transport par pipeline des hydrocarbures en provenance de pays tiers. Le titulaire d'un titre minier ou d'un contrat pétrolier doit conduire les opérations pétrolières avec diligence et selon les normes en usage dans l'industrie pétrolière internationale. Le titulaire n'a pas le droit d'entreprendre des activités de raffinage ou de transformation des hydrocarbures et la vente des produits qui en découlent, sauf sur autorisation expresse de l'Etat. Pour rappel, nous avons fortement critiqué le fait que la loi tchadienne N° 06/PR/2007du 02 mai 2007, relative aux hydrocarbures prévoit quelques dispositions traitant le secteur aval (raffinage), alors que ladite loi vise plutôt à organiser les activités de recherches et production (secteur amont). Au Cameroun, en revanche, les choses ont été parfaitement tirées au clair. Il n'est pas question de laisser les sociétés bénéficiaires d'un titre minier, ou d'un contrat pétrolier de procéder à des transformations locales des hydrocarbures sous quelques formes que ce soit, car, celles-ci ne relèvent pas de leur domaine de compétence. La protection de l'environnement est largement détaillée dans la loi par rapport aux anciens textes. L'interdiction formelle est faite aux agents de l'Etat qui sont chargés d'assurer la surveillance technique et financière des opérations pétrolières d'avoir des intérêts de nature à compromettre ou restreindre leur indépendance[140]. L'autorisation d'exploitation ne confère pas à son titulaire le droit d'entreprendre les activités de raffinage ou de transformation du brut sauf sur autorisation expresse de l'Etat. Malgré, l'existence de cette disposition, il convient de relever que dans le cadre du projet d'exportation du brut tchadien (Projet Pipeline Tchad/ Cameroun), la République du Cameroun a autorisé la société de transport par pipeline (C.O.T.CO) de construire deux (2) colonnes de distillation (Topping Plant) d'une capacité de mille (1000) barils par jour chacune, pour la transformation du brut en produits légers afin de ravitailler les stations de pompage N°2 et 3 au Cameroun pour leur fonctionnement.

---

[140] Il s'agit là d'éviter les conflits d'intérêts, ou les tentatives de corruption.

Tout titulaire qui souhaite bénéficier de l'application des dispositions particulières de la loi, en vue d'améliorer les conditions économiques du contrat pétrolier qui le lie à l'Etat, doit au préalable accepter de renégocier le contrat dans le cadre de la présente loi, ainsi que les textes réglementaires pris pour son application. En effet, la loi laisse libre attitude au titulaire de choisir entre l'application des dispositions des conventions ou contrats signés sur la base des anciens textes et lois, et la renégociation des conventions ou contrats sur la base de la nouvelle loi. Ceci est très bien apprécié par les compagnies pétrolières. A l'inverse, dans certains pays de la sous-région, une nouvelle loi pétrolière peut obliger les sociétés pétrolières de se conformer à ses dispositions. C'est le cas de la République du Tchad avec la loi N°06/PR/2007 relatives aux hydrocarbures. Cette loi oblige les concessionnaires existants avant sa promulgation à se conformer à ses dispositions dans un délai n'excédant pas douze (12) mois. L'expérience a montré que toutes les sociétés pétrolières américaines ou asiatiques opérant en République du Tchad ont brandi les clauses de stabilité des conditions juridiques et fiscales contenues dans leurs conventions pétrolières et/ou contrats pétroliers et ont refusé de se conformer. Elles étaient même prêtes à aller à l'arbitrage, ou tenter un procès contre la République du Tchad. Le gouvernement de la République du Tchad s'est vu obligé de respecter ses engagements pris dans le cadre des différents conventions et contrats. On peut donc se demander à quoi sert d'insérer dans une loi une clause qui empoisonne le climat d'affaires dans le cadre des activités des opérations pétrolières. On peut même qualifier une telle clause comme un germe de conflits permanents entre les partenaires dans le secteur.

Comme dans le cas de la loi N° 96/14 du 5 août 1996 portant régime du transport par pipeline des hydrocarbures en provenance de pays tiers, la dernière loi portant code pétrolier camerounais a également eu l'avantage d'être lancée et adoptée en pleines exécutions du projet pipeline transnational (projet d'exportation du brut tchadien). Cette situation a permis de voir au-delà des exigences nationales. En effet, plusieurs normes et standards de prêteurs et des normes internationales ont été insérés dans la nouvelle loi pour renforcer les dispositions environnementales et combler les vides qui existaient dans les textes nationaux. Ainsi, la notion de la protection de l'environnement dans la nouvelle loi a connu une très grande avancée par rapport aux anciens textes. Cette évolution est retracée de la manière la plus claire dans les articles ci-après : « Le titulaire doit réaliser les opérations pétrolières de telle manière que soit assurée, en toutes circonstances, la conservation des ressources naturelles, notamment celle des gisements des hydrocarbures et que soient dûment protégées les caractéristiques essentielles de l'environnement. A cet effet, il doit prendre toutes mesures destinées à préserver la sécurité des personnes et des biens et à protéger l'environnement, les milieux et écosystèmes naturels »[141]. Ensuite, « Le titulaire dont les opérations pétrolières sont susceptibles de porter atteinte à l'environnement, en raison de leur dimension, de leur nature ou de leur incidence sur le milieu naturel, est tenu de réaliser, à ses frais, une Etude d'Impact sur l'Environnement. Cette étude permet d'évaluer les incidences directes ou indirectes des opérations pétrolières sur l'équilibre écologique du périmètre contractuel et de toute autre zone avoisinante, ainsi que sur le cadre et la qualité de vie des populations et des incidences sur l'environnement général »[142]. Ces deux articles parlent d'eux-mêmes, et sont suffisamment clairs en matière de préservation de l'environnement pour que nous ne nous attardions à les commenter. Pour conclure ce chapitre, il faudrait relever que les lois pétrolières des deux pays que sont la République du Tchad et la République du Cameroun ont en évidence montré une immense évolution dans le temps, car, on est passé du régime de contrat de concession classique aux concessions modernes, et même au partage de production. Egalement, en matière d'environnement, on se glisse à partir de notions très vagues : « exploitation avec diligence ; des méthodes propres et confirmées ; jaugeage des dégâts environnementaux par les pertes de cultures vivrières etc.»., à des mesures précises pour demander l'établissement des Etudes d'Impacts sur l'Environnement, des Plans de Gestions de l'Environnement, des Plans de Compensation et de Réinstallation, des Plans d'Intervention d'Urgence, la création du Comité de Pilotage et de Suivi des Pipelines et la mise en place des Fonds Spéciaux pour la Gestion de l'Environnement.

---

[141] Loi N°99/13 du 22 décembre 1999 portant Code pétrolier, Article-82.
[142] Loi N°99/13 du 22 décembre 1999 portant Code pétrolier, Article-83.

CHAPITRE 2

Les lois pétrolières de la Centrafrique, du Congo, du Gabon et de la Guinée Equatoriale

Contrairement aux lois pétrolières de la République du Tchad et de la République du Cameroun que nous avons passées en revue les contenus depuis les années d'indépendance jusqu'aux dernières lois en vigueur portant code pétrolier, notre analyse dans ce chapitre se limitera aux dispositions pertinentes des dernières lois pétrolières, en particulier, celles ayant trait à l'environnement de quatre Etats membres de l'Afrique Centrale à savoir la Centrafrique, le Congo, le Gabon et la Guinée équatoriale. Etant donné qu'un Etat renforce, le plus souvent, ses lois en matière de protection de l'environnement selon son statut d'Etat producteur du pétrole ou Etat sans production, nous allons en conséquence éclater ces quatre pays en deux sous-groupes : le premier sous-groupe sera constitué de la République Centrafricaine uniquement, Etat sans production **(Section-1)** et le second sera constitué de la République du Congo, la République Gabonaise et la République de la Guinée équatoriale **(Section-2),** Etats producteurs de pétrole **.**

Section 1. L'ordonnance N°93.007 du 25 mai 1993 portant code pétrolier de la République Centrafricaine

Avant d'entamer l'analyse des différentes dispositions contenues dans cette ordonnance, il serait utile, voire même nécessaire de commenter et de porter la lumière sur certaines mesures particulières relatées par celle-ci. En effet, l'ordonnance évoque qu'en cas de conditions équivalentes, il ne s'agit pas d'un droit, mais le titulaire d'une autorisation de prospection peut avoir un traitement de faveur pour l'octroi d'un titre minier sur tout ou une partie du périmètre couvert par son autorisation. Ce traitement de faveur n'existe pas dans beaucoup de lois pétrolières dans la sous-région de la C.E.M.A.C. Au contraire, toutes les lois disposent que le fait d'avoir une autorisation de prospection ne donne, en aucune manière, droit de priorité, en cas de demande de titre minier. Un tel droit de préemption ne permettra pas à l'Etat de lancer un appel d'offres pour retenir parmi les demandeurs de permis le meilleur offrant. La durée du permis-H de recherche peut être renouvelée à deux (2) reprises par arrêté du ministre, et pour une durée convenue dans le contrat pétrolier. Cette disposition pose quelques problèmes pour les raisons suivantes :

- Les sociétés pétrolières qui s'engagent dans une aventure de recherche souhaitent toujours connaître au préalable la durée maximale consacrée aux travaux de recherche, y compris les deux possibilités de renouvellement ;
- La logique juridique impose toujours le parallélisme de formes, c'est-à-dire le renouvellement d'un permis-H de recherche devra être prononcé dans la même forme et par le même acte que son octroi. Ici, le permis est octroyé par décret, et son renouvellement est accordé par arrêté du ministre ;
- L'implication du ministre seul, pour accepter ou refuser le renouvellement de permis-H de recherche, n'est pas de nature à rassurer les investisseurs qui prennent les risques de recherche dans le secteur des hydrocarbures, car, face à un ministre léger ou corrompu, cette possibilité risque de constituer un moyen de chantage et de marchandage.

La concession crée un droit immobilier de durée limitée qui n'est pas susceptible d'hypothèque. Or, la plupart des codes pétroliers de la sous-région que nous avons consultée affirment totalement le contraire et précisent que la concession crée un droit mobilier susceptible d'hypothèque[143]. Le contrat de services à risques est présenté par l'ordonnance comme étant le contrat à travers lequel l'Etat contracte avec une entreprise qualifiée qui mène les opérations pétrolières pour son compte dans un périmètre bien défini. Cette entreprise prend le risque d'investissements, et en cas de découverte commercialement

---

[143]L'exemple du Tchad, où dans le cadre du projet d'exportation du brut tchadien (projet Pipeline Tchad / Cameroun), trois (3) concessions à savoir : Komé, Bolobo et Maindoum ont été hypothéquées au profit des prêteurs ayant participé au financement du pipeline d'export, est édifiant.

exploitable, elle exploite pour le compte de l'Etat et, est rémunérée, soit en espèce, soit en nature. Selon l'ordonnance, lorsqu'elle est rémunérée en nature, ce contrat est dit « contrat de partage de production ». De notre point de vue, nous pensons que c'est une confusion totale des termes, car, nous estimons sans risque de nous tromper qu'un simple prestataire de service par définition ne prend jamais les risques d'investissement. L'investissement est en principe assuré par celui qui le contracte, et il est généralement payé en espèce. Cependant, rien ne l'empêche, en cas de besoin, de demander une rémunération en nature. Il suffit en effet de convertir le montant dû en quantité du brut. Donc, à notre sens, le seul critère qui diffère dans ces deux types de contrat (Contrat de service et Contrat de partage de production), est bien l'aspect de prise des risques d'investissement et non le mode de paiement en espèce ou en nature.

La redevance sur la production peut être « exemptée » totalement ou partiellement selon les dispositions du contrat de concession[144]. Cette ouverture offerte par l'ordonnance est un peu étrange dans la sous-région, car, à l'exception de cette ordonnance, aucune autre loi pétrolière dans la sous-région ne prévoit la disposition d'exempter totalement le paiement de la redevance sur la production. Le taux d'impôt direct sur les bénéfices des sociétés est fixé à cinquante pour cent (50%) et, dans tous les cas, ce taux ne peut être inférieur au taux de droit commun. Cette mesure fait partie des dispositions qui n'encouragent guère les investisseurs dans les activités de recherche et d'exploitation des hydrocarbures, car, aggraver la situation fiscale des sociétés qui prennent les risques de recherche par rapport à celles qui ne prennent aucun risque semble être un peu étrange dans l'industrie pétrolière. Les dispositions de l'ordonnance N°73/016 du 10 février 1973 relative à la recherche, à l'exploitation, au transport par canalisations des hydrocarbures et au régime fiscal de ces activités sur le territoire de la République Centrafricaine sont abrogées. Cette disposition est en contradiction totale avec la clause de stabilité prévue par l'ordonnance, car, il peut y avoir des permis, des concessions ou des contrats pétroliers négociés sur la base de l'ordonnance susvisée,

[144] C'est un allégement fiscal qui a des avantages et des inconvénients : l'avantage est que, lorsqu'il est bien utilisé, il permettra l'exploitation économique des champs marginaux, qui n'auraient pu être exploités, si le taux de la redevance était arrêté à un taux fixe ; mais, l'inconvénient, c'est que face à des cadres ou agents véreux de l'Etat, il peut offrir un moyen de chantage, voir même l'ouverture de possibilité de corruption.

alors, la rendre caduque posera certainement des problèmes et créera un litige ou conflit entre les titulaires et l'Etat centrafricain, à moins qu'à la date d'entrée en vigueur de l'ordonnance et de sa publication, aucun permis, ni concession ou contrat pétrolier ne soit en cours de validité.

Pour la protection de l'environnement, l'ordonnance prévoit d'« effectuer avec toute la diligence possible »[145] les travaux de développement du gisement commercial. La même ordonnance précise que les titulaires de contrats pétroliers doivent « réaliser les opérations pétrolières de telle manière que soit assuré la conservation des ressources naturelles, notamment des gisements des hydrocarbures et que soit protégé l'environnement »[146]. Ce sont des termes généraux qui ne donnent aucune précision en matière de protection de l'environnement et de sa préservation. Le souci de cette ordonnance n'était pas de protéger l'environnement, mais plutôt de conserver les gisements des hydrocarbures de toute destruction qui risque de jouer sur sa capacité de produire et d'éviter le gaspillage des ressources énergétiques. Aucune E.I.E, ni un P.G.E n'y est prévu, moins encore un P.I.U en cas de problème.

Section 2. Les lois pétrolières du Congo, du Gabon et de la Guinée équatoriale

La loi N°24-94 du 23 août 1994, portant code pétrolier de la République du Congo

Un certain nombre des mesures contenues dans cette loi méritent d'être analysées en détail et commentées. En effet, dans cette loi, l'autorisation de prospection est accordée par arrêté du ministre chargé des hydrocarbures pour une durée d'un an, renouvelable une ou « plusieurs » fois pour la même durée. Cette mesure qui ouvre largement la porte du renouvellement de l'autorisation de prospection sans limite ne pas de nature à encourager la recherche pétrolière en République du Congo qui demeure la seule méthode pour faire des découvertes d'hydrocarbures. Techniquement, il est d'usage dans l'industrie pétrolière qu'au bout de deux ans au maximum, comprenant à la fois la période initiale et celle de renouvellement, la

145 Ordonnance N°93.007 du 25 mai 1993 portant Code pétrolier, Article -26 de.
146 Ordonnance, *op., cit.,* Article -56.

société pétrolière devrait avoir des données suffisantes lui permettant de décider de la demande, ou non d'un permis-H de recherche. Le permis d'exploitation crée un droit immobilier non-susceptible d'hypothèque. Il est cessible et transmissible, sous réserve d'approbation[147]. Lors de la cessation des travaux au terme de la validité d'un titre minier, la société pétrolière est tenue d'exécuter ou de faire exécuter les travaux ayant pour objet de protéger les intérêts figurant au dernier alinéa de l'article-30 qui requièrent de « sauvegarder ou améliorer les conditions de sécurité ou d'hygiène dans les travaux de prospection, de recherche, de développement, d'exploitation et de transport des hydrocarbures, la sécurité et la salubrité publique, la protection de l'environnement, permettre l'exécution des recherches techniques nécessaires à ces améliorations et assurer la bonne utilisation et la conservation du gisement ». A défaut d'exécution de ces mesures, les travaux sont réalisés par un tiers désigné et contrôlé par l'administration aux frais de la société d'exploitation. Or, normalement, les travaux ci-dessus décrits sont plutôt exécutés pendant la durée de validité du titre minier, et non au terme de ce dernier. Les travaux qui devraient être exécutés au terme d'un titre minier sont en effet ceux d'abandon de sites.

La société est soumise au paiement de l'I.S. au taux de trente-cinq pour cent (35%) pendant une durée de cinq (5) ans, à compter de la date du permis d'exploitation. A l'expiration de cette durée, en accord avec l'Etat, ce taux peut être revu en hausse. Cette mesure n'est pas du tout intéressante, ni encourageante pour les sociétés pétrolières, car, normalement dans un contrat de partage de production classique, il n'y a pas de paiement de l'IS, surtout tout au début des opérations de la production. Le taux faible de l'IS est accordé pour les cinq (5) premières années de production où les amortissements sont très forts. Donc, la probabilité que la base taxable soit négative est très élevée. Autrement dit, on assiste à des reports de pertes, et non au paiement de l'I.S. qui tire sa base des bénéfices imposables. Malgré le partage de Profit Oil, la loi prévoit en plus une révision à la hausse du taux de l'IS après les cinq (5) premières années de production.

La loi fixe le taux de la redevance minière proportionnelle à quinze pour cent (15%) de la production totale pour les hydrocarbures liquides. Le taux de la redevance pour les hydrocarbures gazeux est

---

[147] Les commentaires faits autour de ce sujet dans le code pétrolier Centrafricain demeurent valables pour cette mesure.

sujet aux négociations entre l'Etat et la société pétrolière. Il est à noter que, dans un contrat de partage de production classique, il n'y a pas de paiement de redevance minière proportionnelle. Par conséquent, la soumission de la société pétrolière aux paiements de l'IS et la redevance minière proportionnelle transforme le contrat de partage de production classique en « contrat hybride »[148]. Les quantités utilisées pour les besoins de l'exploitation sont ajoutées sur la production totale pour le calcul de la redevance minière proportionnelle. Cette mesure est un peu étrange dans l'industrie pétrolière, car, la redevance minière est calculée normalement sur la base de la valeur départ-champ. Autrement dit, les quantités vendues sur les marchés du brut, et ramenées à la tête de puits, après avoir déduit tous les coûts de transport et traitement. Or les quantités consommées pour les besoins de l'exploitation ne sont pas vendues ou non valorisées. Ces régulations font partie des mesures qui n'encouragent guère les sociétés pétrolières à prendre le risque de recherche.

En cas de manquements aux obligations souscrites dans le cadre de ses activités pétrolières, et après une mise en demeure, non suivie d'effet, le ministre des hydrocarbures peut décider par arrêté le retrait ou la suspension de l'autorisation de prospection, du permis-H de recherche ou d'exploitation. Pour l'autorisation de prospection, le problème ne se pose pas. Mais, en ce qui concerne les permis-H de recherche et d'exploitation qui sont accordés par décret pris en Conseils des Ministres, il nous semble qu'il pourrait y avoir des problèmes. Les commentaires que nous avons faits sur le parallélisme de formes dans le cadre du code pétrolier centrafricain sont valables aussi dans ce cas.

En ce qui concerne la protection de l'environnement, la loi N°24-94 du 23 août 1994, portant code pétrolier congolais, utilise des termes très généraux et n'impose aucune mesure claire et précise. On peut même affirmer qu'elle a emprunté un vocabulaire similaire et identique à celui du code minier français. En effet, on trouve à l'article-25 que le titulaire d'un Titre minier et ses associés s'engagent, dans le cadre de la conduite des opérations de prospection, de recherche, d'exploitation et de transport des hydrocarbures, « à respecter les règles de l'art généralement admises dans l'industrie

---

[148] Ce n'est ni une concession classique, ni un C.P.P classique, il s'agit là d'un mélange entre ces deux types de contrat. C'est-à-dire que le contractant est soumis au paiement de la redevance avant le partage du reste.

pétrolière internationale ». Termes très vagues, car, ces règles de l'art n'ont jamais été clairement définies et documentées. On retrouve également que ces titulaires sont tenus, en outre, de poursuivre lesdites opérations avec le « maximum de diligence». Quelle est en fait la portée de cette diligence ? L'obligation est aussi faite à tout exploitant d'appliquer « les méthodes confirmées les plus propres » pour respecter les règles de sécurité nécessaires à la protection des personnes, des biens et de l'environnement conformément à la réglementation en vigueur. Ces méthodes confirmées et propres ne sont pas définies. Le gaz associé pourra être envoyé à la torche moyennant une autorisation du ministre des hydrocarbures. Portant, on pourra le valoriser au lieu de l'envoyer à la torche.

Force est de constater que la présente loi n'impose pas aux titulaires de permis-H de recherche ou d'exploitation de réaliser au préalable, en début de toute activité de recherche ou d'exploitation, des E.I.E, ni un P.G.E, un P.C.R, dans le cadre de leurs opérations pétrolières, moins encore un P.I.U, en cas de problèmes environnementaux.

Le code pétrolier de la République Gabonaise

Conformément à la tradition française de gestion du secteur minier, la plupart des pays francophones ont, à l'aube de leur indépendance, adopté des codes miniers régissant l'ensemble de leurs secteurs miniers, y compris ceux des hydrocarbures. La République Gabonaise, faisant partie intégrante de ces pays, n'échappa guère à la règle. Ainsi, la loi n°15/62 du 2 juin 1962 portant code minier en République Gabonaise couvre la réglementation du secteur minier et celui des hydrocarbures.

Pour être à jour et suivre l'évolution de l'industrie pétrolière internationale, cette loi a été modifiée et complétée plusieurs fois, notamment par l'ordonnance n°41/72 du 10 juin 1972, relative à la participation de l'Etat dans les sociétés pétrolières, l'ordonnance n°45/73 portant complément à la loi 15/62 du 2 juin 1962 portant code minier en République Gabonaise, la loi n°14/74 du 21 janvier 1975 portant réglementation sur les activités de recherche et d'exploitation pétrolière sur le territoire de la République Gabonaise et la loi n°14/82 du 24 janvier 1983 portant réglementation des activités de recherche et d'exploitation des hydrocarbures en République Gabonaise.

Il convient cependant de relever que notre analyse portera sur les deux dernières lois. Toutefois, il n'est pas superflu de signaler qu'au moment où nous abordons l'analyse des lois pétrolières en vigueur en République Gabonaise, un projet d'une nouvelle loi relative aux hydrocarbures est en cours de préparation.

A présent, l'analyse d'un certain nombre de dispositions pertinentes de la loi n°14/74 du 21 janvier 1975 portant réglementation sur les activités de recherche et d'exploitation pétrolière sur le territoire de la République Gabonaise. En effet, la loi a énuméré un certain nombre des bonus, redevances, impôts, droits et taxes, auxquels sont assujettis les détenteurs des titres miniers et les sociétés qui leur sont associées (Article-2). Cela pose un réel problème, car, on est en droit de se demander ce que deviennent les droits, taxes et redevances qui ne sont pas énumérés. La règle générale en la matière est que, dans ce genre de situation, on cite plutôt les droits, taxes et redevances qui sont exemptés, et on laisse la liste de ceux et des celles qui sont à percevoir ouverte. Les sociétés pétrolières et leurs associées ont toujours tendance à interpréter les textes dans le sens qui leur permet de s'abstenir du paiement ou réduire les droits, taxes ou redevances à payer. Par conséquent, cette clause peut constituer un « germe des futurs conflits ».

Le taux de la redevance minière proportionnelle est compris entre douze pour cent et seize virgule soixante-sept pour cent (12% et 16,67%) pour les hydrocarbures liquides et entre cinq pour cent et neuf pour cent (5% et 9%) pour les hydrocarbures gazeux appliqués sur la valeur départ-champs. Le taux applicable pour tel ou tel champ est fixé dans chaque convention d'établissement (Article-3a). Certes, une telle disposition paraît judicieuse, car la rentabilité économique de champ pétrolier peut varier d'un champ à un autre selon sa taille (volume des hydrocarbures récupérables). Il est tout fait normal que le partage de la rente pétrolière en tienne compte. En revanche, une telle disposition peut être exploitée négativement, et devenir une source de marchandage et manque de transparence dans la fixation dudit taux. La redevance est réglée en espèce ou en nature pour les hydrocarbures liquides et uniquement en espèce s'agissant des hydrocarbures gazeux (Article-3a). Or, dans le cadre de lutte contre la désertification et conformément à la politique du développement durable, la plupart des Etats encouragent l'utilisation du gaz comme source d'énergie en lieu et place du charbon et des bois de chauffe. Dans le cas d'espèce, la loi limite la perception de la redevance sur la production en espèce. Comment satisfaire alors la demande nationale en gaz ? L'Etat sera, sans nul doute, amené à utiliser à nouveau le montant payé en espèce au titre de paiement de la redevance sur la production pour acheter le gaz chez l'exploitant, ceci nous paraît curieux pour un pays producteur de gaz.

Le prix appliqué pour le calcul de la valeur départ-champ des hydrocarbures qu'ils soient liquides ou gazeux sera fixé soit par le gouvernement, soit par le prix affiché sur le marché international (Article-3b). De notre point de vue, le prix applicable doit être le prix affiché sur le marché international, et non un prix fixé par le Gouvernement par le biais de son ministre des hydrocarbures pour deux raisons :

- Un prix fixé par le gouvernement peut constituer une source de divergence permanente entre l'Etat et l'exploitant ;
- Un tel mode de fixation du prix peut donner l'occasion aux fonctionnaires malintentionnés de faire des marchandages et de fixer un prix qui serait peut-être inférieur au prix affiché sur le marché international. Cela va constituer un manque à gagner à l'Etat.

Aussi, le retard de paiement de la redevance qu'il soit en espèce ou en nature donne droit à une majoration de un pour mille (1/1000) par jour de retard des sommes, ou quantités dues. Toutefois, la loi donne la possibilité au ministre des domaines d'accorder une remise ou de modérer cette majoration (Article-3c). Une fois de plus, le pouvoir discrétionnaire accordé au ministre des domaines pour faire une remise ou modérer la majoration n'encourage guère la transparence dans le secteur. Comme signalé ci-dessus, une telle ouverture pourra constituer une source de marchandage pour certains agents malintentionnés en charge de dossiers.

Pour les permis marins dont la profondeur d'eau est supérieure à deux cents (200) m, le taux de la redevance est réduit des 4/5. L'exonération est totale pour les permis marins dont la profondeur d'eau est de mille (1000) m et plus (Article-5). C'est une très bonne politique pétrolière pour encourager l'exploration des ressources naturelles dans des zones difficiles. En un seul mot, faire la promotion pétrolière de celles-ci, mais l'environnement est passé au second rang. La loi impose un bonus de découverte dont le montant varie de deux cents millions à huit cents millions (200 à 800) de FCFA selon les différentes tailles des gisements (Article-9). A nos jours, l'industrie pétrolière internationale a beaucoup évolué par rapport au paiement de bonus de découverte. En effet, dans la plupart des Codes pétroliers des pays producteurs ou non producteurs, l'exigence de paiement de bonus des découvertes a été abandonnée. On constate aussi que la loi n'est pas du tout explicite, s'agissant du traitement fiscal réservé aux bonus ou aux droits fixes (bonus de signature, bonus de découverte, bonus de production, droits fixes à l'octroi, au renouvellement, à la mutation, etc.). Sont-ils considérés comme des Coûts pétroliers déductibles de l'assiette fiscale ou non ?

Le taux de l'I.S. est fixé à cinquante-six virgule vingt-cinq pour cent (56,25%) applicable aux bénéfices imposables calculés conformément au C.G.I (Article-10). En effet, contrairement à la redevance dont le taux est compris dans une fourchette, l'Impôt sur les Sociétés dispose un taux unique qui est de cinquante-six virgule vingt-cinq pour cent (56,25%). Il aurait été souhaitable d'avoir un taux modulaire de l'Impôt sur les sociétés, avec des critères qui permettent d'appliquer les différents taux de l'Impôt sur les sociétés. C'est pour permettre une répartition équitable de la rente pétrolière tirée des activités d'exploitation entre l'exploitant et l'Etat. De même, les parties gagneront plus en adoptant un taux modulaire de l'Impôt sur les sociétés qui reflète l'économie réelle du champ pétrolier que d'adopter un taux unique qui pourrait durant la vie du champ pétrolier léser l'une de partie.

Les sociétés pétrolières ont l'obligation de céder à l'Etat au moins vingt-cinq pour cent (25%) de leur capital social, ou une part d'intérêt de vingt-cinq pour cent (25%) dans les permis et les concessions qui leur sont accordés (Article-14). Il convient de rappeler que, selon la pratique en usage dans l'industrie pétrolière internationale, les Etats prennent une part d'intérêt dans des permis ou des Concessions et n'entrent pas directement dans le capital social des sociétés pétrolières en exploration et en production, car, ces dernières ont vocation à prendre les risques associés à la recherche d'hydrocarbures, or un Etat responsable ne doit pas risquer l'argent des contribuables dans de telles aventures.

Les conventions d'établissement sont négociées et paraphées par le gouvernement et ratifiées par le Président de la République (Article-20). Or, ces conventions pourraient contenir, le plus souvent, des dispositions qui dérogent à celles des lois de portée générale comme le C.G.I, celui des droits directs et des douanes, etc. Par conséquent, les conventions d'établissement devraient plutôt être adoptées par voie législative (par le parlement), sous forme de loi dans les mêmes conditions que les lois de portée générale. Cela permettra auxdites conventions d'avoir le même niveau de force que les lois de la République et même en cas de contradiction, elles ne souffriront d'une difficulté d'application.

Les prix de vente des produits finis ou de brut doivent être les prix courant du marché international (Article-15)[149].

La Loi n°14/82 du 24 janvier 1983 portant réglementation des activités de recherche et d'exploitation des hydrocarbures

Cette loi a été promulguée pour compléter la loi n°14/74 du 21 janvier 1975 portant réglementation des activités de recherche et d'exploitation pétrolière sur le territoire de la République Gabonaise, laquelle complète et modifie la loi n° 15/62 du 02 juin 1962 portant code minier en République Gabonaise.

La loi de 1983 a été conçue courte et claire. Elle est composée de huit (8) articles et vise essentiellement à supprimer, en ce qui concerne les activités d'exploitation des hydrocarbures liquides et gazeux, le régime de concession prévu par les articles 26, 27 et 28 du code minier de 1962 (Article-1). Toute découverte antérieure à la date de parution de la loi donnera droit à l'octroi d'un permis d'exploitation pour une durée maximale de dix (10) ans. Le permis d'exploitation dans le cadre de la nouvelle loi est octroyé pour une période initial de dix (10) ans. Il peut être prorogé, à la demande de l'exploitant, une ou deux fois pour une période n'excédant pas cinq (5) ans à chaque fois (Article-2). Cette loi remplace le régime de concession par le régime de partage de production ou de contrat de service. Les conventions d'établissement signées conformément aux dispositions de la loi préciseront que les ressources minières du sous-sol appartiennent à l'Etat et que les sociétés pétrolières n'interviennent que pour le compte du gouvernement. Ces conventions sont approuvées par décret[150] (Article-3). A compter de la date de publication de la loi, le

---

[149] Cette disposition semble être en contradiction avec l'article-3b, précédemment cité, qui précise que le prix applicable pour déterminer la valeur départ-champ doit être, soit un prix *fixé* par le gouvernement soit le prix *affiché* sur le marché international du brut. En effet, comme nous l'avons déjà expliqué, nous ne retenons pas l'intervention du gouvernement dans la fixation du prix du brut, car, il serait beaucoup plus bénéfique à celui-ci de laisser le marché international fixer les prix qui sont gouvernés par la loi de l'offre et de la demande.

[150] Les commentaires déjà faits au sujet du mode d'approbation des conventions d'établissements dans le cadre de la loi n°14/74 du 21 janvier 1975, portant

ministre du pétrole aura le droit d'accéder à toutes les informations et données acquises dans le cadre des activités de recherche et d'exploitation des hydrocarbures (Article-4). Il peut les communiquer à toute personne travaillant pour son compte (Article-5). La loi réaffirme le principe de clause de stabilité des conditions juridiques, économiques et fiscales des conventions pétrolières et précise clairement que les dispositions des articles 1, 2 et 3 relatives à l'imposition du régime de partage de production et au délai de l'exploitation ne s'appliquent pas aux anciennes concessions d'exploitation des hydrocarbures accordées antérieurement à la publication de la loi (Article-6). Toutes les dispositions du code minier qui sont en contradiction avec celles de la loi sont abrogées (Article-7). La loi a été publiée selon la procédure d'urgence (Article-8).

La loi n°14/74 du 21 janvier 1975 portant réglementation des activités de recherche et d'exploitation pétrolière sur le territoire de la République Gabonaise et la loi n°14/82 du 24 janvier 1983 portant réglementation des activités de recherche et d'exploitation des hydrocarbures ont été prises et promulguées pour modifier et compléter les dispositions de la loi n° 15/62 du 2 juin 1962 portant code minier en République Gabonaise, en ce qui concerne la recherche et l'exploitation des hydrocarbures en République Gabonaise.

Dans l'examen des dispositions de ces deux lois, il ressort de manière claire qu'il n'a été fait mention nulle part d'une quelconque disposition relative à la protection et la préservation de l'environnement. Cela a orienté notre recherche vers l'analyse des dispositions du code mère. Il s'agit de la loi n° 15/62 du 02 juin 1962 portant code minier en République Gabonaise. En effet, cette loi qui tire aussi ses sources du code minier français n'échappa guère aux règles prédéfinies par ce dernier. Comme précédemment expliqué tout au début de l'introduction de l'ouvrage, l'objectif recherché par les différents Etats était celui de se procurer des moyens financiers et matériels pour s'occuper du développement de leur pays. La question de la protection de l'environnement était donc reléguée au second rang. C'est pourquoi, dans les anciens codes miniers, on trouve des rédactions dans des termes beaucoup plus généraux s'agissant des questions relatives à la protection de l'environnement. Il s'agissait de

---

réglementation des activités de recherche et d'exploitation pétrolière sur le territoire de la République Gabonaise, demeurent valables.

termes qui ne sont effectivement ni clairs, ni précis, et qui n'étaient pas des engagements fermes de permissionnaires ou de concessionnaires à protéger l'environnement. On constate aussi le même style au niveau de la loi minière gabonaise de 1962 qui, en traitant les aspects environnementaux, demande à ce que dans la conduite des travaux des mines, les permissionnaires et les concessionnaires respectent les règles de l'art[151]. Des règles dont les contours ne sont pas bien cernés. De même, les permissionnaires et les concessionnaires sont tenus d'observer des mesures en vue de prévenir ou faire disparaître les causes de danger que leurs travaux pourraient faire courir à la sécurité publique, à l'hygiène des ouvriers mineurs, à la conservation de la mine ou des mines voisines, des sources, des édifices et des voies publiques.

Le code pétrolier de la République de Guinée Equatoriale

Dans le cadre des efforts de recherche pour améliorer le bien-être du peuple équato-guinéen, il était devenu un souci permanent pour le gouvernement de s'assurer que le cadre juridique s'adapte de manière transparente à la vie socio-économique du pays. En effet, le gouvernement s'était fixé comme objectif principal l'attraction des investisseurs étrangers pour le pays. Pour ce faire, il était nécessaire que le cadre juridique soit réorienté de façon à combler les insuffisances de la réglementation du secteur des hydrocarbures dans le pays.

De même, le gouvernement de la Guinée Equatoriale a fait des propositions afin de stimuler le cadre économique pour la gestion et l'utilisation des hydrocarbures en incorporant dans le dispositif de la nouvelle loi certains composants d'une importance vitale pour les aspects légaux, techniques et commerciaux du secteur des hydrocarbures. Il s'agit de :

- La mise en valeur des hydrocarbures gazeux,
- L'augmentation de la participation de l'Etat,
- Le développement du secteur de la pétrochimie et la concentration sur des produits locaux.

L'accent a été également mis sur le renforcement des capacités du personnel équato-guinéen du secteur des hydrocarbures. En

[151] Loi n°15/62 du 2juin 1962 portant code minier en République Gabonaise, Article-53.

considération de ce qui précède, le gouvernement de la Guinée Equatoriale a proposé à la chambre des représentants du peuple l'approbation du projet de loi N°8/2006 du 3 novembre 2006 relative aux hydrocarbures[152].

Il serait judicieux de faire quelques observations et commentaires d'ordre général sur certaines mesures préconisées dans la loi : Une loi doit en principe donner les grandes orientations de la politique de l'Etat dans un secteur et laisser les détails aux textes pris pour son application (décrets, arrêtés, décisions, circulaires etc.). Or, force est de constater que la loi sur les hydrocarbures de la Guinée équatoriale est entrée en profondeur dans les détails des opérations pétrolières qui devraient plutôt figurer dans ses textes d'application. La loi établit le principe d'A.O.I. pour l'octroi de contrat pétrolier en vue d'assurer une compétition ou une concurrence transparente entre les entrepreneurs potentiels. Cependant, l'option d'octroyer directement un contrat dans les zones de réserve de l'Etat, sans passer par la procédure d'appel d'offres, n'est pas de nature à préserver la transparence déjà énoncée ci-dessus. Pour l'entrée en vigueur de ces contrats, la loi exige uniquement sa ratification par le Président de la République et sa transmission par une note écrite à l'entrepreneur. Puisque le contrat pétrolier peut disposer des mesures qui parfois dérogent aux dispositions des lois nationales (lois de portée générale), il serait impératif qu'un contrat pétrolier ait force de loi. Pour ce faire, le contrat devra forcement être approuvé par les représentants du peuple (Assemblée nationale ou Parlement).

Tous les accords de joint-venture entre des personnes constituant le groupe d'entrepreneurs doivent obligatoirement être soumis à l'approbation préalable du ministère. Ces personnes doivent désigner parmi elles un opérateur. La loi admet le principe d'octroi, dans une même zone, de droits pour l'exercice d'opérations pétrolières, ainsi que de droits pour l'exercice d'activités relatives à d'autres ressources naturelles. Si les deux (2) droits sont incompatibles, alors le ministère décidera, lequel de ces droits devra prévaloir. Elle donne la possibilité au ministère, s'il le juge nécessaire, de modifier les différentes durées

[152] Au premier abord, à cause de notre handicap en langue espagnole, nous signalons que notre analyse est plutôt portée sur la version anglaise. Bien que le traducteur ait, par ailleurs, attiré l'attention du lecteur, au bas de page du document, que seule la version rédigée et adoptée en langue espagnole fait foi, nous estimons que la version anglaise pourrait servir comme document de travail, même si elle ne constitue pas une version officielle.

d'exploration et de production. Or, normalement le ministère dispose plutôt du droit d'accorder ou non les différentes périodes d'extension et de prolongation, et non celui de modifier dans des contrats pétroliers des durées légales fixées par une loi. La loi annonce que les installations, équipements et matériels acquis dans le cadre des opérations pétrolières doivent être transférés à l'Etat juste après leur amortissement ou à l'expiration du contrat pétrolier. Or, souvent dans l'industrie pétrolière internationale, les installations de production sont amorties en cinq (5) ans pendant que l'entrepreneur poursuit sa production. C'est pourquoi, en règle générale, ces installations ne sont transférées qu'après l'abandon des sites pour quelque raison que ce soit (fin du contrat, résiliation et renonciation, etc.). L'Etat exerce un monopole quasi-total sur le stockage, le transport et la distribution des produits raffinés (produits finis). Alors que, il serait plus utile et avantageux à l'Etat de laisser les privés s'occuper de ces activités et de leurs imposer la constitution des réserves stratégiques et de sécurité afin de lui permettre de faire face à tout événement. La loi annonce un principe et son contraire. C'est-à-dire que les activités de construction et d'exploitation des pipelines sont uniquement réservées à l'Etat et à sa société nationale, mais elle donne aussi la possibilité au ministère d'indiquer des mesures contraires « sauf indication contraire du ministère ». Autrement dit, le ministère peut autoriser une société privée à se lancer dans ces activités. La loi indique que lorsqu'un réservoir des hydrocarbures se trouve sous « une » ou plusieurs zones contractuelles, les entrepreneurs sont appelés à signer un accord d'unitisation. Logiquement si le réservoir se trouve dans une seule zone contractuelle, alors il n'y aura pas d'accord d'unitisation entre entrepreneurs pour son exploitation, mais plutôt un accord de joint-venture entre les personnes constituant l'entrepreneur. Les accords d'unitisation sont toujours conclus lorsqu'un réservoir se trouve à cheval entre deux ou plusieurs zones contractuelles appartenant à différents entrepreneurs dans un seul Etat, ou entre deux Etats. Dans le cas où un réservoir d'hydrocarbures s'étend dans une zone non couverte par une autorisation d'exploitation, le ministère prend des mesures nécessaires tendant à protéger les droits et les intérêts de l'Etat dans l'exploitation de ce réservoir. Dans le cas où un réservoir d'hydrocarbures s'étend au-delà des frontières nationales dans les domaines du pays voisins, tous les accords menant à l'exploitation d'un tel réservoir doivent recueillir au préalable l'approbation du gouvernement et la ratification par le Président de la République de la Guinée Equatoriale.

Les entrepreneurs et leurs associés s'engagent à indemniser l'Etat et/ou d'autres personnes qui ont subi un préjudice par suite du non-respect de la réglementation environnementale dans la conduite des opérations pétrolières. Le ministère, après avoir consulté les autres organismes concernés, établit les limites et le régime de la zone de sécurité à proximité des installations qu'elles soient permanentes ou temporaires. Les opérations pétrolières doivent être entreprises conformément aux lois, aux règlements applicables et aux pratiques généralement admises dans l'industrie pétrolière internationale. Le flambage du gaz est strictement interdit en République de Guinée Equatoriale. Mais, pour des raisons techniques, économiques, financières et/ou environnementales, le ministère peut autoriser avec ou sans compensation le flambage d'une certaine quantité.

La loi N°8/2006 du 3 novembre 2006 relative aux hydrocarbures de la République de Guinée Equatoriale a eu l'avantage d'être adoptée dans un climat où le monde entier plaidait pour le développement durable qui est une notion directement liée à l'exploitation rationnelle des ressources naturelles, tout en conservant un environnement sain pour les générations futures.

Ainsi, la nouvelle loi impose les mesures suivantes : les entrepreneurs et leurs associés sont tenus de protéger l'environnement afin de préserver la santé, l'eau, le sol, le sous-sol, l'air, la biodiversité, la faune et la flore, l'écosystème, le paysage, l'atmosphère et l'héritage culturel, archéologique et artistique. Les entrepreneurs et leurs associés sont tenus de soumettre au ministère les plans requis par la loi sur l'environnement et leur contrat en précisant les mesures pratiques afin de protéger l'environnement. Ils sont aussi sont tenus de réaliser des E.I.E, des A.E, des P.R.E et des P.G.E. Tous ces documents doivent être soumis au département concerné pour approbation. Les entrepreneurs et leurs associés s'engagent à indemniser l'Etat et/ou d'autres personnes qui ont subi des préjudices par suite de non-respect de la réglementation environnementale dans la conduite des opérations pétrolières, Les opérations pétrolières doivent être réalisées conformément aux lois et règlements applicables et des pratiques généralement admises dans l'industrie pétrolière internationale.

Si le ministère et les départements concernés arrivent à bien établir les textes d'application et suivre leur application correctement, alors cette loi, sous réserve des dispositions de la nouvelle[153] loi gabonaise actuellement en projet, serait la plus efficace dans la zone de l'Afrique Centrale en matière de la protection de l'environnement.

Pour conclure ce chapitre, on peut souligner qu'il y a une évolution significative, même si les dispositions environnementales des dernières lois pétrolières de trois pays à savoir la Centrafrique, le Congo et le Gabon sont restées classiques et en ligne droite avec la rédaction ou la formulation du code minier français, et n'ont connu aucune avancée importante. En revanche, l'évolution significative mentionnée ci-dessus s'est traduite dans les dispositions environnementales de la loi pétrolière de la République de Guinée Equatoriale qui s'est certainement beaucoup inspiré du droit contemporain de l'environnement depuis sa naissance en 1972 à Stockholm jusqu'aujourd'hui. Justement, cette dernière a emprunté biens des mesures et du vocabulaire moderne au droit de l'environnement en particulier, pour les termes qui sont fréquemment utilisées dans l'industrie pétrolières internationales, tels que : les Etudes d'Impact sur Environnement, les Audits Environnementaux, les Plans de Réhabilitation de l'Ecosystème et les Plans de Gestion de l'Environnement. Tous ces documents doivent être soumis aux départements concernés, pour approbation, avant tout commencement des travaux.

[153] Jusqu'en juillet 2013, la nouvelle loi promise n'a toujours pas vu le jour.

CHAPITRE 3

L'efficacité et l'harmonisation des dispositions environnementales des lois pétrolières en Afrique centrale

A travers les deux chapitres précédents, les dispositions des lois pétrolières des Etats membres de l'Afrique Centrale en général, et celles traitant les aspects environnementaux en particulier ont été passées en revue.

Dans ce présent chapitre, nous examinons en premier lieu l'efficacité des dispositions environnementales des lois de ces Etats, puis, terminons par l'étude de possibilité de leur harmonisation dans la sous-région de l'Afrique centrale de la C.E.M.A.C.

Comme rappelé précédemment, l'accent a été mis sur l'évolution des dispositions environnementales des lois pétrolières de la République du Tchad et celles de la République du Cameroun, car, ces deux pays ont justement permis la réalisation du plus grand projet d'intégration dans la sous-région de l'Afrique Centrale, et peut-être même au niveau de l'Afrique entière, avec bien entendu le concours de partenaires au développement : groupe B.M, S.F.I, COFACE, B.E.I, etc. Il s'agit du projet d'exportation du brut tchadien et du projet pipeline Tchad-Cameroun pour l'évacuation du brut sur le marché international. Puis, nous avons analysé les dernières lois pétrolières et leurs dispositions environnementales pour les quatre autres Etats membres de l'Afrique Centrale à savoir le Congo, la Centrafrique, le Gabon et la Guinée Equatoriale. Mais, avant d'en arriver à cela, nous avons dans un premier temps examiné et analysé les dispositions environnementales de la loi mère, en l'occurrence la loi n° 160 du 21 avril 1810 sur les mines, dit code minier napoléonien qui était historiquement à la base de toutes ces évolutions.

Au cours de toutes ces analyses et examens, nous n'avons constaté que quelques dispositions de lois pétrolières de certains Etats : la Centrafrique, le Gabon et le Congo, qui sont restées classiques et en ligne droite avec celles de la loi mère « le code minier napoléonien ». Cependant, les dispositions des dernières lois pétrolières du Tchad, du Cameroun et de la Guinée Equatoriale ont en revanche connu une immense évolution, et ont respecté et exécuté la plus grande partie des déclarations et consignes lancées lors de différentes conférences internationales sur l'environnement. Malgré cela, y a-t-il des limites, ou des insuffisances constatées dans les formulations des dispositions de ces lois ou alors, ces dispositions sont-elles efficaces ? (**Section-1**), l'harmonisation des dispositions environnementales de lois pétrolières en Afrique Centrale est-elle possible ? (**Section-2).**

Section 1. Les limites et insuffisances des dispositions environnementales de lois pétrolières en Afrique Centrale existent-elles ?

Il y a eu au fil de temps une évolution immense et nette des dispositions environnementales des lois pétrolières en Afrique Centrale depuis les années d'indépendance jusqu'aux dernières lois pétrolières. En dépit de cette évolution, ces dispositions comportent encore des limites et des insuffisances qui, de notre point de vue, et d'après les expériences vécues et la pratique de terrains, remettent en cause leur efficacité, et proviennent essentiellement de trois sources principales :

i) Le non-renvoi de ces dispositions aux lois et à la réglementation environnementale en vigueur du pays ;
ii) Le grand écart temporel entre les dates de promulgation d'une loi de l'environnement et l'établissement de ses textes d'application ; et
iii) La carence dans la mise en œuvre stricte des textes en vigueur.

Le non-renvoi des dispositions environnementales de loi pétrolière à la réglementation environnementale en vigueur du pays

Avant d'aborder ce sujet, il convient de rappeler le principe de primauté des lois spécifiques ou sectorielles sur des lois de portée générale. Ce principe règle le problème de contradiction des textes, et de chevauchement de compétence entre institutions. En effet, en cas de contradictions entre les dispositions d'une loi spécifique ou sectorielle et celles d'une loi de portée générale, les dispositions de la loi spécifique ou sectorielle prévalent toujours sans équivoque. Ce principe, considéré comme un lieu de refuge pour les compagnies pétrolières, a toujours permis à ces dernières d'opposer les dispositions de loi pétrolière qu'elles soient fiscales, douanières ou environnementales à celles de loi de portée général, telles que le Code Général des Impôts, des Douanes ou de l'Environnement.

De même, lorsque la loi spécifique ou sectorielle ne fait pas référence aux lois de portée générale, ceci pourrait dans la pratique créer des luttes interinstitutionnelles entre les agents de l'Etat en charge des dossiers. Une telle lutte offre la possibilité aux compagnies pétrolières d'en tirer profit. Alors, que constate-t-on au niveau des dispositions environnementales des lois pétrolières en Afrique Centrale ? La réponse à cette question est, à notre sens, très simple, car, nous constatons en effet deux cas de figure : le premier est que certaines dispositions des lois pétrolières donnent trop des détails en matière d'environnement, et font en même temps référence aux lois et à la réglementation environnementale en vigueur. C'est le cas du code pétrolier de la République du Tchad[154], celui de la République du Cameroun[155] et celui de la République de la Guinée Equatoriale[156]. En revanche, dans d'autres lois de la sous-région, les dispositions environnementales n'entrent pas dans les détails et ne font même pas parfois référence aux réglementations environnementales en vigueur. C'est le cas des codes pétroliers de la République Gabonaise, de la République du Congo et de la République Centrafricaine.

Le grand écart temporel entre les dates de promulgation des lois de l'environnement et les dates de prise de leurs textes d'application

Force est de constater que la plupart des Etats membres de l'Afrique Centrale laissent un écart de temps très important entre la date de promulgation d'une loi environnementale et l'établissement de ses textes d'application : décrets, arrêtés, décisions, circulaires et notes de service. Ce genre d'écart temporel que nous qualifions ici de « temps mort» n'est pas de nature à faciliter aux agents de l'Etat, chargés de la mise œuvre des mesures environnementales et du suivi

---

[154] Loi N°006/PR/2007 du 02 mai 2007, Article-62.
[155] Loi N°99/13 du 22 décembre 1999 portant code pétrolier, Article-83.
[156] Loi n°8/2006 du 3 novembre 2006 relative aux hydrocarbures en République de Guinée Equatoriale, Articles 66 et 67.

sur le terrain de l'application stricte des textes en matière d'environnement par les compagnies pétrolières, d'imposer telle ou telle mesure. En effet, le plus souvent, ces compagnies vont en fait demander la base légale sur laquelle de telles mesures sont assises. En l'absence d'une réponse claire, les compagnies pétrolières pourraient profiter de ce vide juridique pour entreprendre et utiliser n'importe quelles méthodes dans leurs opérations pétrolières, y compris celles qui pourraient être nocives et nuisibles à l'environnement. C'est une insuffisance notoire des dispositions environnementales de lois pétrolières.

A titre d'exemple, nous rappelons les cas de quelques Etats de l'Afrique Centrale :

En République du Tchad, la loi N°14/PR/98 sur les principes généraux de la protection de l'environnement a été promulguée le 17 avril 1998, et son premier décret d'application, le décret N°904/PR/PM/MERH/2009 portant réglementation des pollutions et des nuisances à l'environnement a été pris le 06 août 2009, son second décret, le décret N° 630/PR/PM/MEERH/2010 portant réglementation des études d'impact sur l'environnement a été pris le 04 août 2010.

En République du Cameroun, la loi N°96/12 du 5 août 1996 portant loi-cadre à la gestion de l'environnement a été promulguée le 5 août 1996 et son décret d'application, le décret N°2005/0577/PM du 23 février 2005 sur les modalités de réalisation des études d'impact environnemental a été pris le 23 février 2005.

En République Centrafricaine, la loi N°07/018 du 23 décembre 2007 portant code de l'environnement de la République Centrafricaine a été promulguée le 23 décembre 2007, quant à ses textes d'application, du 12 - 14 juillet 2011, c'est-à-dire quatre ans après la promulgation de la loi, le ministère de l'environnement et de l'écologie a organisé un atelier de validation de ces textes d'application[157]. Cet atelier a été rendu possible grâce à l'appui financier du F.A.O, qui aurait certainement engagé des experts devant assister les autorités centrafricaines pour bien préparer les différents documents avant leur validation. Toutefois, jusqu'au moment où ce

[157] Ces informations sont tirées d'un communiqué du ministère de l'environnement et de l'écologie, publié sur le site du centre d'échange d'information de la République Centrafricaine en date du 13 juillet 2007. Le communiqué précise aussi que l'atelier de validation a été rendu possible grâce à l'appui financier du FAO. Le site : chm-cbd.net/ consulté le 19 mai 2012.

paragraphe était en cours de rédaction, ces textes d'application ne sont pas encore publiés.

En République du Congo, la loi N°003/91 du 23 avril 1991 sur la protection de l'environnement, fiscalité en matière d'environnement a été promulguée le 23 avril 1991 et son décret d'application, le décret N°2009-415 du 20 novembre 2009, nomenclature et contrôle des installations classées, énergie nouvelles et renouvelables a été pris le 20 novembre 2009.

En République du Gabon, la loi N°016/93 du 26 août 1993 relative à la protection et à l'amélioration de l'environnement a été promulguée le 26 août 1993, au lendemain de la conférence de Rio tenue en 1992 .et son premier texte d'application, le décret N°000405/PR/MEFPREPN du 15 mai 2002 portant réglementation des études d'impact sur l'environnement a été pris le 15 mai 2002.

En République de la Guinée Equatoriale : la loi N°7/2003 du 27 novembre 2003, régulatrice de l'environnement en Guinée Equatoriale a été promulguée le 27 novembre 2003, et son décret d'application N°171/2005 du 8 septembre 2005, sur la stratégie et plan d'action pour la conservation de biodiversité en Guinée Equatoriale a été pris le 8 septembre 2005.

La carence dans la mise en œuvre des textes en vigueur

A ce niveau, on se met dans le contexte où les limites et insuffisance citées ci-dessus sont surmontées. C'est-à-dire, il n'y a pas de problème de manque de détails dans les dispositions environnementales, ni celui de renvoi aux lois et à la réglementation environnementale en vigueur, ni le problème d'écart temporel entre les dates d'adoption de la loi sur l'environnement et les dates de prise de leurs textes d'application. Mais, il existe quand même une carence dans la mise en œuvre des mesures préconisées par les dispositions environnementales. Pourquoi y a-t-il une telle carence ?

Selon nous, et sur la base de la pratique de terrains et les expériences vécues, il y a trois facteurs essentiels qui expliquent cette carence à savoir les ressources humaines, les moyens financiers, et les matériels et équipements.

Il est clairement établi que le choix des agents de l'Etat : cadres, agents de maîtrise, ouvriers qualifiés, etc. désignés à des postes de responsabilité dans le domaine de l'environnement est capital. C'est pour cette raison qu'il faudrait justement arriver à détecter les agents compétents, motivés et intellectuellement honnêtes pour être désignés pour occuper des postes de responsabilité dans un secteur aussi sensible que celui de l'environnement. Mais, d'après nos informations, dans la plupart des Etats membres de l'Afrique Centrale, une telle prise de conscience n'est pas encore observée, car, la plupart des nominations dans l'administration en général, et dans le domaine de l'environnement en particulier, sont souvent faites par affinité, et non sur la base d'un certain nombre de critères objectifs garantissant une certaine transparence dans le recrutement et la nomination des agents en la matière. Donc, le problème de compétence va certainement se poser au fil de temps pour bien suivre l'application stricte des mesures environnementales.

Aussi, constate-t-on même lorsque des cadres compétents sont désignés et nommés à des postes de responsabilité dans le domaine de l'environnement, parfois, il leur manque la formation adéquate et continue, et surtout l'évolution qui en principe devrait leur permettre d'être à jour par rapport à l'avancée technique et scientifique dans le domaine de l'environnement : apprentissage des nouveaux concepts, ou l'utilisation des nouveaux équipements et matériels.

Dans certain cas de figure, des cadres compétents sont nommés à des postes de responsabilité dans le secteur de l'environnement, mais, ils n'y sont pas à l'aise ou pris correctement en charge sur le plan financier : salaires de base, frais de missions, indemnités etc. La conséquence d'une telle situation est que certains de ces cadres quittent le secteur de l'environnement pour rejoindre d'autres secteurs privés ou publics mieux rémunérés. D'autres, en revanche, restent dans leurs bureaux au niveau de l'administration centrale sans faire le moindre déplacement sur le terrain et ne suivent pas la mise en œuvre stricte des mesures environnementales exigées par les textes nationaux et internationaux en vigueur.

Parfois, les deux problèmes décrits ci-dessus sont surmontés sans difficulté. Autrement dit, des cadres compétents bien formés, recyclés et assez motivés, en ce qui concerne leurs traitements financiers, sont là surplace. Mais, il se pose le problème d'équipements et des matériels appropriés qui, en effet, devraient leur permettre d'accomplir avec plus d'efficacité leurs missions. Généralement, on observe qu'en Afrique Centrale, la plupart des Etats ne prennent pas le soin de mettre à la disposition de leurs agents des laboratoires d'analyse environnementale suffisamment équipés pour leur permettre de réaliser leurs propres analyses des problèmes environnementaux. On constate, en effet, dans ce cas de figure, ces agents se retrouvent dans l'obligation d'accepter les résultats d'analyse effectuée par les compagnies pétrolières elles-mêmes, ou alors, ils doivent impérativement commander une contre-expertise d'un laboratoire indépendant financé par l'Etat et non par ces compagnies. Dans le premier cas, on peut avoir l'impression que les compagnies pétrolières s'autocontrôlent et que les agents de l'Etat ne remplissent pas correctement les missions régaliennes qui leur sont assignées. Dans le deuxième cas, c'est plutôt l'idéal à rechercher, et surtout lorsque l'Etat ne dispose pas de son propre laboratoire d'analyse, mais, toujours est-il que ces analyses sont commandées à coup des centaines de milliers de dollars américains. Le plus souvent, les agents ont du mal à convaincre le ministère du budget pour l'insertion de ces coûts dans la loi des finances[158]. On note, malheureusement, dans bien des cas en Afrique Centrale, on se contente d'étudier les résultats d'analyses fournies par les compagnies pétrolières. Autrement dit, les compagnies pétrolières sont, dans ce cas de figure, juges et parties et peuvent se permettre certaines erreurs.

Pour illustrer les limites et les insuffisances des dispositions environnementales des lois pétrolières en Afrique Centrale par manque des moyens adéquats devant permettre aux agents de l'Etats d'agir efficacement et correctement quand il y a un problème environnemental, nous citons l'exemple de ce qui s'est passé dernièrement au Gabon. En effet, selon le site de l'Agence Ecofin, il y a eu un déversement de brut le 11 décembre 2012 sur le champ de Tchatamba, en offshore gabonais, opéré par la compagnie franco-britannique Perenco. Suite à cet événement, l'opinion nationale et internationale a assisté à une guerre de communication entre la compagnie Perenco, et H2O, une O.N.G gabonaise de défense de l'environnement. Cette dernière avait alerté et annoncé sur les médias « une nappe de 5 km^2 dans la lagune du Fernan Vaz se dirigerait vers Port Gentil ». D'autres annonces : « Il y a une nappe de 5 km^2 qui dérive dans la lagune en direction de Port-Gentil. (...) J'ai appris que Perenco a mobilisé toutes ses équipes qui sont au travail pour enrayer la pollution. Ils utilisent notamment des dispersants chimiques » a déclaré à l'AFP Henri-Michel Auguste de l'O.N.G H2O. Ce sera l'occasion pour le gouvernement du Gabon qui le même jour exposait

---

[158] En République Centrafricaine, l'Atelier de validation des textes d'application de la loi N°07/018 du 23 décembre 2007 portant code de l'environnement de la République Centrafricaine a été organisé grâce à l'appui financier du FAO.

son nouveau modèle économique, centré sur le développement durable et la préservation de l'environnement de mettre à l'épreuve le principe de pollueur-payeur qu'il souhaite imposer aux compagnies défaillantes ? De son côté, la compagnie Perenco a confirmé la pollution pétrolière offshore, mais, a rassuré également que la lagune Fernan Vaz, un des plus beaux sites naturels du Gabon, n'a pas été touchée. « Perenco tient la direction générale des hydrocarbures de Libreville informée de la situation. La cause de l'incident a été identifiée et réparée », précise la compagnie.

De cet événement, nous pouvons tirer une leçon, celle de l'absence totale d'efficacité de l'administration gabonaise en charge du secteur pétrolier et de l'environnement. Justement, ni, la D.G.H, ni le ministère en charge des questions environnementales, n'a réagi pour donner une version officielle du gouvernement relative à cette pollution, d'abord sur l'ampleur de la pollution, puis sur les moyens déployés pour la contenir. Or, la pratique de l'industrie pétrolière constatée ces dernières décennies est que les O.N.G, pour des raisons inavouées, cherchent toujours à amplifier tout événement relatif à l'environnement. En revanche, les compagnies pétrolières, pour conserver leurs images sur la scène internationale, cherchent de leur côté à minimiser la portée d'une telle pollution environnementale. Cette situation témoigne des limites des dispositions environnementales des lois pétrolières en Afrique Centrale que nous avons largement analysées avec tous ces contours.

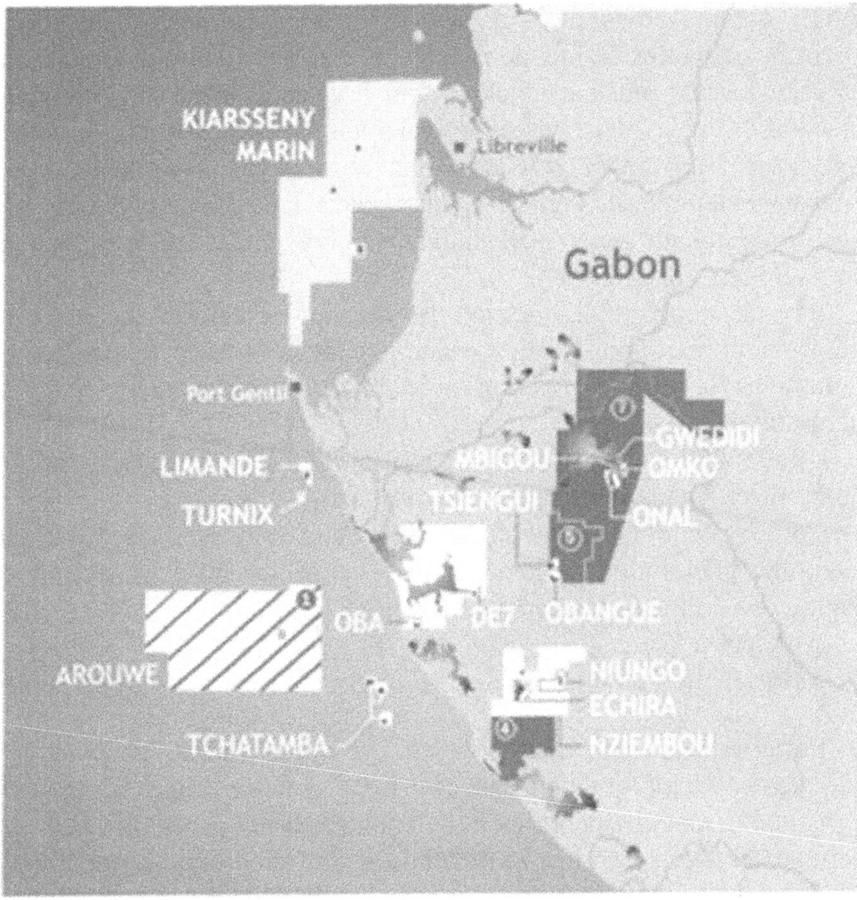

Le champ de Tchatamba, en offshore gabonais, opéré par la compagnie franco-britannique Perenco. Source : Agence Ecofin

Pour clore cette section, on peut se permettre de poser les questions suivantes : Que vaut une loi ? A quoi sert une loi, si elle n'est pas vulgarisée, pas correctement mise en œuvre et ses textes d'application ne sont pas pris à temps ?

Section 2. L'harmonisation des dispositions environnementales de lois pétrolières en Afrique Centrale

Il serait excessif de parler en termes d'efficacité des dispositions environnementales de lois pétrolières en Afrique Centrale, car, dans la section-1 décrite ci-dessus, nous avons déjà en quelques paragraphes analysé et démontré les limites et les insuffisances de celles-ci. En effet, comme démontré dans ladite section, les dispositions environnementales de lois pétrolières en Afrique Centrale comportent en elles-mêmes plusieurs facteurs qui les handicapent et les rendent inefficaces. Ces éléments sont justement contenus soit dans leur rédaction « le renvoi, ou non aux lois et à la réglementation environnementale en vigueur », et/ou dans leur mise en œuvre « la problématique de ressources humaines, financières et, matériels et équipements ».

Il serait, donc plutôt, question de chercher les voies et moyens afin de les rendre d'abord efficaces en tenant compte des analyses et remarques faites à la section précédente, puis, de chercher à les harmoniser.

Une fois rendues efficaces, il va falloir définir des critères pour les harmoniser. Quels seraient alors ces critères ?

Compte tenu de la diversité des Etats membres de l'Afrique Centrale pris individuellement, nous pensons qu'il serait plutôt logique de définir deux critères à savoir :

i) Accès à la mer ;
ii) Production pétrolière.

En effet, les Etats membres de l'Afrique Central peuvent être scindés en deux grands groupes : Le premier groupe pourra être constitué essentiellement des Etats côtiers qui ont accès à la mer. Au sein de celui-ci, on trouve la République du Cameroun, la République du Congo, la République Gabonaise et la République de Guinée Equatoriale. Le second renferme en son sein les Etats sans littoral à savoir la République du Tchad et la République Centrafricaine.

En rapport avec la production pétrolière, on peut classifier les Etats membres de l'Afrique Centrale en trois catégories : Les Etats avec forte production pétrolière tels que la République de Guinée Equatoriale, la République du Congo et la République Gabonaise ; les Etats avec faible production pétrolière tels que la République du Tchad et la République du Cameroun, et enfin ; les Etats sans production pétrolière comme la République Centrafricaine qui ne dispose pas pour l'instant de production pétrolière, mais, on pense qu'elle l'aura dans l'avenir, car bien des compagnies pétrolières intensifient l'exploration pétrolière dans ses bassins du nord non loin de bassins producteurs tchadiens.

Justement, la qualification de forte ou faible production pétrolière est en fait relative et s'applique uniquement dans notre étude et analyse de niveau de production pétrolière dans la sous-région de l'Afrique Centrale, et non à l'échelle mondiale, car, c'est une notion trop relative et peut être appréciée différemment.

Tableau 2.
La production pétrolière des Etats membres de l'Afrique Centrale en 2010[159]

Etat	**Production annuelle** (en million de tonnes)	**Production journalière** (en barils)	**Observations et commentaires**
La République du Congo	15,5	310.000	Forte production
La République de Guinée Equatoriale	14,2	284.000	Forte production
La République Gabonaise	12,4	248.000	Forte production
La République du Tchad	6,2	124.000	Faible production
La République du Cameroun	3,2	64.000	Faible production
La République Centrafricaine	**0,0**	**0.0**	Sans production
Total	**51,5**	**1.030.000**	Ça représente 10% de la production africaine

Ainsi, toute tentative d'harmonisation des dispositions environnementales de lois pétrolières des Etats membres de l'Afrique Centrale doit impérativement prendre en compte le regroupement et la classification ci-dessus décrits. Aussi, est-il nécessaire de relever que même au sein d'un seul Etat producteur, les différents bassins peuvent être individuellement traités compte tenu de leurs statuts de bassin « mature en production et ayant une forte potentialité pétrolière» ou de bassin « vierge, sans production pétrolière et ayant une faible potentialité pétrolière».

Dans ce domaine précis, les compagnies pétrolières attachent du prix à la classification des Etats et des bassins ci-dessus décrits, car, elles essaient le plus souvent de traduire, dans leurs contrats pétroliers, les engagements environnementaux souscrits en termes des dépenses, des charges et des coûts pétroliers. Il est établi que ces compagnies sont toujours disposées et prêtes à prendre des engagements environnementaux de taille, même si ceux-ci leur coûtent extrêmement cher, dans un Etat à forte production et potentialité pétrolière, contrairement à un Etat ayant faible production ou sans production du tout. De même, au sein d'un même Etat, dans un bassin

[159] Banque de France : Rapport annuel de la zone franc, 2010.

à forte production et de forte potentialité pétrolière plutôt que dans un bassin à faible production, ou vierge de toute production.

L'harmonisation des dispositions environnementales des lois pétrolières par un traité sous- régional de portée générale qui doit désormais tracer les grandes lignes où les aspects généraux en matière d'environnement dans le cadre des opérations pétrolières, est en effet possible, et même souhaitable. Mais, il faudrait, dans ce genre d'essai ou de tentative, observer la particularité des différentes catégories ou classifications des Etats membres telles qu'abordées et expliquées ci-dessus.

Normalement, les questions environnementales dépassent les limites géographiques d'un bassin, ou les frontières d'un Etat. Elles doivent donc être traitées au niveau de la sous-région, ou même au niveau mondial, car, les effets de G.E.S, le changement climatique, la pollution de l'air, la pollution des eaux de fleuves, des mers, des lacs etc. ne connaissent pas de limites frontalières. C'est pourquoi, toute action isolée dans ce domaine n'aura aucun impact et ne donnera aucun résultat escompté si elle n'a pas été prise au niveau sous régional ou mondial. Ainsi, les membres des Etats de l'Afrique Centrale ont tout à fait intérêt à se mettre ensemble pour protéger leur environnement, dans le cadre des opérations pétrolières de la sous-région, et donc l'environnement mondial.

L'expérience vécue jusqu'à présent montre que les Etats membres de l'Afrique Centrale n'ont aucune difficulté de se mettre ensemble pour s'engager dans un traité dans la sous-région, comme ce fut le cas de l'U.D.E.A.C. Puis, remplacée par la C.E.M.A.C. Cependant, il nous a été donné de constater que les Etats membres de l'Afrique Centrale considèrent, parfois, que le secteur des hydrocarbures relève du domaine stratégique qui ne devrait pas par conséquent faire l'objet de discussions à l'échelle de la sous-région. Chaque Etat membre le traite seul et à sa discrétion. Souvent, les contenus des engagements pris par un Etat membre dans les contrats pétroliers ne sont pas divulgués aux autres membres. Pour illustrer cette situation, l'exemple le plus éloquent est celui du régime douanier accordé aux deux sociétés de transport par pipeline (C.O.T.CO) en République du Cameroun, et (T.O.T.CO) en République du Tchad, en 1997 lors des négociations entre celles-ci et les deux Etats. En effet, dans le cadre de la réalisation du projet d'exportation du brut tchadien à travers le territoire camerounais jusqu'à sa côte atlantique, les deux Etats ont au cours des négociations accordé à C.O.T.CO et T.O.T.CO un régime douanier particulier qui déroge aux dispositions du traité de l'U.D.E.A.C.

Après concertations entre les deux Etats, ceux-ci ont en effet jugé nécessaire d'obtenir l'aval de l'U.D.E.A.C. C'est ainsi qu'une mission conjointe des deux délégations a été effectuée au siège de l'U.D.E.A.C à Bangui en République Centrafricaine en 1998. Les autorités de l'U.D.E.A.C étaient même surprises et ont, dans les couloirs, murmuré à certains membres de délégation tchadienne[160] que c'était pour la première fois que des questions pétrolières étaient posées devant les instances de l'Union pour approbation ou non-objection. L'U.D.E.A.C a, en effet lors de ses assises de 1998, pris une résolution en « prenant acte » du régime particulier et dérogatoire accordé aux sociétés de pipeline dans le cadre du projet d'exportation du brut tchadien par les deux Etats.

En somme, pour conclure ce chapitre, on peut affirmer que les Etats membres de l'Afrique Centrale n'ont aucune difficulté de s'engager ensemble dans un document juridique relatif à l'environnement au sein de la sous-région, dans le cadre des opérations pétrolières, qu'il soit un traité, une convention ou un accord, mais, il reste à savoir, si de tels engagements peuvent être respectés ou non par chaque Etat membre.

Conclusion de la première partie

En analysant les dispositions environnementales de lois pétrolières des Etats membres de l'Afrique Centrale pris conjointement ou individuellement, depuis les années d'indépendance jusqu'aux dernières lois, on peut déclarer sans risque qu'il y ait une évolution positive dans ces lois. Cependant, il existe encore quelques limites et insuffisances qui peuvent être corrigées. L'harmonisation des dispositions environnementales des lois pétrolières en Afrique Centrale est tout à fait faisable, et même souhaitable. Mais, il faut tenir compte de la spécificité de chaque Etat membre, selon qu'il est un Etat de forte production, de faible production ou sans production, ou qu'il est un Etat côtier ou sans littoral.

[160] L'auteur de l'ouvrage lui-même, en sa qualité du Directeur du Pétrole, avait fait partie des membres de la délégation tchadienne.

DEUXIÈME PARTIE

La problématique des traités internationaux pour la protection de l'environnement et leur influence sur les textes nationaux : « l'exemple d'un projet-modèle en Afrique Centrale »

Les données scientifiques relatives au réchauffement climatique et aux émissions de G.E.S, surtout le dioxyde de carbone (CO_2) sont très controversées du fait qu'il y ait un lien direct avec la politique énergétique des Etats. Pour instaurer un débat scientifique solide et franc, l'Organisation météorologique mondiale (O.M.M) et le Programme des Nations unies pour l'Environnement (P.N.U.E) ont à l'effet créé en 1988 le Groupe Intergouvernemental d'Experts sur l'Evolution du Climat (G.I.E.C)[161]. Ce groupe a pour mission de procéder à une analyse scientifique de toutes les littératures mondiales publiées en rapport avec le climat. Le G.I.E.C publie des rapports périodiques tous les cinq (5) ans[162].

Sur la base des rapports périodiques du G.I.E.C, un certain nombre de conventions et de traités internationaux ont été signés et ratifiés par la plupart des Etats, y compris les Etats membres de l'Afrique centrale de la C.E.M.A.C. nous analyserons la problématique de ces traités internationaux et leur influence sur les textes nationaux **(Titre-I),** puis, nous analyserons du point de vue environnemental le projet-modèle dans lequel le groupe Banque Mondiale s'est impliqué et les conséquences de cette implication **(Titre-II).**

---

[161] SKODVIN (T), "*Structure and Agent in the Scientific Diplomacy of Climate Change*: An Empirical Case Study of Science-Policy Interaction in the Intergovernmental Panel on Climate Change", Kluwer Academic Publishers, Dordrecht, 2000, p.111

[162] LECLERC (O), « *Les règles de production des énoncés au sein du groupe d'experts intergouvernemental sur l'évolution du climat* », p.68

TITRE I

Les conventions et traités internationaux pertinents sur l'environnement

De prime abord, il convient de rappeler le processus qui a abouti à la signature et à la ratification du protocole de Kyoto et de celui de Montréal **(Chapitre-1)**, ensuite, l'accent sera mis sur le G.E.S. (CO_2) et le partenariat public-privé pour la réduction mondiale des gaz torchés (G.G.F.R[163]) **(Chapitre-2).**

---

[163] G.G.F.R désigne Global Gas Flaring Reduction. En Français : Partenariat public-privé pour la réduction mondiale des gaz torches.

CHAPITRE 1

Les protocoles de Kyoto et de Montréal

L'augmentation brutale de la température constatée ces dernières décennies au niveau du globe a amené les scientifiques à réfléchir et à instaurer périodiquement des débats scientifiques très approfondis sur les raisons qui sous-tendent celle-ci. Ces débats et les différents rapports des experts sur l'environnement ont conduit à la conclusion qu'il faut mettre sur place des outils juridiques devant réglementer certaines activités afin de réduire ou de maintenir la température du globe à un niveau vivable ou acceptable par l'homme. Parmi ces outils juridiques que nous allons aborder dans ce chapitre le protocole de Kyoto **(Section-1)**, et le protocole de Montréal **(Section-2**) sont ceux qui sont susceptibles d'entraîner une action de protection plus résolue en matière pétrolière. C'est en tout cas ce qui semble logique à la lecture des textes, mais le dispositif en est déconnecté du droit et des réalités pétrolières.

Section 1. Le protocole de Kyoto

Le protocole de Kyoto est un traité international qui se fixe comme objectif la réduction des émissions de G.E.S dans le cadre de la Convention-Cadre des Nations Unies sur les Changements Climatiques (C.C.N.U.C.C). Les pays participants à cette convention se rencontrent une fois par an depuis 1995[164]. Ce protocole a été signé le 11 décembre 1997 lors de la 3ème Conférence Annuelle de la Convention-Cadre (COP3) à Kyoto au Japon. Il est entré en vigueur le 16 février 2005. A la date de consultation de site du secrétariat le 15 mai 2011, Cent quatre-vingt-douze (192) Etats indépendants ont ratifié

[164] Protocole de Kyoto, *wikipédia.org*, consulté le 15 mai 2011.

ce protocole dont les six (6) Etats membres de l'Afrique Centrale de la C.E.M.A.C. Il serait judicieux de rappeler que les Etats-Unis d'Amérique restent le seul pays au monde qui a signé le protocole et ne l'a pas jusqu'à nos jours ratifié pour des raisons, selon eux, économiques. Pourtant, ce pays fait partie des pays qui figurent sur la liste de l'annexe-B dudit protocole. En effet, les Etats-Unis d'Amérique se sont abstenus et s'abstiennent encore à la date d'aujourd'hui de le ratifier. La République du Tchad, l'un des Etats membres de l'Afrique centrale de la C.E.M.A.C a ratifié ce protocole le 18 août 2009 et la date d'entrée en vigueur pour le Tchad est fixée au 17 novembre 2009[165].

Pour le suivi de changement climatique du globe, l'O.M.M et le P.N.U.E ont créé le G.I.E.C. Ce groupe établit des rapports périodiques et les soumet aux instances ci-dessus mentionnées.

Le premier rapport du G.I.E.C publié en 1990 déclare que « la détection grâce aux différentes observations d'une augmentation sans ambiguïté de l'effet de serre est peu probables dans les prochaines décennies ou plus ». Le second rapport a été publié en 1995. C'est justement ce rapport qui précise que « l'étude des preuves suggère une influence détectable de l'activité humaine sur le climat planétaire ». Ce rapport a conduit à l'adoption et à la mise en place du protocole de Kyoto. Le troisième rapport publié en 2001 déclare que « il y a des preuves solides que la tendance au réchauffement climatique observée ces cinquante dernières années est attribuable à l'activité humaine ». Le quatrième rapport publié en 2007 conclut que « l'essentiel de l'accroissement constaté de la température moyenne de la planète depuis le milieu du XXème siècle est très vraisemblablement dû à l'augmentation observée de gaz à effet de serre émis par l'homme ». Le taux de certitude est supérieur à quatre-vingt-dix pour cent (90%), contre soixante-six pour cent (66%) en 2001.

Négociations

Historiquement, les pays participants à la C.C.N.U.C.C ont tenu plusieurs sessions de négociations pour l'établissement du protocole de Kyoto et sa mise en œuvre. En effet, du 1er au 12 décembre 1997, c'était la période d'ouverture des premières sessions de négociations de la 3ème Conférence des Nations Unies sur le Changement

---

[165] Information rapportée par le Secrétaire Général du Ministère de l'environnement du Tchad.

Climatique (COP3) qui ont eu lieu à Kyoto au Japon. Ces négociations se sont poursuivies lors de la 4ème Conférence des Nations Unies sur le Changement Climatique (COP4), entre 2 et 14 novembre 1998 à Buenos Aires. Au cours de cette dernière, les Etats-Unis ont d'ailleurs tenté d'accélérer la mise en œuvre des permis d'émission négociables. Ils se sont aussi opposés à tout compromis, mais, ont fini par signer le protocole de Kyoto sans pour autant le ratifier jusqu'aujourd'hui. Du 25 octobre au 5 novembre 1999, les représentants de cent soixante-trois (163) pays ont débattu de la mise en œuvre du protocole de Kyoto lors de la 5ème Conférence des Nations Unies sur le Changement Climatique (COP5), puis, du 13 au 24 novembre 2000, lors de la 6ème Conférence des Nations Unies sur le Changement Climatique (COP6) à La Haye, il y a eu une confrontation entre les Etats-Unis et ses alliés le Canada, l'Australie, la Nouvelle-Zélande et le Japon d'un côté, et l'Union européenne (U.E) de l'autre côté. A l'issu de ces négociations, un accord final entre les pays possédant des quotas de réduction d'émission a été signé. Ces pays ont revu à la baisse leurs quotas avec une option prévoyant la revente de « droits d'émission » entre pays riches et pays de G77 notamment. Du 29 octobre au 10 novembre 2001, la 7ème Conférence des Nations Unies sur le Changement Climatique (COP7) s'est tenue à Marrakech et a présenté la traduction juridique des règles de mise en œuvre du protocole de Kyoto. En 2005, la 11ème Conférence des Nations Unies sur le Changement Climatique (COP11) s'est tenue à Montréal. Cette conférence a vu l'entrée en vigueur du protocole de Kyoto suite à la ratification de la Russie. Elle a aussi tenu lieu de première Conférence des parties du protocole de Kyoto (COP MOP1). Du 13 au 14 décembre 2007, s'est tenue à Bali (en Indonésie) la 13ème Conférence des Nations Unies sur le Changement Climatique (COP13). Lors de cette Conférence, il a été question de tracer une feuille de route pour la prolongation du protocole de Kyoto au-delà de 2012.

Engagements des Etats figurant sur la liste en annexe-B au protocole

Les Etats figurant sur la liste en annexe-B du protocole de Kyoto se sont individuellement ou conjointement engagés à ne pas dépasser les quantités qui leur sont attribuées et figurent dans la même annexe. Ces Etats se sont, en outre, engagés dans la mesure du possible à limiter ou réduire ces quantités. Conformément aux dispositions de l'article-3 du protocole, ces Etats doivent réduire le total de leurs émissions de

G.E.S d'au moins cinq pour cent (5%) par rapport au niveau de 1990, au cours de la période d'engagement allant de 2008 à 2012. Nous signalons ici qu'aucun Etat membre de l'Afrique centrale de la C.E.M.A.C ne figure sur la liste en annexe-B, vu le faible niveau d'émission de G.E.S.

Mécanisme de flexibilité

Les Etats figurant sur la liste de l'annexe-B du protocole de Kyoto et qui ont souscrit aux engagements décrits dans la même annexe peuvent avoir des facilités leur permettant de remplir correctement leurs engagements[166]. Le protocole de Kyoto a prévu ce genre de facilités sous formes de mécanisme de flexibilité auquel les Etats peuvent avoir recours en complément des politiques et des mesures qu'ils devront mettre en œuvre au plan national. Sur le plan national, l'action doit constituer une part significative de l'effort de réduction, et le recours aux mécanismes de flexibilité ne vient qu'en complément. Le mécanisme de flexibilité peut s'opérer à travers des activités d'échanges internationaux des permis d'émissions, de mise en œuvre conjointe des engagements souscrits et de mécanismes de développement propre. La B.M a créé un fonds d'adaptation pour financer les projets et programmes d'adaptation aux changements climatiques des pays qui ratifient le protocole de Kyoto. Au fond, c'est un mécanisme de subvention qui vient en complément à des politiques nationales de lutte contre les émissions afin d'assurer une flexibilité à l'ensemble du système.

L'Entrée en vigueur du protocole de Kyoto

Le protocole de Kyoto est entré en vigueur lorsque les conditions suivantes ont été remplies :

i) Au moins cinquante-cinq (55) Etats indépendants ratifient le protocole. Cette condition a été atteinte le 23 mai 2002 ;
ii) Les Etats ayant ratifié le protocole émettent au moins cinquante-cinq pour cent (55%) du total des émissions de CO_2 de 1990. Cette condition a été atteinte le 18 novembre 2004, avec la ratification du protocole par la Russie ; et

[166] Protocole de Kyoto, *wikipédia.org*, consulté le 15 mai 2011

iii) 90 jours après avoir rempli les deux conditions ci-dessus citées, le protocole entre en vigueur, cette condition a été atteinte le 16 février 2005.

Bien que le protocole soit en vigueur depuis le 16 février 2005, son entrée en action n'a été possible qu'à partir du 30 novembre 2005 date à laquelle ses premières modalités de fonctionnement ont été adoptées lors de la Conférence des Nations Unies sur les Changements Climatiques qui s'est déroulée du 28 novembre au 9 décembre 2005 à Montréal.

Comment faire respecter les engagements de Kyoto ?

Avec l'entrée en vigueur d'un droit international sur l'environnement le 16 février 2005, la question du respect des engagements pris dans le cadre dudit droit reste toujours posée. En effet, pour répondre à cette question, il faudrait trouver une méthode adéquate pour faire respecter ce traité international et imposer des sanctions en cas de non-respect des engagements pris par les Etats qui l'ont ratifié. Un mécanisme d'Observance pour contrôler et sanctionner en cas de non-respect des engagements[167] a été créé. Lors de la réunion des parties au protocole à Montréal en 2005, un texte sur la question a été signé. Ce texte a défini la création d'un Comité d'Observance séparé en une chambre de facilitation (qui conseille techniquement les parties au protocole) et une chambre de l'exécution (qui incite et accompagne l'Etat en manquement avant de le sanctionner). En outre, les Etats parties au protocole se sont accordés et ont exprimé leur volonté de résoudre les conflits d'abord par la voie diplomatique, ou, en dernier recours, au sein de la Cour Internationale de Justice (C.I.J).

Lors de la première conférence des parties au protocole à Montréal en décembre 2005, les Etats se sont mis d'accord sur une décision en deux parties :

i) Les pays développés examinent leurs engagements au titre de l'article-3 du protocole de Kyoto dans le cadre d'un groupe ad hoc pour éviter toute interruption du régime du protocole en 2012 ;

[167] Un article sur le site www.*wikipédia.org/*, Protocole de Kyoto, consulté le 15 mai 2011.

ii) Le lancement d'un dialogue informel et non-contraignant sur la mise en œuvre de la Convention. Ce dialogue est structuré en quatre thèmes : les objectifs de développement durable, l'adaptation aux changements climatiques, le transfert de technologie et la réalisation des opportunités de mécanismes de marchés.

Prise de position vis-à-vis du protocole de Kyoto

Au cours de la douzième Conférence des Nations Unies sur les Changements Climatiques à Nairobi, le gouvernement canadien a souhaité réviser le protocole de Kyoto. Le Premier Ministre canadien aurait même déclaré que « Kyoto est essentiellement un complot socialiste qui vise à soutirer des fonds aux pays riches »[168]. A titre de rappel, le Canada fait partie des grands pollueurs à cause de son exploitation des sables bitumineux d'Alberta.

De leur côté, les Etats-Unis refusent toujours de ratifier le protocole de Kyoto, car, ils considèrent que ce protocole pénalise l'industrie américaine et freinerait leur essor économique. Ils estiment en outre que le combat contre le réchauffement climatique doit se faire non pas par une simple réduction de l'émission de G.E.S, mais plutôt, par une meilleure gestion celle-ci. Les Etats-Unis justifient aussi leur refus de ratifier le protocole, en l'état, par le fait que la République Populaire de Chine (premier émetteur de G.E.S au niveau mondial) n'a pas d'engagements contraignants de réduction en vertu du protocole de Kyoto. Il convient également de signaler qu'aucune obligation ne pèse sur les pays en voie de développement comme la Chine et l'Inde : deux grands émetteurs de Gaz à effet de serre.

La majorité des pays en voie de développement pensent que le changement climatique n'est pas une priorité pour eux comparé à leurs soucis de développement. En effet, par rapport à leur niveau de développement, ils n'ont pas les mêmes préoccupations et perception s'agissant de l'environnement. Ils pensent également que les pays développés ont une responsabilité « historique » sur le changement climatique et l'augmentation actuelle des concentrations de G.E.S.

[168] Protocole de Kyoto, wikipédia.org, consulté le 15 mai 2011.

La rencontre de Durban en Afrique du Sud en novembre 2011, des résultats mitigés !

La 17ème Conférence des Nations Unies sur le Changement Climatique (COP17) a commencé le 28 novembre 2011 à Durban (Afrique du Sud) et s'est achevée le 11 décembre 2011. Cette Conférence a vu la participation de représentants des 190 pays. A l'issue de deux semaines et de deux nuits blanches consécutives de discussions, un accord prévoyant d'établir d'ici 2015 un pacte global de réduction des émissions de G.E.S, qui est à l'origine du réchauffement climatique, a été conclu[169]. Cet accord, qui concernera justement pour la première fois tous les grands pays émetteurs de CO_2, devra avoir une force légale, mais ne sera pas "juridiquement contraignant", contrairement à ce que demandaient les Européens à Durban. Ledit accord devrait entrer en vigueur en 2020. En suivant les déclarations des participants à la conférence de Durban à travers les différents médias internationaux, il se dégage deux camps. L'un des camps estime que la rencontre de Durban a atteint ses objectifs. Cela ressort clairement dans les déclarations des représentants de gouvernement. L'autre camp reste en revanche sceptique. C'est le cas des O.N.G qui ont d'une voix unanime critiqué cette absence de nouveaux engagements concrets.

De ce qui précède, nous pensons qu'il n'y a pas eu une avancée significative pour sauver réellement la planète depuis la mise en place du protocole de Kyoto, car, les cinq grands pays émetteurs de CO_2 - la Chine, les Etats Unis, l'Inde, la Russie et le Japon- ne se sont pas effectivement engagés à réduire leur niveau d'émission. Avoir un accord d'ici 2015, qui n'entre en vigueur qu'en 2020 et sans qu'il ne soit juridiquement contraignant, est sans objet, car, entre-temps, la planète continuera à subir avec des émissions de milliards de tonnes de CO_2. De toute manière, il y a une vraie difficulté pour savoir comment, surtout en Afrique, ces intentions peuvent être traduites dans des textes qui organisent une réalité économique nationale et l'examen des textes pétroliers la montre à l'évidence ; il n'y a pas eu de modifications des lois pétrolières examinées qui soient concomitantes de ces discussions !

---

[169] Laurence Caramel, Climat : un accord à Durban pour un nouveau pacte mondial en 2015 *LEMONDE.FR* 11.12.2011, consulté le 12.12.2011.

Quel statut pour le protocole de Kyoto après 2012 ?

Bien que le protocole de Kyoto n'ait pas donné les résultats escomptés depuis son entrée en vigueur, les pays en développement ont revendiqué avec force sa prolongation lors de différentes conférences sur le changement climatique tenues. Alors que les Etats-Unis n'ont jamais ratifié ce protocole, les pays émergents restent attachés au seul texte légalement contraignant sur la réduction d'émission de substances responsables du réchauffement, au premier rang desquels se trouve le CO_2. Ceci ressort clairement dans l'intervention de Monsieur Jean PING, le Secrétaire Général de l'Union Africaine « on nous dit qu'on ne veut pas du protocole du Kyoto, pour le changer avec quoi ? Avec rien du tout, alors nous sommes pour le maintien de ce protocole »[170].

L'échec de l'Union Européenne (U.E) pour un accord contraignant

L'Union Européenne, qui était considérée comme la cheville-ouvrière pour la mise en œuvre du protocole de Kyoto et qui avait mis tout son poids dans la balance pour aboutir à un accord juridiquement contraignant, n'a pas réussi cette mission. Elle s'est plutôt contentée à Durban d'un texte laissant l'avenir de cette question en suspens dans le cadre du futur pacte climatique de 2015[171]. Face à la vive opposition de l'Inde, les Européens ont finalement fini par accepter une formulation décrivant l'accord de 2015 comme "un protocole", un autre instrument légal ou une solution concertée ayant une force légale".

Les intérêts égoïstes priment sur les intérêts communs

Les cinq (5) plus grands émetteurs de CO_2 estiment que le protocole de Kyoto pénalise leurs industries, donc leur économie nationale. C'est le seul argument qu'ils tiennent, soit pour ne pas adhérer, ou même ceux qui ont adhéré n'ont jamais voulu le ratifier. Cet attitude a amené le Canada à annoncer son retrait dudit protocole, car une telle décision, d'après son gouvernement, lui permettrait d'économiser quatorze millions (14.000.000) de dollars US [172]. De notre point de vue, cette décision se justifie, non seulement pour

[170] Propos recueilli par *RFI* le 11.12.2011.

[171] Laurence Caramel, Climat : *op., cit.,* consulté le 12.12.2011.

[172] *R.F.I*, journal de 07 h 00, du 13.12.2011.

sauver ce montant, mais aussi pour d'autres raisons plus importantes, car, le Canada exploite le pétrole de sables bitumineux lui procurant des milliards de dollars. Donc, rester attaché au protocole de Kyoto pénaliserait son industrie du pétrole et le priverait d'une importante somme de sa manne pétrolière. En outre, pourquoi le peuple canadien devrait-il se sacrifier alors que les plus grands émetteurs de CO_2 restent dans une position égoïste et ne veulent pas pénaliser leurs industries d'une manière ou d'une autre ?

Voilà ce qui ressort de notre analyse. Nous pensons qu'il faudrait craindre le pire, car, cette décision du gouvernement canadien risque d'avoir un effet boules de neige. Autrement dit, cela risque de pousser d'autres pays se trouvant dans la même situation à suivre ses pas si la communauté internationale ne trouve pas de moyens juridiques pour contraindre les plus grands émetteurs de CO_2 à se joindre aux autres pays avec des engagements fermes et contraignants.

La rencontre de Doha, au Qatar

La 18ème session de la Convention-Cadre des Nations Unies sur les Changements Climatiques (COP18) s'est déroulée du 26 novembre au 07 décembre 2012 à Doha, au Qatar. Selon l'Agence Reuters[173], près de 200 pays se sont mis d'accord après de difficiles discussions pour prolonger jusqu'en 2020 la durée de vie du protocole de Kyoto et poursuivre ainsi la lutte contre le réchauffement climatique. S'il n'y avait pas eu cette prolongation, ce protocole qui oblige les pays industrialisés signataires à réduire leurs émissions de G.E.S aurait expiré le 31 décembre 2012. Un nouvel accord est attendu d'ici 2015 qui désormais remplacera le protocole de Kyoto à partir de 2020. Le nouvel accord, disposera-t-il des clauses contraignantes afin de permettre au protocole d'atteindre ses objectifs ? Serait-ce le statu quo qui sera observé ? Tant que les intérêts économiques des certains Etats priment sur le souci de voir la planète sauvée, à notre sens, il ne faut guère s'attendre à une grande surprise venant de ceux-ci.

Le Plan du Président OBAMA pour la réduction des émissions CO_2

Les Etats-Unis d'Amérique, qui sont comptés parmi les cinq grands émetteurs de CO_2, commencent à se rendre compte d'effets très

---

[173] Alister Doyle et Barbara Lewis : le protocole de Kyoto prolongé de justesse jusqu'en 2020, site *Reuters,* consulté le 09 décembre 2012.

négatifs des émissions du CO_2 sur la planète et du changement climatique. Certes, ils n'ont pas, jusqu'à présent, ratifié le protocole de Kyoto sur l'émission de gaz à effet de serre, mais, ils constatent quand même avec beaucoup d'amertume le changement climatique, d'où l'établissement d'un plan par le Président OBAMA pour la réduction de CO_2, annoncé le 31 mai 2014 au Centre Médical National des Enfants à Washington D.C, au cours de sa visite des enfants dont l'asthme et d'autres maladies respiratoires ont été aggravés par la pollution de l'air[174]. En tant que parent, le Président OBAMA dit qu'il se consacre à faire en sorte que notre planète soit plus propre et plus sûre pour les générations futures. Le plan d'action climatique d'Amérique (plan du Président OBAMA pour la réduction de CO_2) consiste à réduire les émissions de CO_2 par la construction d'une économie d'énergie propre, l'utilisation d'énergie propre et moins de gaspillage d'énergie tout au long de l'économie américaine. L'Amérique a déjà réalisé un effort considérable pour produire l'énergie propre : la génération de l'énergie éolienne à tripler, et l'énergie solaire est plus que décuplée. Ce nouveau plan a créé des emplois, augmenté l'économie et a contribué à assurer à l'Amérique plus d'indépendance énergétique. Aujourd'hui, aux Etats-Unis d'Amérique, environ quarante pour cent (40%) de la pollution par des émissions de CO_2 proviennent des centrales électriques. C'est pourquoi, le Président a instruit l'Agence pour la Protection de l'Environnement (A.P.E) à poursuivre les efforts de nombreux Etats, villes et entreprises, et à dégager des orientations de bon sens pour réduire les émissions des centrales électriques. Le Président OBAMA dans son allocution précise également qu'en « Amérique, nous n'avons pas à choisir entre la santé de notre économie et la santé de nos enfants. Les anciennes règles peuvent témoigner que nous ne pouvons pas protéger notre environnement et promouvoir la croissance économique en même temps, mais en Amérique, nous avons toujours utilisé une nouvelle technologie pour briser les anciennes règles. En tant que président, et en tant que parent, je refuse de condamner nos enfants à une planète qui est au-delà de fixation. Une faible émission de CO_2 et une économie de l'énergie propre peuvent être un moteur de croissance pour les décennies à venir ».

174 www.whitehouse.gov/press., consulté le 14 juin 2014.

Comment apprécie-t-on la nouvelle stratégie Américaine ?

Ce nouveau plan américain pour la réduction des émissions de CO_2 est très salué à travers le monde par tous ceux qui luttent contre la pollution et le changement climatique, ils le qualifient même de très louable. Cependant, certains observateurs pensent que la nouvelle stratégie américaine pour la réduction des émissions de CO_2 est arrivée tardivement. Mais, nous pensons qu'il vaut mieux tard que jamais. Etant parmi les cinq grands émetteurs de CO_2, cette prise de conscience américaine aura sans nul doute un impact sur les efforts mondiaux pour la réduction des gaz à effet de serre.

Section 2. Le Protocole de Montréal

Il est clairement indiqué dans l'article-2 du protocole de Kyoto à la Convention-Cadre des Nations Unies sur les Changements Climatiques que celui-ci vient en complément des politiques et des mesures en matière de réduction de G.E.S non réglementées par le protocole de Montréal. Par conséquent, il ne sera pas excessif, ni vain de donner un aperçu sur le protocole de Montréal lui-même avant de terminer ce chapitre.

Le protocole de Montréal est un traité international qui a été signé le 16 septembre 1987 à Montréal, au Canada. Il a pour objet de réduire de moitié des substances qui appauvrissent la couche d'ozone. Ce protocole impose donc la suppression de l'utilisation de chlorofluorocarbones (CFC), de halons et de tout autres ODC[175] synthétiques[176]. Pour ce faire, un calendrier d'élimination progressif et souple est prévu pour les pays développés.

Il a été aussi mentionné dans le protocole de Montréal, que les Etats partie au protocole doivent mettre en œuvre un système de permis pour l'importation et l'exportation de substances réglementées neuves, usagées, recyclées ou récupérées en provenance et à destination des Etats non-partie au protocole. En outre, les Etats membres du protocole interdisent l'importation de HCFC des Etats non-partie au protocole à partir du 1er janvier 2004. Les Etats partie au

[175] Définition d'Ozone-Depleting Chemicals (O.D.Cs), en français, Substances Appauvrissant la Couche d'Ozone.

[176] *www.actuenvironnement.com*/ae/dictionnaire_environnement/definition/protocole_de_montreal.php4, consulté le 20/05/2011.

protocole s'interdisent de faire le commerce de Bromochlorométhane avec les Etats non-partie au protocole à partir du 1er janvier 2001.

Enfin, les Etats partie au protocole sont tenus de déposer annuellement un rapport statistique au Secrétariat du protocole sur leur production et leur consommation de substances réglementées, ainsi que sur leurs importations et exportations de ces substances.

A la date du 08 avril 2011, cent quatre-vingt-seize (196) Etats ont adhéré, ratifié ou approuvé le protocole de Montréal dont les six (6) Etats membres d'Afrique Centrale[177]. La République du Cameroun a adhéré au Protocole de Montréal le 30 août 1989, la République du Congo a fait son adhésion le 16 novembre 1994, la République du Gabon a adhéré le 09 février 1994, la République de Guinée Equatoriale a adhéré le 06 septembre 2006, la République Centrafricaine a adhéré le 29 mars 1993 et la République du Tchad l'a ratifié le 07 juin 1994. En effet, cette dernière est la seule parmi les états membres de l'Afrique Centrale qui a, non seulement, adhéré, mais, surtout l'a ratifié aussi.

Tableau 3. Le Calendrier d'élimination progressive, assortie d'une souplesse, est prévu pour les pays développés[178]

Substances	Date d'élimination
Halons	Elimination complète prévue pour le 1er janvier 1994
Chlorofluorocarbones (CFC), HBFC, méthyle chloroforme, tétrachlorure de carbone	Elimination complète prévue pour le 1er janvier 1996
Hydro chlorofluorocarbones (HCFC)	Arrêt de consommation d'ici le 1er janvier 1996, gel de la production prévu en 2004, élimination complète prévu pour le 1er janvier 2030
Bromure de méthyle	Gel de production d'ici le 1er janvier 1995, élimination complète prévue pour le 1er janvier 2005
Bromochlorométhane ($BCCH_4$)	Interdiction de consommation et de production du 1er janvier 2002, les pays en développement ont, en moyenne, un délai de grâce de 10 à 15 ans.

177 Ces informations sont données telles que communiquées par le dépositaire, Bureau des affaires juridiques des Nations Unies à New York sur son site internet.

178 *www.actuenvironnement.com*/ae/dictionnaire_environnement/definition/protocole_de_montreal.php4, consulté le 20/05/2011.

CHAPITRE 2

Les G.E.S et le partenariat public-privé pour la réduction mondiale des gaz torchés (G.G.F.R)

De manière plus évidente, il existe des rapports entre des textes moins connus et moins commentés que les deux protocoles examinés et notre propos.

Il s'agit de deux sujets d'importance capitale : l'un, général, relatif aux émissions de G.E.S **(Section-1),** l'autre, plus spécifique, relatif au flambage de gaz à la torche et le partenariat public-privé pour la réduction mondiale des gaz torchés (G.G.F.R) **(Section-2)**.

Section 1. Les Gaz à effet de serre

Les G.E.S sont définis comme des composants gazeux qui absorbent les rayons infrarouges émis par la surface terrestre et créent ainsi l'effet de serre. La concentration de ces gaz dans l'atmosphère terrestre serait, d'après certains scientifiques, à l'origine du changement climatique et le réchauffement du globe terrestre, tandis que d'autres ne retiennent pas cette théorie et croient plutôt à la théorie des catastrophes naturels comme l'éruption volcanique[179]. Les scientifiques ont distingué deux types des G.E.S à savoir : G.E.S naturel comme la vapeur d'eau (H_2O), le dioxyde de carbone (CO_2), le méthane (CH_4), le protoxyde d'azote (N_2O) et l'ozone (O_3), et G.E.S industriels comme les hydro-chlorofluorocarbures (HCFC-22), les chlorofluorocarbures (CFC), le tétrafluorométhane (CF_4) et l'hexafluorure de soufre (SF_6). L'atmosphère terrestre se comporte comme la vitre d'une serre qui permet aux rayonnements solaires

[179] Gaz à effet de serre, *Wikipédia en français* (auteurs), page consultée le 01/06/2011.

d'atteindre le sol. Cette énergie ainsi apportée s'y transforme en chaleur. Le sol renvoie sa chaleur vers le fond du ciel. Mais, les Gaz à effet de serre et les nuages sont opaques aux rayonnements infrarouges émis par la surface terrestre. En absorbant ces rayonnements, ils bloquent alors l'énergie thermique près de la surface terrestre du globe laquelle réchauffe l'atmosphère basse.

Les observateurs scientifiques ont, par ailleurs, énoncé deux types d'émissions : Emission anthropique et celle naturelle. Dans le cadre d'émissions anthropiques, le phénomène de concentration de Gaz à effet de serre dans l'atmosphère est probablement dû selon certains scientifiques aux activités humaines[180]. On peut citer entre autres l'utilisation abusive de combustible fossiles telles que : le charbon, les produits pétroliers et le gaz naturel, la déforestation, l'utilisation des chlorofluorocarbures (CFC) dans le système de refroidissement : réfrigérateurs, climatiseurs, etc., le protoxyde d'azote (N_2O), et le méthane non naturel provenant des activités humaines. Bien que les Etats membres de l'Afrique centrale de la C.E.M.A.C soient tous des pays producteurs de pétrole, à l'exception de la République centrafricaine, leur émission des G.E.S. reste quand même relativement faible, et même négligeable par rapport aux pays industrialisés. Mais, cela n'interdit pas, au contraire, de considérer les modèles de régulation européens comme des sources d'inspiration et des modèles de confection internationale de régulation juridique par les marchés.

Tableau 4. La Durée de séjour des principaux Gaz à effet de serre[181]

Gaz à effet de serre	Formule	Durée du séjour (année)	PRG[182]
Vapeur d'eau	H_2O	<1	8
Dioxyde de carbone	CO_2	15 – 200	1
Méthane	CH_4	4	23
Protoxyde d'azote	N_2O	120	310
Dichlorofluorométhane (CFC-12)	CCL_2F_2	130	6200-7100
Chlorodifluorométhane (HCFC-22)	$CHCLF_2$	12	1300-1400
Tétrafluorométhane	CF_4	50000	6500
Hexafluororure de Soufre	SF_6	3200	22800

Sources : rapport GIEC

[180] Effet de serre, *www.manicore.com*, consulté le 01/06/2011.

[181] Le Potentiel de réchauffement global, G.I.E.C, *Wikipédia en français* (auteurs), page consultée le 07/06/2011.

[182] Potentiel de réchauffement global (P.R.G).

Emissions de CO_2 dans le monde

D'après un article apparu dans le site du journal *le Monde*, les émissions mondiales de CO_2 sont reparties à la hausse en 2010 et devraient mêmes dépasser les émissions de 2008 qui était déjà une année record, alors que les émissions de 2009 étaient ralenties sous l'effet de la crise économique mondiale[183]. Les émissions de CO_2 liées au combustible des énergies fossiles (pétrole, gaz et charbon) ont atteint trente virgule huit (30,8) milliards de tonnes en 2009, soit une baisse d'un virgule trois pour cent (1,3%) par rapport à 2008, un record. La bonne nouvelle est que les émissions de CO_2 liées à la déforestation ont en revanche décru, passant de vingt-cinq pour cent (25%) du total des années quatre-vingt-dix (90) à douze pour cent (12%) selon cette même étude.[184]

Les énergies fossiles sont, selon l'affirmation de certains scientifiques, à l'origine de 88% des émissions globales de CO_2, et le principal G.E.S dont l'accumulation dans l'atmosphère est par ailleurs jugée responsable du changement climatique. En 2009, les concentrations de CO_2 ont atteint un record de 387 ppm[185] (ppm : parties pour million). Le G.I.E.C a indiqué dans son rapport de 2007 que pour éviter que le réchauffement climatique dépasse les +2 degrés, seuil au-delà duquel un certain nombre de points de non-retour pourraient être franchis, il est nécessaire de rester sous la barre des quatre cent cinquante parties pour million (450 ppm).

Crédit carbone

Le crédit-carbone est une unité généralement d'une (1) tonne de G.E.S. Ce crédit se traduit par les quotas que les Etats allouent gratuitement chaque année aux entreprises émettrices de G.E.S. Ils représentent les quantités de G.E.S autorisées aux entreprises pour être rejetées dans l'atmosphère. Les six (6) entreprises des secteurs industriels intensifs en G.E.S concernées par les quotas sont les suivants[186]: production d'énergie, ciment, verre, métaux ferreux,

---

[183] Emission de CO_2 dans le monde, *Wikipédia en français* (auteurs), page consultée le 16/06/2011.

[184] Etude dirigée par Pr Pierre Friedlingstein, de l'université d'Exeter en Angleterre, paru dans le site *Wikipédia en français* (auteurs), consulté le 16/06/2011.

[185] Johan Rockstrom et al," A safe operation space for humanity, *Nature*", VOL 461/24 September 2009, p.473.

[186] Guide pratique du marché des quotas d'émissions de CO2, publié le 23 juin 2005 dans le site *développement-durable.gouv.fr*, consulté le 01/07/2011.

industries minérales et pâtes à papier. Par ailleurs, l'Union Européenne a, en octobre 2003, adopté la directive sur l'échange des quotas d'émission de CO_2. Elle s'applique à tous les Etats membres de l'Union. En revanche, vu le faible niveau des émissions de G.E.S dans les Etats membres de l'Afrique Centrale de la C.E.M.A.C, nous n'avons pas eu connaissance que le mécanisme du crédit-carbone soit appliqué dans l'un de ces Etats, du moins pas au Tchad, que nous connaissons le mieux, ni qu'il ait eu une quelconque influence sur sa politique pétrolière. Dans ce mécanisme, pourtant, bien des choses pourraient être décalquées en Afrique ou être utilisées par nos systèmes nationaux : à la fin de chaque année, les entreprises sont tenues de restituer les quotas correspondant au nombre de tonnes de CO_2 qu'elles ont été autorisées à rejeter. Les entreprises peuvent aussi avoir par rapport à leurs quotas alloués un excédent ou un déficit de quotas, d'où la mise en place du marché de quotas où les entreprises peuvent effectuer les opérations d'achat ou de vente de quotas. Des bourses du carbone se sont mises en place pour ce marché. La directive sur l'échange des quotas ne couvre pas les émissions de G.E.S des secteurs de transports, du chauffage ou de l'agriculture. Mais, il est possible que ces secteurs soient intégrés et couverts par cette directive dans un avenir proche. La faiblesse de cette directive ne réside pas sur le fait qu'elle ait épargné certains secteurs, mais, surtout sur le fait qu'elle ait laissé libre attitude aux Etats membres de l'Union de fixer les quotas qu'ils allouent aux entreprises installées sur leur territoire[187]. Les quotas, créés par la directive européenne, sont juridiquement différents et distincts des quotas d'émissions assignés aux Etats qui ont ratifié le Protocole de Kyoto. Ils sont toujours exprimés en termes d'Unité de Quantité Attribué (U.Q.A). Les entreprises qui manquent à leurs obligations écopent d'une amende et devront remettre les quotas manquants lors de la période suivante. L'amende est de 40 euros par tonne de CO_2 en excès dans la première période et de 100 euros par la suite. Mais, reste à savoir si le niveau d'amende fixé est assez haut pour dissuader les contrevenants. La délivrance des quotas en Europe et partout ailleurs s'effectue par virement opéré par le teneur du registre (la caisse nationale des dépôts) du compte de l'Etat vers le compte de dépôt de l'exploitant. Chaque année, le compte de chaque installation est crédité de la

[187] Guide pratique du marché des quotas d'émissions de CO2, publié le 23 juin 2005 dans le site *développement-durable.gouv.fr*, consulté le 01/07/2011.

fraction annuelle des quotas. Lorsqu'une installation est nouvellement créée ou qu'une installation existante est étendue, l'exploitant se voit affecter des quotas supplémentaires. Le dispositif européen et le système du protocole de Kyoto prévoient pour les détenteurs de quotas la possibilité de les transférer d'un compte à un autre. Les différentes transactions possibles sont les échanges de gré à gré, via un intermédiaire financier (un courtier, par exemple) ou via une plate-forme de marché.

Les échanges de gré à gré

Ce sont des échanges directs entre deux entités morales ou physiques qui se connaissent et qui prennent directement contact entre elles pour s'échanger leurs quotas ou leurs crédits. Les conditions de vente ou d'achat sont laissées à la discrétion des deux parties. Il en est de même pour le prix. Les registres nationaux, ainsi que le journal européen des transactions facilitent ce type d'échanges en publiant sur leur site public les informations relatives aux comptes ouverts dans les registres, ainsi qu'à leur détenteur.

Les échanges via un intermédiaire

Ces échanges s'effectuent entre un détenteur de quotas qui souhaite vendre tout ou une partie de ses actifs, un intermédiaire financier et un acheteur qui souhaite acquérir des quotas. L'intermédiaire facilite la transaction entre le vendeur et l'acheteur et se rémunère sur la base d'une commission de transaction.

Les échanges organisés via une plate-forme de marché

Des vendeurs ou des acheteurs de quotas se mettent ensemble et confrontent leurs ordres d'achat ou de vente de quotas via une plate-forme électronique. Ce mode d'échange garantit un certain nombre de paramètres importants tels que : la transparence des prix d'échanges, la transparence des quantités échangées et le fait que les conditions d'échanges et d'adhésion soient standardisées pour tous les acteurs. Chaque année, l'exploitant doit déclarer les émissions de son installation concernée par le système d'échange. Cette déclaration est effectuée par voie électronique. L'exploitant est tenu en outre de restituer ses quotas chaque année par virement de son compte d'exploitation vers le compte de l'Etat. Le teneur de registre constate la conformité (émissions inférieures ou égales aux quotas affectés) ou la non-conformité (émissions supérieures aux quotas affectés). En cas de non-conformité, les règles d'amendes ci-dessus évoquées s'appliquent. Le but recherché par le système d'échanges de quotas d'émissions est d'inciter les industriels à réduire tendanciellement leurs émissions de CO_2 en saisissant différentes opportunités d'améliorations de leur efficacité énergétique et d'investissements dans des procédés plus performants. Une entreprise peut à tout moment acheter des quotas sur le marché lorsqu'elle estime que le volume d'émissions de ses installations risque de dépasser les quotas affectés, sans qu'une action de réduction d'émissions ne soit économiquement envisageable. Ainsi, un exploitant peut effectuer des virements d'un compte à un autre pour assurer sa conformité. Le regroupement des quotas sur un compte de dépôts de personne permet de réaliser la gestion des quotas au niveau d'un groupe. La situation d'une entreprise, ayant des installations et appelée à vendre une partie de ses quotas, est plutôt un indicateur de performance, car l'entreprise a certainement émis des quantités de CO_2 inférieures à ses quotas affectés annuellement. Cette entreprise qui limite ses émissions du CO_2 dans l'atmosphère répond aux objectifs visés par le protocole de Kyoto.

Les bourses de CO_2 offrent généralement deux types de prestations différentes :

i) La prestation de livraison contre un règlement différé « contrats à terme ». Ce type de contrat permet d'acheter une quantité de quotas à un moment précis dans le futur et à un prix donné ;
ii) La prestation de livraison contre un paiement direct en temps réel ou quasi-réel « contrat spot ». Celui-ci offre une livraison contre un paiement immédiat sur les quantités échangées en temps réel.

Enfin, selon la majorité des scientifiques, les changements climatiques dus aux émissions anthropiques (émissions d'origine humaine) de G.E.S constituent une menace réelle pour nos sociétés, nos économies et notre environnement[188]. La transposition en Afrique supposerait évidemment un long travail diplomatique et une convergence de la volonté des Etats : mais, elle amènerait une innovation certaine en initiant une globalisation de la régulation étatique d'une part, et d'autre part l'inscription des industries et des

[188] Emission de CO_2 dans le monde, *op., cit.*, page consultée le 16/06/2011.

entreprises pétrolières dans une organisation claire de marché régulé au niveau international. C'est la seule approche qui pourrait nous permettre de nous adapter aux conditions climatiques modifiées.

Section 2. Le flambage à la torche de gaz et le G.G.F.R

Qu'est-ce qu'un flambage de gaz à la torche ? Le processus d'extraction du pétrole brut fait également remonter à la surface ce qu'on appelle les gaz associés. Ces gaz pourraient être utilisés sur place pour alimenter des générateurs d'électricité, réinjectés dans le sous-sol pour maintenir la pression de réservoir, ou alors transportés par gazoduc (pipeline de gaz) jusqu'au point de livraison pour la vente. Mais, dans les régions du monde dépourvues d'infrastructures et de marchés gaziers, ces gaz associés sont en général relâchés dans l'atmosphère sous forme de gaz brûlés (ou torchés) ou non-brûlés (gaz rejetés)[189].

Malheureusement, par manque des marchés locaux de gaz, les Etats membres de l'Afrique centrale de la C.E.M.A.C, producteurs de pétrole et du gaz envoient leurs gaz associés à la torche. C'est la raison pour laquelle cette régulation juridique spécifique doit retenir notre attention particulière.

Dans une étude publiée le 29 août 2007, la B.M a tenté d'analyser la véritable portée du flambage à la torche de gaz, l'un des problèmes environnementaux, à ses yeux, les plus graves de notre planète. Ce problème ne date pas d'aujourd'hui. Le flambage à la torche des gaz associés ou de sous-produits du pétrole brut, responsable de l'émission dans l'atmosphère d'environ quatre cents (400) millions de tonnes de G.E.S par an selon cette même étude, se pratique depuis de décennies. Toutefois, des nouvelles images satellites financées dans le cadre de partenariat public-privé pour la réduction mondiale des gaz torchés (G.G.F.R) de la B.M montrent que certains pays brûlent une plus grande quantité des gaz qu'ils ne veulent l'avouer. Cette attitude négative de certains pays est clairement illustrée dans le tableau d'analyse des émissions publié par la B.M.

Avant de nous lancer dans l'examen de ladite étude, il va falloir répondre d'abord à la question suivante : Quelle est la genèse du G.G.F.R ?

---

[189] RIOS (M) : « *partenariat mondial pour la réduction des Gaz torchés* », 2006, www.worldbank.org/ggfr, consulté le 12/06/2012.

Créé lors du sommet mondial sur le développement durable en août 2002, le partenariat mondial pour la réduction des gaz torchés (G.G.F.R) est un partenariat public-privé qui réunit les représentants des gouvernements des pays producteurs de pétrole, des compagnies nationales et des grandes compagnies pétrolières internationales pour leur permettre de s'employer ensemble à éliminer les facteurs faisant obstacle à la réduction du flambage du gaz par l'échange de pratiques optimales à l'échelle mondiale et à la mise en œuvre de programmes spécifiquement destinés aux pays concernés.

L'étude a par ailleurs pu déterminer les vingt (20) premières nations émettrices des gaz torchés par rapport aux statistiques officielles datant de 2004. La Russie occupe la première position devant le Nigeria et de nouveaux pays figurent aussi sur la liste, d'après ce qu'ont détecté les satellites lors de leurs quatorze (14) tours du monde quotidiens, notamment la Chine, l'Oman, l'Ouzbékistan, la Malaisie, l'Égypte et l'Arabie saoudite. Les six Etats membres de l'Afrique Centrale ne font pas partie de ces vingt (20) premières nations. Mais, il faut signaler la présence du Nigeria qui en fait partie est un voisin immédiat du Tchad et du Cameroun, Etats membres de l'Afrique Centrale

Dans cette même étude, on trouve aussi que « La réduction du flambage à la torche de gaz contribue de manière concrète et pertinente à la réduction du changement climatique et facilite la transition vers une économie à faible production de carbone », déclaration de Somit Varma, directeur de la division pétrole, gaz, minerais et produits chimiques de la B.M et de la S.F.I. De même, il affirme que « les entreprises et les pays producteurs de pétrole doivent intensifier leurs efforts afin de réduire le flambage à la torche de gaz ». Toujours d'après la même étude et selon ses estimations qui ont été réalisées sur la base de soixante (60) pays ou régions au cours des douze (12) dernières années, la quantité de gaz torchés émise dans le monde entier est restée globalement stable, entre cent-cinquante et cent soixante-dix (150 et 170) milliards de mètres cubes. De plus, Bent Svensson, directeur du G.G.F.R de la B.M a déclaré que « le flambage à la torche de gaz nuit à l'environnement et gaspille une source d'énergie plus propre pouvant générer l'électricité dont les pays pauvres ont grand besoin ».

Dans le cadre de la mise œuvre du mécanisme de développement propre du protocole de Kyoto, la B.M a, par le biais de G.G.F.R, lancé des projets dans certains pays. Ces projets devraient permettre d'obtenir des crédits de réduction de carbone pour diminuer le coût de la réduction du flambage et encourager ainsi les pays producteurs de pétrole et les sociétés pétrolières partenaires à investir dans l'infrastructure nécessaire pour réduire la production de gaz torchés. Selon l'étude de la B.M, dans les pays développés, ce type de projet rencontre des obstacles comme le manque de cadres réglementaires efficaces et l'insuffisance d'accès au financement et aux marchés locaux et internationaux de l'énergie. Le G.G.F.R a lancé des projets de réduction du flambage dans huit pays, et la majorité de ses partenaires ont approuvé une norme mondiale pour la réduction des gaz torchés. Le partenariat a en effet offert son assistance à l'Algérie, au Cameroun, à la Guinée Equatoriale, au Kazakhstan, au Nigeria et au Qatar afin de leur permettre d'atteindre un niveau d'émission nul ou minime d'ici certaines dates butoirs[190]. Le Cameroun et la Guinée Equatoriale, deux Etats membres de l'Afrique Centrale figurent parmi les pays bénéficiaires du financement de G.G.F.R. L'ensemble des projets actuels du G.G.F.R devrait permettre d'éliminer près de 32 millions de tonnes de G.E.S d'ici 2012. Jusqu'en 2013, nous n'avons pas accès aux informations qui devraient nous renseigner sur le fait que l'objectif visé par le G.G.F.R ait été atteint ou non. Certes, toutes ces informations acquises en 2007 ont, sans nul doute, beaucoup évolué depuis lors, mais, l'examen des informations s'avère nécessaire pour déterminer la place qu'occupe le flambage de gaz à la torche dans les problèmes environnementaux et sa part de responsabilité dans le changement climatique de la planète.

---

[190] Source : Banque Mondiale sur son site internet http://go.*worldbank.org*/6JM863WP80 et relatif au partenariat privé-public pour la réduction mondiale de gaz torchés, le 29 août 2007, site consulté le 9/06/2012.

Tableau 5. L'exemple de quelques pays émetteurs de gaz torchés[191]

Statistiques officielles de 2004 (en milliards de m^3)		**Ce que les images satellites montrent en 2004 (en milliards de m^3)**	
Nigéria	24,1	Russie	50,7
Russie	14,9	Nigéria	23,0
Iran	13,3	Iran	11,4
Irak	8,6	Irak	8,1
Angola	6,8	Kazakhstan	5,8
Venezuela	5,4	Algérie	5,5
Qatar	4,5	Angola	5,2
Algérie	4,3	Libye	4,2
Indonésie	3,7	Qatar	3,2
Guinée équatoriale	3,6	Arabie saoudite	3,0
Etats-Unis	2,8	Chine	2,9
Koweït	2,7	Indonésie	2,9
Kazakhstan	2,7	Koweït	2,6
Libye	2,5	Gabon	2,5
Azerbaïdjan	2,5	Oman	2,5
Mexique	1,5	Mer du Nord	2,4
Royaume-Uni	1,6	Venezuela	2,1
Brésil	1,5	Ouzbékistan	2,1
Gabon	1,4	Malaisie	1,7
Congo	1,2	Egypte	1,7

Un examen minutieux du tableau-5 dans lequel figurent quelques pays émetteurs de gaz torchés donne l'occasion de l'éclater en trois sous-tableaux que l'on trouvera ci-dessous :

191 **Source :** Banque Mondiale, rapport relatif au Partenariat Privé-Public pour la réduction mondiale de gaz torchés publié le 29 août 2007.

Tableau 5a. L'écart entre les chiffres officiels et les données des images satellites de douze (12) pays, en milliards de mètre cube (m^3)

	Statistiques officielles 2004		Images satellites en 2004	(Ecart)
1	Russie	14,9	50,7	(35,8)[192]
2	Nigéria	24,1	23,0	1,1[193]
3	Iran	13,3	11,4	1,9
4	Irak	8,6	8,1	0,5
5	Kazakhstan	2,7	5,8	(3,1)
6	Angola	6,8	5,2	1,6
7	Libye	2,5	4,2	(1,7)
8	Qatar	4,5	3,2	1,3
9	Indonésie	3,7	2,9	0,8
10	Koweït	2,7	2,6	0,1
11	Gabon[194]	1,4	2,5	(1,1)
12	Venezuela	5,4	2,1	3,3

Tableau 5b. Les chiffres officiels de sept (7) pays en milliards de mètre cube (m^3)

Statistiques officielles 2004			Ce que les images satellites montrent en 2004 (Ecart)	
1	Guinée Equatoriale	3,6	pas des données	n'existe pas
2	Etats – Unis	2,8	pas des données	n'existe pas
3	Azerbaïdjan	2,5	pas des données	n'existe pas
4	Mexique	1,5	pas des données	n'existe pas
5	Royaume-Uni	1,6	pas des données	n'existe pas
6	Brésil	1,5	pas des données	n'existe pas
7	Congo	1,2	pas des données	n'existe pas

192 L'écart négatif s'explique par le fait que le pays concerné a sous-estimé ses émissions de CO_2 issues du flambage de gaz à la torche. Autrement dit, les données des images satellites sont plus importantes que les chiffres officiels.

193 L'écart positif indique en revanche que le pays concerné a surestimé ses émissions de CO_2 issues du flambage de gaz à la torche. Cela veut dire que les données des images satellites sont inférieures aux chiffres officiels.

194 Etat membre de l'Afrique Centrale de la C.E.M.A.C.

Tableau 5c. Les images satellites de sept (7) pays en milliards de mètre cube (m^3)

Statistiques officielles 2004			Ce que les images satellites montrent en 2004 (Ecart)	
1	Arabie saoudite	non-communiqué	3,0	n'existe pas
2	Chine	non-communiqué	2,9	n'existe pas
3	Oman	non-communiqué	2,5	n'existe pas
4	Mer du Nord	non-communiqué	2,4	n'existe pas
5	Ouzbékistan	non-communiqué	2,1	n'existe pas
6	Malaisie	non-communiqué	1,7	n'existe pas
7	Egypte	non-communiqué	1,7	n'existe pas

Tableau 6. L'évolution des données des images satellites entre 2007 et 2011 pour les 20 principaux pays émetteurs de gaz torchés, en milliards de mètre cube.

Année	**2007**	**2008**	**2009**	**2010**	**2011**	**Ecart entre 2010 et 2011**
Russie	52,3	42,0	46,6	35,6	37,4	1,8
Nigéria	16,3	15,5	14,9	15,0	14,6	(0,4)
Iran	10,7	10,8	10,9	11,3	11,4	0,1
Iraq	6,7	7,1	8,1	9,0	9,4	0,4
Algérie	5,6	6,2	4,9	5,3	5,0	(0,3)
Angola	3,5	3,5	3,4	4,1	4,1	0,0
Kazakhstan	5,5	5,4	5,0	3,8	4,7	0,9
Libye	3,8	4,0	3,5	3,8	2,2	(1,6)
Arabie saoudite	3,9	3,9	3,6	3,6	3,7	0,1
Venezuela	2,2	2,7	2,8	2,8	3,5	0,7
Mexique	2,7	3,6	3,0	2,8	2,1	(0,7)
Indonésie	2,6	2,5	2,9	2,2	2,2	0,0
Chine	2,6	2,5	2,4	2,5	2,6	0,1
Canada	2,0	1,9	1,8	2,5	2,4	(0,1)
Etats-Unis	2,2	2,4	3,3	4,6	7,1	2,5
Ouzbékistan	2,1	2,7	1,7	1,9	1,7	(0,2)
Qatar	2,4	2,3	2,2	1,8	1,7	(0,1)
Oman	2,0	2,0	1,9	1,6	1,6	0,0
Malaisie	1,8	1,9	1,9	1,5	1,6	0,1
Egypte	1,5	1,6	1,8	1,6	1,6	0,0
Total de 20 pays	**132**	**124**	**127**	**118**	**121**	**3,0**
Reste du monde	22	22	20	20	19	(1,0)
Niveau global de flambage	**154**	**146**	**147**	**138**	**140**	**2,0**

Source : NOAA[195] Satellite data

[195] (N.O.A.A) désigne : National Oceanic & Atmospheric Administration. En français : l'Administration Nationale de l'Océan et de l'Atmosphère.

Tableau 7. L'évolution des écarts des données des images satellites entre 2007 et 2011 pour les 20 principaux pays émetteurs de gaz torchés, en milliards de mètre cube (milliards de m^3)[196]

Année	2007	2011	Ecart entre 2007 et 2011	Observations & Commentaires
Russie	52,3	37,4	(14,9)	C'est une évolution très positive car le premier émetteur de gaz torchés a pu, en cinq (5) ans, réduire ses émissions de 14,9 milliards de mètres cubes, soit 28% de réduction.
Nigéria	16,3	14,6	(1,7)	Evolution positive, car une réduction de 1,7 milliards de mètre cube, soit 10%, est appréciable.
Iran	10,7	11,4	0,7	Evolution négative, mais très minime, qui représente juste une augmentation de 6%.
Irak	6,7	9,4	2,7	Evolution très négative, car l'on constate qu'il y a une augmentation des émissions de 2,7 milliards de mètres cubes, soit 40% d'augmentation.
Algérie	5,6	5,0	(0,6)	Evolution positive. Une réduction d'environ 11% est acceptable.
Angola	3,5	4,1	0,6	Evolution très négative et représente une augmentation de 17%.
Kazakhstan	5,5	4,7	(0,8)	Evolution positive, car en cinq ans, le pays a fait une baisse d'émissions d'environ 15%.
Libye	3,8	2,2	(1,6)	Evolution positive et très importante qui représente une baisse de 42%.
Arabie saoudite	3,9	3,7	(0,2)	Evolution positive, mais, moins importante (baisse de 5%).
Venezuela	2,2	3,5	1,3	Evolution très négative, car l'on constate une augmentation significative des émissions d'environ 59%.
Mexique	2,7	2,1	(0,6)	Evolution très positive, car la baisse des émissions est d'environ 22%.
Indonésie	2,6	2,2	(0,4)	Evolution positive, une baisse d'environ 15%.
Chine	2,6	2,6	0,0	Pas d'évolution, le pays a fait un effort pour garder le statu quo.
Canada	2,0	2,4	0,4	Evolution très négative d'environ 20% à cause de l'exploitation du pétrole de schistes bitumineux.
Etats-Unis	2,2	7,1	4,9	Evolution extrêmement négative, l'augmentation est de l'ordre de 223%.
Ouzbékistan	2,1	1,7	(0,4)	Evolution très positive, car la baisse des émissions est d'environ 19%.

[196] N.O.A.A[196] Satellite data.

Qatar	2,4	1,7	(0,7)	Evolution très positive, une baisse de l'ordre de 29%.
Oman	2,0	1,4	(0,6)	Evolution très positive. Une baisse de l'ordre de 30% est bien appréciée.
Malaisie	1,8	1,6	(0,2)	Evolution positive. Une baisse de l'ordre de 11% est acceptable.
Egypte	1,5	1,6	0,1	Evolution positive, mais moins importante. Une baisse de l'ordre de 7%.
Total de 20 pays	132	121	(11,0)	Evolution positive, car il y a, pour les 20 pays principaux émetteurs, une baisse globale d'environ 8% en cinq ans. Nous pensons que ces pays pouvaient faire plus d'efforts en mettant en place, dans le cadre du partenariat public-privé pour la réduction de gaz torchés, des projets devant absorber une grande quantité de gaz destinés à la flamme.
Reste du monde	22	19	(3,0)	Evolution positive, avec une baisse des émissions de 13%. Ce taux est acceptable, car la part des émissions de reste du monde par rapport aux 20 principaux pays émetteurs est de 17%.
Niveau global de flambage	154	140	(14,0)	Evolution positive, mais demeure inquiétante, car, en cinq ans, l'effort global pour faire baisser les émissions de gaz torchés reste très minime et représente environ 9%.

Le partenariat public-privé de la B.M pour la réduction mondiale du flambage de gaz torchés comprend des pays, des compagnies et des organisations multilatérales ci-après :

Tableau 8. Les partenaires de G.G.F.R à travers le monde

Pays	Compagnies pétrolières	Organisations
Algérie	BP (Grande Bretagne)	Union Européenne
Angola	Chevron (Etats-Unis)	S.F.I
Azerbaïdjan	CONOCO-PHILIPPS (Etats-Unis	Masdar
Cameroun*[197]	ENI (Italie)	Initiative OPEC
Canada	EXXON-MOBIL (Etats-Unis)	Secrétariat Banque Mondiale
Tchad*	Marathon Oil (Etats-Unis)	
Ecuador	Maersk Oil & Gaz (Danemark)	
Guinée Equatoriale*	NNPC (Nigéria)	
France	Pemex (Mexique)	
Gabon*	Pétro Ecuador (Ecuador)	
Indonésie	Pertamina (Indonésie)	
Iraq	Shell (Anglo-néerlandais)	
Kazakhstan	Sonatrach (Algérie)	
Russie	Sonangol (Angola)	
Mexique	Socar (Azerbaïdjan)	
Nigéria	S.N.H (Cameroun)	
Norvège	Statoil (Norvège)	
Qatar	Total (France)	
Emirats Arabes Unis	Qatar petroleum (Qatar)	
Etats-Unis		
Ouzbékistan		

Pour résumer, on peut dire que l'initiative de la B.M dans le cadre du partenariat public-privé pour la réduction mondiale de gaz torchés est en fait très louable. Car, elle permet de regrouper des pays, des sociétés pétrolières et des organisations multinationales qui tous œuvrent et conjuguent leurs efforts pour réduire, diminuer, voir même éliminer les gaz torchés. Cependant, ce partenariat n'est pas en soi une entité juridique, mais, plutôt une simple association qui ne dispose guère des cadres juridiques réglementaires contraignants. En conséquence, chaque pays, ou même, chaque Etats membres du partenariat, entreprend de manière volontaire des actions pour réduire les gaz torchés. Cette attitude ressort clairement dans l'analyse des tableaux ci-dessus. Certains pays ont, en effet, fait beaucoup d'efforts pour la réduction des gaz torchés dans la période allant de 2006 à 2010. En revanche, d'autres ont gardé le statu quo. Un troisième

[197] * Etats membres de l'Afrique Centrale.

groupe a même laissé sa situation se dégrader par l'augmentation du taux des gaz torchés.

Quotas d'émission et crédit-carbone en Afrique Centrale

La plupart des Etats membres de l'Afrique Centrale disposent, sans équivoque, d'entreprises de secteurs industriels intensifs en émissions de G.E.S, concernées par les quotas d'émission et crédit-carbone, telles que l'énergie, le ciment, les métaux ferreux et les industries minérales. Cependant, aucun Etat membre n'a jusqu'à présent tenté de mettre en place un système de contrôle quantifié d'émission de CO_2, afin d'appliquer le mécanisme d'allocation des quotas aux entreprises et amender ces dernières en cas de situation de non-conformité. Aucun membre n'a cherché à faciliter les échanges de crédit à travers les différentes procédures.

Si le mécanisme des quotas était mis en place, alors les entreprises pourraient avoir, par rapport à leurs quotas alloués, un « excédent » ou un « déficit » de quotas. Un marché de quota serait mis en place et les entreprises pourraient effectuer les opérations d'achat ou de vente de quotas. Malheureusement, tel n'est pas le cas dans les Etats membres de l'Afrique Centrale faisant l'objet de notre étude.

Par ailleurs, on constate qu'à l'heure actuelle dans certains Etats membres de la sous-région l'installation du mécanisme de développement propre du protocole de Kyoto est bien en cours. Certains de ces Etats ont créé des Fonds de l'environnement qui sont, de temps en temps, alimentés par les entreprises des secteurs concernés par les quotas d'émission de G.E.S à travers les taxes et les redevances auxquelles elles sont assujetties pour l'étude et l'approbation des leurs documents d'E.I.E. Il convient de signaler de façon claire que ces taxes et redevances payées par les entreprises sont en fait très minimes par rapport aux quantités émises dans le cadre de leurs activités respectives. De même, ces entreprises participent aussi, dans le cadre de lutte contre le réchauffement climatique, au financement des projets d'énergies nouvelles et renouvelables tels que le solaire, l'éolien, la biomasse et l'hydroélectrique. Toutefois, il faudrait dès à présent indiquer que tous ces efforts ne sont pas suffisants, face aux niveaux de pollution que les entreprises provoquent.

Tableau 9. L'évolution des émissions de G.E.S de 1990-2004 et les objectifs nationaux de réduction des émissions pour la période 2008-2012[198],[199]

Pays	Emissions entre 1990-2004	Objectifs nationaux pour la période 2008-2012	Observations et commentaires
Allemagne	-17%	-21%	Variations positives cadrant avec la politique de réduction G.E.S
Canada	+28%	-6%	Cette augmentation s'explique par la hausse du prix du brut qui a encouragé davantage l'exploitation de sables bitumineux d'Alberta. Pour récupérer deux barils, il faut en brûler un.
Espagne	+49%	+15%	La tendance de la première période est très mauvaise, mais si les engagements pour la seconde période sont respectés, alors le résultat serait satisfaisant.
Etats-Unis	+16%	(N/A)	La tendance est en augmentation, et ne cadre donc pas avec la politique de réduction
France	-3,2%	0%	Variation très bonne cadrant avec la politique de Kyoto
Grèce	+27%	+25%	Pas d'efforts pour la réduction de G.E.S
Irlande	+23%	+13	Variation positive entre les deux périodes
Japon	+6,5%	-6%	Variation positive entre les deux périodes et cadre avec la politique de Kyoto
Royaume-Uni	-14%	-12,5%	L'effort consenti entre les deux périodes est minime
Portugal	+14%	+27%	Pas d'efforts, au contraire, il y a une variation très négative entre les deux périodes, ce qui est contraire à la politique de Kyoto

Pour conclure ce titre, nous pouvons indiquer qu'il y ait un effort très louable au niveau international afin de réduire les émissions de G.E.S et sauver la planète en mettant en place quelques outils juridiques de droit international tels que le protocole de Kyoto, le protocole de Montréal et d'autres pactes, et en préconisant certains mécanismes : le mécanisme de développement propre, les marchés des échanges de crédit-carbone sous leurs différentes formes et le partenariat public-privé pour la réduction du flambage de gaz à la torche. Quant aux Etats membres de l'Afrique Centrale de la C.E.M.A.C, ils sont encore en retard dans ce domaine. Il faudrait

[198] Protocole de Kyoto, *wikipédia.org/*, consulté le 15 mai 2011.

[199] Source : le Secrétariat de la Convention-cadre des Nations Unies : change in GHG émissions from 1990-2004 for Anne I Parties.

qu'ils doublent leurs efforts afin d'être au même niveau d'information que les pays industrialisés.

Certes, il y a un effort au niveau international, mais, force est de constater que tous ceci n'a pas permis d'apporter les résultats escomptés pour sauver la planète.

TITRE II

Le projet-modèle de la sous-région de l'Afrique Centrale et l'implication du Groupe Banque mondiale dans celui-ci

Notre étude a pour objet d'analyser l'efficacité des dispositions environnementales des lois pétrolières des Etats membres de l'Afrique Centrale : à ce titre, à défaut d'une mise en place d'un modèle africain par transposition des innovations internationales, le projet dit « projet-modèle » dans la sous-région, à savoir le projet d'exportation du brut tchadien et le projet pipeline Tchad-Cameroun **(Chapitre-1)**, et l'implication directe de la B.M dans celui-ci **(Chapitre-2)** offrent des palliatifs intéressants.

CHAPITRE 1

Le projet d'exportation du brut tchadien et le projet pipeline Tchad-Cameroun

Dans ce chapitre, nous allons retracer l'historique de l'exploration pétrolière au Tchad qui a conduit à la mise en place du premier projet d'exportation du brut tchadien, et au montage technique, économique, financier, juridique et environnemental de ce projet. Nous nous concentrerons sur l'analyse des textes nationaux en matière d'environnement et surtout l'apport des textes internationaux du groupe Banque Mondiale en rapport avec les questions environnementales.

L'exploration pétrolière au Tchad a débuté dans les années cinquante (de 1952 à 1955) sur la base du code pétrolier saharien. Puis, suite aux résultats des études de terrain (prospections) menées par le B.R.P, les compagnies pétrolières Saphyr Petroleum et Petropar ont demandé et obtenu en 1962 un permis-H d'exploration pétrolière couvrant une superficie de cent cinquante-deux mille kilomètres carrés (152.000 km^2) au nord du Tchad (Bassin des Erdis). Les résultats de la prospection dans ce permis-H ne furent pas concluants et le permis fut rendu à l'Etat[200]. En 1969, une compagnie pétrolière américaine Continental Oil Compagny (CONOCO) a aussi sollicité et obtenu un permis exclusif de recherche des hydrocarbures liquides et gazeux pour une durée de cinq (5) ans conformément aux dispositions de l'ordonnance n° 7/PC/TP/M du 3 février 1962 portant code pétrolier. Le permis initial de la compagnie américaine CONOCO s'étendait sur une superficie de six cent trois mille neuf cents kilomètres carrés

---

[200] HASSAN (M.N), *« L'inversion tectonique et ses implications pétrolières dans les bassins de Doba et Doséo »*, mémoire de Mastère en Exploration – production, E.N.S.P.M - I.F.P, 1997, p11.

(603.900 Km^2) couvrant plusieurs bassins à savoir Lac Tchad, Doba, Doséo, Bongor et Salamat. Le 23 Juillet 1970, CONOCO et la République du Tchad ont signé une convention définissant les droits et les obligations des parties dans le cadre du permis exclusif de recherche, de production et du transport par canalisations des hydrocarbures liquides et gazeux. Ainsi, des accords consacrant l'association pétrolière entre CONOCO d'une part et les compagnies Shell, Exxon et Chevron d'autre part ont été signés. Dans l'accord d'association, CONOCO fut désignée comme opérateur des activités. Selon le jargon de l'industrie pétrolière, le terme « opérateur » désigne la compagnie ayant en charge l'activité sur le terrain et jouant le rôle d'interlocuteur vis-à-vis de l'Etat du pays hôte. Les membres de cette association, CONOCO, Shell, Exxon et Chevron regroupé, au sein du consortium ainsi constitué sont devenus Co-titulaires du permis-H. L'acte de mutation a été signé le 2 Juillet 1979 à N'Djamena et donna les pourcentages de participation suivants dans le permis : CONOCO à hauteur de douze virgule cinq pour cent (12,5 %) opérateur, Shell à trente-sept virgule cinq pour cent (37,5 %), Chevron à vingt-cinq pour cent (25%) et Exxon à vingt-cinq pour cent (25 %).

Après quelques années de travaux de recherche géophysique réalisée par des études aéro-magnétiques, gravimétries et sismiques, et des forages d'exploration, CONOCO a annoncé entre 1975 et 1978 des découvertes dans plusieurs bassins tchadiens. Elle a aussitôt informé les autorités tchadiennes, conformément à ses obligations contractuelles. Toutefois, après l'annonce d'une série de découvertes, la République du Tchad a connu une période de troubles politiques et armés sans précédent de février 1979 à juin 1982. A la faveur d'une accalmie relative, CONOCO a manifesté le désir de reprendre ses activités de recherche dans son permis octroyé en 1969. Les autorités de l'époque ont en effet marqué leur accord. Mais, compte tenu des dégâts et des pillages constatés sur le matériels et les équipements, CONOCO, suite à une évaluation réalisée sur les terrains et fit part de son intention d'exercer certains de ses droits reconnus par la convention de 1970. C'est ainsi qu'elle a opté pour la cession de ses intérêts dans le permis conformément aux dispositions de ladite convention. Justement, elle informa d'abord les autres membres du consortium (Co-titulaires du permis-H) du fait de l'existence de clauses des droits de préemption prescrits dans l'accord d'association. Exxon (compagnie américaine et membre du consortium) s'intéressa à l'acquisition des intérêts de CONOCO dans le permis-H. A la demande de CONOCO, conformément aux dispositions de la convention de 1970, les autorités tchadiennes approuvèrent sans délai l'accord de cession entre le cédant CONOCO et le cessionnaire Exxon. Par conséquent, le consortium fut ainsi recomposé à nouveau entre les trois compagnies comme suit[201]: Exxon 37,5 %, Shell 37,5 % et Chevron 25 %.

Après de longues sessions de négociation qui se sont déroulées de 1983 au 1988, le nouveau consortium et le gouvernement sont tombés d'accord et ont signé la convention de 1988 où Exxon fut alors désignée opérateur du consortium. Exxon, par le biais de sa filiale Exxon Exploration & Production Chad Inc., (E.E.P.C.I), a alors poursuivi les travaux de recherche permettant de faire d'autres nouvelles découvertes dans les bassins tchadiens.

En 1992, Chevron décida de se retirer du consortium au profit de la compagnie française Elf. En effet, ce fut un choix des dirigeants de Chevron pour permettre à leur compagnie d'étendre leur présence ailleurs qu'en République du Tchad[202]. Au moment de la prise de décision, l'estimation des réserves récupérables dans les bassins tchadiens couverts par le permis du consortium était de l'ordre de cinq cents millions (500.000.000) de barils[203]. Les deux (2) compagnies Exxon et Shell étaient disposées à exercer leur droit de préemption contenu dans l'accord d'association afin de reprendre les intérêts de Chevron dans le permis. Mais, des contacts directs ont été, semble-t-il, établis entre-temps entre L'Elysée et la Présidence de la République du Tchad pour faire entrer au moins une compagnie française dans les activités pétrolières sur le territoire du Tchad, compte tenu des relations historiques entre les deux (2) Etats[204]. Comme tout le monde le sait, le pétrole est un produit stratégique qui a toujours été au centre des décisions politiques, diplomatiques ou même au centre des guerres entre les Etats : La guerre de 1973 entre les pays Arabes et l'Etat d'Israël ou alors les différents embargos économiques contre la Libye, l'Irak ou l'Iran en témoignent suffisamment. Ainsi, la volonté

[201] HASSANE (M.N), *op., cit.,*. p14.

[202] Communication verbale avec les dirigeants de Chevron au moment de la prise de décision, car en ma qualité de directeur du pétrole, je faisais partie des membres de l'équipe de négociations avec les compagnies pétrolières.

[203] Chiffre contenu dans le rapport annuel d'Esso Exploration & Production Chad Inc de 1991.

[204] Communication verbale avec le Secrétaire Général adjoint de la Présidence, Coordonnateur de l'équipe des négociations des projets pétrole-électricité en 1992.

politique prima sur le droit et les engagements contractuels. Après avoir mené de longues et difficiles négociations, les deux (2) compagnies finirent par accepter que Chevron ne cède que vingt pour cent (20%) à la compagnie française Elf, et se contentèrent de partager les cinq pour cent (5%) restants. Le consortium fut alors de nouveau recomposé en 1993 comme suit : Exxon quarante pour cent (40 %), Shell quarante pour cent (40%) et Elf vingt pour cent (20%). Exxon demeure toujours l'opérateur dans le cadre de la recomposition du nouveau consortium. Ce dernier mène avec diligence et intensifie les opérations pétrolières dans les limites du permis du consortium. Au premier semestre 1992, l'opérateur du consortium Exxon déclare avoir découvert environ un (1) milliard de barils récupérables et être en mesure de monter et réaliser un projet de production et de commercialisation du brut tchadien. Ce chiffre figure déjà dans les rapports annuels de l'opérateur, et qui a déclenché les négociations et la mise en place du projet d'exportation du brut tchadien. Il fallait réunir toutes les conditions nécessaires avant d'arriver à la décision finale. Les négociations tripartites, entre la République du Tchad, la République du Cameroun et le consortium (composé d'Exxon, Shell et Elf) se sont engagées pour la réalisation de ce projet.

Après plusieurs années de tractations et de dures négociations, et à deux (2) semaines d'approbation du projet par la B.M en novembre 1999, les compagnies Elf et Shell ont fait défection et se sont retirées du consortium, selon le compte-rendu du représentant du gouvernement tchadien auprès de l'opérateur Exxon à Houston-Texas en novembre 1999. Pourquoi une telle décision a-t-elle été prise après environ huit (8) ans de longues et difficiles négociations ? Le gouvernement du Tchad défendait en ce temps la théorie d'une décision politique du gouvernement français tendant à bloquer l'exploitation du brut issu de son territoire national. Des propos tenus en public par des officiels du gouvernement tchadien : Premier Ministre, ministre des mines et de l'énergie et le maire de la ville de N'Djamena de l'époque, le drapeau tricolore a été même brûlé en public par les manifestants devant le Premier Ministre et le maire de la ville de N'Djamena. Quant aux compagnies Elf et Shell, elles défendaient plutôt la théorie d'une décision purement économique et commerciale. Positions officielles communiquées par les plénipotentiaires de Shell et Elf lors d'une réunion tenue devant le Premier Ministre, à laquelle j'ai pris part en qualité de directeur du pétrole et des énergies nouvelles et renouvelables, en décembre 1999.

Une autre théorie qui circulait dans certains milieux consistait à dire qu'au cours d'une réunion à Dallas, au Texas les 18 et 19 novembre 1999, les responsables de la B.M et les membres du consortium auraient fini leurs discussions en queue de poisson sur les mesures environnementales envisagées par le consortium. En effet, les responsables de la B.M estimaient que les documents environnementaux préparés par le sous-traitant du consortium devaient être complétés et affinés. Selon certaines sources non-officielles, cette exigence de la B.M serait l'une des raisons qui auraient poussé les deux (2) compagnies à quitter leurs activités pétrolières au Tchad.

A la fin de l'année 1999, les deux (2) compagnies se sont effectivement retirées du consortium. *Que faire après ce retrait ?*

L'opérateur Exxon décida de rester seul dans le permis et refusa d'abord d'exercer son droit de préemption dans l'accord d'association, et ensuite d'exécuter les dispositions de l'article-14 du code pétrolier 1962 qui fait obligation, en cas de retrait d'un ou plusieurs membres du consortium d'un permis, aux membres restants de reprendre à leur charge les intérêts de ceux qui se sont retirés. Le gouvernement tchadien qui avait le droit de renvoyer Exxon pour non-application des dispositions de la loi portant code pétrolier précisément l'article-14 a plutôt, sous le conseil de son directeur du pétrole que j'étais, malgré l'avis totalement contraire du directeur général du ministères des mines, de l'énergie et du pétrole de l'époque, privilégié de garder Exxon en sa qualité d'opérateur et de chercher avec sa collaboration d'autres compagnies qui acceptent de se joindre à eux et travailler dans le cadre de permis de recherche et le projet en cours de négociations. Cette sage décision fut prise pour gagner du temps au lieu de remettre le compteur à zéro, après environ huit (8) ans de négociations. Une Data Room (salle des données pétrolières sur le projet) a été ouverte à Houston pour permettre aux compagnies s'intéressant à ce projet de consulter toutes les données techniques et informations sur le projet. Après quelques semaines, deux compagnies ont manifesté leurs intérêts pour le projet. La compagnie Malaisienne « Petronas », et à nouveau l'américaine « Chevron » qui revient au Tchad, après son départ en 1993 au profit de la compagnie française Elf. C'est ainsi qu'en avril 2000, le consortium fut de nouveau reconstitué, par décret N°145/PR/MMEP/2000 du 7 avril 2000 portant approbation du transfert à Petronas Carigali (Chad EP) Inc. et à Chevron Petroleum Chad Company Limited des droits et des obligations de Shell Exploration and Production Chad B.V. et Elf Hydrocarbures Tchad S.A., comme suit : Exxon quarante pour cent (40%) (Opérateur), Petronas trente-cinq pour cent (35%) et Chevron vingt-cinq pour cent (25%). Selon une communication verbale que j'ai eue, en ma qualité du directeur du pétrole et des Energies nouvelles & renouvelables de l'époque avec un officiel de Petronas en avril 2000, Petronas aurait même voulu avoir quarante pour cent (40%) de participation, au même niveau qu'Exxon, mais les responsables de la B.M auraient refusé cela compte tenu de son statut de société d'Etat.

La République du Tchad, la République du Cameroun et Exxon ont exigé qu'il n'y ait pas de remise en cause de tous les accords déjà conclus avant le retrait d'Elf et Shell. Autrement dit, les nouveaux venus doivent chausser les chaussures abandonnées par les deux compagnies sortantes. Cette mesure a permis de lancer les travaux de réalisation du projet en octobre 2000, juste six (6) mois suivant la date de retrait et de la recomposition de nouveau consortium en avril 2000. Le 10 octobre 2003, après trois (3) ans d'intenses travaux de construction, le premier baril a été inauguré et mis sur le marché international du brut. C'est justement cette date qui marque l'entrée officielle de la République du Tchad dans le cercle restreint des pays exportateur d'or noir. Ce fut un événement historique. L'ouverture officielle de la vanne du brut tchadien destiné à l'exportation a été célébrée avec beaucoup d'enthousiasme en présence de plusieurs chefs d'Etat. Le Tchad a, par le lancement de ce projet, amorcé une nouvelle étape de sa vie socio-économique. L'étape la plus difficile, consistant à trouver le pétrole en quantité commercialisable, est donc franchie, mais, la plus dure reste la gestion des revenus pétroliers. Au vu de ce qui s'est passé et se passe actuellement dans la plupart des pays africains producteurs des ressources naturelles, le Tchad tiendra-t-il ses engagements quant à la gestion de ses revenus pétroliers ? La réponse à cette question sera donnée dans le chapitre d'analyse de la loi N°001/PR/99, portant gestion des revenus pétroliers.

Le projet d'exportation du brut tchadien à travers la côte camerounaise est considéré jusqu'à présent comme le plus grand projet en Afrique centrale de par son coût et par l'implication du secteur public et privé. La réalisation de ce projet a nécessité de dures et longues négociations, et la mise en place de plusieurs accords bilatéraux et multilatéraux parmi lesquels se trouvent des accords sur la protection de l'environnement.

Photo du 10 octobre 2003, l'inauguration du premier baril du bassin de DOBA à Komé, au sud du Tchad, en présence de plusieurs Chefs d'Etat

Photos, à gauche, le terminal flottant **Komé-Kribi-1**, à droit, le premier navire pétrolier en cours de chargement le 03 octobre 2003, au large de Kribi, au Cameroun

Bureau des inspecteurs pétroliers et douaniers Tchadiens sur le terminal flottant Komé-Kribi-1

La présentation des aspects techniques du projet

Le projet d'exportation du brut tchadien et le projet pipeline Tchad-Cameroun a pour objet le développement de trois (3) gisements pétroliers dans le bassin de Doba situé au sud du Tchad : Komé, Bolobo et Miandoum. Le Tchad, étant un pays sans littoral ou enclavé, le pétrole brut issu de ces gisements est transporté à travers un pipeline de transport souterrain long de mille soixante-dix kilomètres (1070 km) qui commence à partir du centre de collectes et de traitements à Komé au Tchad et traverse le Cameroun sur une longueur de plus des neuf cents kilomètres (900 km) jusqu'au terminal maritime amarré au large de la côte à Kribi. Environ un (1) milliard de barils du brut seront produits et transportés vers les marchés internationaux sur une durée comprise entre vingt-cinq et trente (25 et 30) ans. Le forage de plus de 315 puits de production est prévu dont vingt (20) puits d'injection d'eau. La production journalière se situe autour de deux cents cinquante mille (250.000) barils par jour. Le pipeline d'export a une capacité initiale de transport de deux cents cinquante mille (250.000) barils par jour. Cette capacité pourrait être augmentée jusqu'à cinq cents mille (500.000) barils par jour, chiffre au-delà duquel il faudrait absolument construire un autre pipeline de transport à cause de problèmes de capacité[205]. Le pipeline d'export a un diamètre de soixante-seize centimètres (76 cm), avec trois (3) stations de pompage, une (1) station de réduction de pression, douze (12) km de pipeline sous-marin et un (1) terminal flottant ayant une capacité de stockage de deux millions (2.000.000) de barils. Il est aussi prévu que les enlèvements se fassent par les navires pétroliers dont les capacités sont d'au moins un (1) million de barils ou plus.

Photo, pipeline d'exportation du brut Komé-Kribi en cours construction

[205] ESSO TCHAD, Descriptif du Projet d'Exportation Tchadien, *Rapport annuel*, 1992.

Photo, pipeline inter-champ Miandoum-Komé en cours construction au sud du Tchad

Photo, atterrissage d'un hélicoptère sur le terminal Komé-Kribi-1

Photo visite du Ministre du Pétrole sur le champ de Maindoum au sud du Tchad

Le montage financier du projet

Le coût du projet était estimé à environ trois milliards sept cent millions (3.700.000.000) de dollars américains dont un milliard cinq cent millions (1.500.000.000) pour le développement de trois gisements et deux milliards deux cent millions (2.200.000.000) pour la réalisation du pipeline d'export. Le financement des activités amont à savoir le développement de trois (3) gisements pétroliers est assuré à cent pour cent (100%) par les trois (3) membres du consortium : Exxon, Petronas et Chevron. Quant au financement du pipeline, il est assuré par les membres du consortium, les deux pays (le Tchad et le Cameroun) et les prêts provenant de marchés financiers. Pour la réalisation du pipeline d'export, deux (2) sociétés de transport par pipeline ont été créées. L'une de droit tchadien qui s'occupe de la construction et de l'exploitation de portion du pipeline en territoire de la République du Tchad, et l'autre de droit camerounais qui s'occupe de même activité sur la portion du pipeline au Cameroun. Les deux (2) sociétés ont été dénommées respectivement : Cameroon Oil Transportation Company (C.O.T.CO) dont les actionnaires sont les trois membres du consortium, la République du Cameroun et la République du Tchad et, Tchad Oil Transportation Company (T.O.T.CO) dont les actionnaires sont les trois membres du consortium plus la République du Tchad. En effet, le Tchad en anglais s'écrit « Chad », mais pour éviter de répéter l'abréviation (C.O.T.CO) au Cameroun et au Tchad, nous avons maintenu dans la dénomination de la société de transport par pipeline le nom du Tchad en français d'où l'abréviation de (T.O.T.CO). Il convient de souligner que la République du Tchad est actionnaire de la société C.O.T.CO au Cameroun. En revanche la République du Cameroun n'est pas actionnaire de la société T.O.T.CO au Tchad.

Pourquoi cette distorsion ou discrimination que nous qualifions de positive existe-t-elle ?

La réponse est évidente : la République du Tchad a absolument tenu à être actionnaire dans la société du pipeline au Cameroun pour deux (2) raisons essentielles à savoir :

i) Suivre son pétrole à partir des sites de production au sud du Tchad jusqu'au point d'enlèvement au large de la côte atlantique camerounaise pour être acheminé au marché international du brut ;
ii) Le compteur fiscal qui sert de base pour le calcul des revenus pétroliers de toutes les parties prenantes au projet, y compris le Tchad, est installé au point d'enlèvement au niveau du terminal flottant au large de Kribi au Cameroun. Les parties prenantes au projet sont les deux pays (le Tchad et le Cameroun), les trois membres du Consortium (Exxon, Petronas et Chevron) et les deux sociétés de transport par pipeline (C.O.T.CO au Cameroun et T.O.T.CO au Tchad).

Ces deux raisons sont tout à fait fondées pour que la République du Tchad soit actionnaire de C.O.T.CO. Mais, la délégation camerounaise aux négociations n'était pas sur la même longueur d'ondes que la partie tchadienne. Elle n'avait pas, tout au début des négociations, compris cette philosophie et alla même bloquer les négociations juste à cause de principe de réciprocité. Sous prétexte de ce principe, elle avait demandé à avoir aussi des actions dans la société du pipeline au Tchad (T.O.T.CO). Les deux délégations se sont soumises à l'arbitrage de deux chefs d'Etat (tchadien et camerounais). Sur instructions de la hiérarchie, lesquelles sont selon nous justifiées par le deux raisons ci-dessus mentionnées, la délégation camerounaise a dû renoncer à sa demande. Les arrangements mis en place pour le financement du pipeline se présentent de telle sorte que soixante pour cent (60%) des coûts du projet sont financés directement par les membres du consortium et les leurs affiliées, trente-sept pour cent (37%) des coûts du projet sont financés à partir de prêts contractés au taux du marché par l'intermédiaire de la S.F.I, des agences de crédit à l'exportation (EXIM-BANQUE) et d'autres bailleurs de fonds privés comme la COFACE, et les gouvernements du Tchad et du Cameroun participent à hauteur de trois (3%) qui sont financés conjointement par la B.I.R.D et la B.E.I pour un montant d'environ cent quinze (115) millions de dollars américains.

Quel est le rôle de la Banque Mondiale dans le projet ?

L'intervention de la B.M dans le projet a permis à son personnel d'apporter un soutien important dans plusieurs activités à savoir : aider la République du Tchad à développer un P.G.R.P lequel a été consacré par l'adoption de la loi N°001/PR/99, aider les deux pays et le consortium à satisfaire les normes environnementales définies dans les directives opérationnelles de la B.M et de la S.F.I concernant les projets de développement (celles-ci concernent, entre autres, la protection de l'environnement, la consultation publique et la protection des populations locales), et jouer le rôle de catalyseur pour attirer d'autres investissements privés vers ces deux pays.

Limites et insuffisances des textes réglementaires existants

Lors de la première rencontre tripartite à Yaoundé en juin 1992, entre la partie tchadienne, la partie camerounaise et le consortium pétrolier, au cours de laquelle il a été discuté de la possibilité de réaliser un projet d'exportation du brut tchadien à travers la côté atlantique camerounaise, les parties ont constaté la limite et l'insuffisance des textes réglementaires existants au Tchad et au Cameroun pour la réalisation d'un tel projet. Ainsi, les parties ont convenu de mettre en place dans les deux pays tous les accords et textes réglementaires qu'exige la réalisation de ce projet.

Des textes réglementaires complémentaires

Nous allons tour à tour aborder les différents textes réglementaires pris dans les deux pays en complément des textes existants afin de permettre la réalisation du projet dans des conditions acceptables.

L'Accord-cadre du 31 janvier 1995

Comme nous l'avons signalé ci-dessus, la première rencontre du mois de juin 1992 a en fait déclenché une série de sessions de négociations qui a finalement abouti à la signature d'un accord-cadre le 31 janvier 1995 à Yaoundé au Cameroun. L'accord-cadre a été signé entre la République du Cameroun, la République du Tchad et les trois membres du consortium d'alors à savoir Exxon, Shell et Elf. Cet accord a été négocié et signé en considération de ce qui suit :

i) Protocole d'accord signé le 14 janvier 1994 où la République du Cameroun, la République du Tchad et les trois membres du consortium ont défini les principes directeurs devant être pris en compte dans les négociations pour la construction et l'exploitation en République du Cameroun d'un pipeline, d'un terminal, de zones de stockage et d'autres installations auxiliaires nécessaires à l'exportation du brut tchadien jusqu'au large de la côte camerounaise, l'ensemble de cet ouvrage est défini en tant que système de transport camerounais ;
ii) Convention des Nations Unies sur le droit de la mer de 1982 qui affirme d'une part, le droit d'accès à la mer et la liberté de transit pour les Etats sans littoral, et d'autres part, le droit des Etats de transit dans l'exercice de leur pleine souveraineté à préserver leurs intérêts légitimes ;
iii) Coopération bilatérale entre la République du Cameroun et la République du Tchad qui est régie par les conventions, accords et traités en vigueur ;

iv) Entente entre la République du Cameroun et la République du Tchad pour inclure le pipeline comme moyen de transport au sens de la convention des Nations Unies sur le droit de la mer de 1982[206]. L'accord-cadre avait pour objet de définir les conditions de réalisation du système de transport camerounais.

Outre les conditions de faisabilité technique et économique, les parties ont convenu de souligner clairement que la participation de la B.M dans le projet d'exportation du brut tchadien est une condition sine qua non. La participation de la banque se fera par le biais de financement de participations de la République du Cameroun et de la République du Tchad dans les systèmes de transport camerounais et tchadien.

Pourquoi l'implication de la Banque Mondiale devient-elle une condition sine qua non ?

Etant membre de l'équipe de négociations du projet d'exportation du brut tchadien, nous avons eu une communication verbale avec un officiel de l'opérateur qui nous a informés que le consortium a été conseillé par un enseignant-chercheur d'une université américaine. L'enseignant-chercheur en question, dans le cadre de ses études de risque, était arrivé à la conclusion que le Tchad et le Cameroun présentaient des risques politiques très élevés. Par conséquent, pour la réalisation des investissements importants dans ces pays, il fallait trouver une couverture contre ces risques et celle-ci ne pouvait être obtenue que par l'implication des institutions internationales comme le groupe Banque Mondiale. D'où, la claire indication dans l'accord-cadre que la participation de la Banque Mondiale était une condition sine qua non. L'accord-cadre avait, avant d'entamer la réalisation du projet d'exportation du brut tchadien, prévu la mise en place des documents contractuels suivants : convention d'établissement entre C.O.T.CO et la République du Cameroun relative à la construction et à l'exploitation du système de transport camerounais, accord bilatérale entre la République du Cameroun et la République du Tchad relatif au projet d'exportation tchadien, accord de financement entre les actionnaires de C.O.T.CO, statuts de C.O.T.CO, accord de prêts par la République du Cameroun pour le financement de sa participation dans C.O.T.CO, accord de prêts par la République du Tchad pour le

[206] Alinéa-4 du préambule de l'Accord cadre du 31 jan1995, p4.

financement de sa participation dans C.O.T.CO, accord de coopération entre C.O.T.CO et les propriétaires du système de transport tchadien (T.O.T.CO), accord de tarif entre C.O.T.CO et les expéditeurs du brut issu de la zone du permis-H de la convention de 1988 définissant les modalités de transport du brut à travers le système de transport camerounais, contrat de prestations de services entre C.O.T.CO et une société affiliée de l'opérateurs du consortium pour assurer des prestations de services techniques et administratifs requis par C.O.T.CO, et contrat de gestion du projet entre C.O.T.CO, les propriétaires du système de transport tchadien et une société affiliée de l'opérateur du consortium pour superviser et gérer la conception et la construction du projet d'exportation tchadien.

Omission de taille dans l'accord-cadre

L'accord-cadre qui constitue le socle sur lequel est bâti le projet d'exportation du brut tchadien a malheureusement omis un élément de taille dans ses dispositions. En effet, lorsqu'on analyse ses différentes dispositions, on se rend compte que tous les aspects techniques, économiques, financiers, fiscaux, douaniers, et juridiques ont été largement abordés, discutés et arrêtés. En revanche, aucune disposition relative à la protection ou la préservation de l'environnement n'y est traitée, même si les parties ont fait un rattrapage dans d'autres documents du projet.

Faiblesse constatée sur la durée de vie de l'accord-cadre

L'accord-cadre expire si, dans les cinq (5) ans suivant la date de son entrée en vigueur (date de signature), les conditions de faisabilité technique, économique et financière ne sont pas réalisées. Ainsi, les parties ont jugé nécessaire d'apporter une précision au niveau de la faisabilité financière en signant un avenant. Selon cet avenant, la faisabilité financière est conditionnée par la prise de Décision Finale d'Investissement (D.F.I) telle que définie dans l'accord de financement de C.O.T.CO par ses actionnaires. Dès la prise de D.F.I et l'achèvement des travaux du projet d'exportation du brut tchadien, l'accord-cadre a été vidé de ses contenus par une série d'accords et de conventions qui ont abordé de manière détaillée les intentions des parties énoncées dans l'accord.

L'Accord entre le gouvernement de la République du Tchad et le gouvernement de la République du Cameroun relatif à la construction et à l'exploitation d'un système de transport des hydrocarbures par pipeline du 08 février 1996 (accord bilatéral)

Certes, la République du Tchad et la République du Cameroun sont liées de longue date soit par des accords bilatéraux, soit par des accords multilatéraux au niveau de la sous-région dans le cadre de l'organisation de la C.E.M.A.C touchant des domaines économiques, diplomatiques, politiques, militaires etc. Mais, les hautes instances de deux pays ont jugé nécessaire et indispensable de mettre en place un accord bilatéral spécifique définissant les contours de leur coopération dans le secteur énergétique en particulier dans le cadre de la réalisation du projet d'exportation du brut tchadien à travers le Cameroun. C'est dans cette optique que les deux chefs d'Etat ont signé le 08 février 1996, à Yaoundé l'accord relatif à la Construction et à l'exploitation d'un système de transport des hydrocarbures par pipeline. Cet accord a été négocié et signé entre les deux Etats en considération tout d'abord de :

i) La volonté commune de consolider les relations de bon voisinage existant entre les deux Etats et de renforcer les liens économiques pour leur bénéfice mutuel ;
ii) Le désir d'étendre leur coopération en matière de transport des hydrocarbures par pipeline dans un esprit de compréhension mutuelle et de confiance réciproque ;
iii) Le rappel des dispositions pertinentes de l'accord général sur les tarifs douaniers et le commerce du 30 octobre 1947 et de l'accord général sur les tarifs douaniers et le commerce annexé à l'accord du 15 avril 1994 instituant l'O.M.C ;
iv) Le rappel des dispositions de la convention de New-York du 08 juillet 1965 relative au commerce en transit des Etats sans littoral ;
v) Le rappel des dispositions pertinentes de la convention des Nations Unies sur le droit de la mer du 10 décembre 1982, et en particulier de sa partie X portant d'une part, sur le droit d'accès des Etats sans littoral à la mer et depuis la mer et la liberté de transit, et d'autre part, sur le droit des Etats de transit dans l'exercice de leur pleine souveraineté de préserver leurs intérêts légitimes ;
vi) La décision commune de la République du Tchad et la République du Cameroun d'intégrer le pipeline comme un

moyen de transport au sens de la Convention des Nations Unies sur le droit de la mer du 10 décembre 1982 et de coopérer pour la conception, la construction et l'exploitation d'un système de transport permettant l'évacuation des hydrocarbures en provenance de la République du Tchad au travers du territoire de la République du Cameroun jusqu'à sa côte atlantique ;

vii) Le respect des principes des Traités régissant l'Union Douanière et Economique de l'Afrique Centrale et en particulier de l'Acte n°12/74-U.D.E.A.C-180 du 07 décembre 1974 portant révision du traité instituant une Union Douanière et Economique de l'Afrique Centrale et ses textes subséquents.

L'accord bilatéral du 08 février 1996 avait pour objet de faciliter la construction et l'exploitation du système de transport destiné à l'évacuation des hydrocarbures en provenance du Tchad à travers le territoire de la République du Cameroun jusqu'au large de sa côte atlantique et les activités qui leur sont liées. Pour atteindre l'objectif visé par cet accord, les deux Etats ont pris des engagements réciproques conformément aux dispositions pertinentes de la convention des Nations Unies sur le droit de la mer du 10 décembre 1982. La République du Cameroun reconnait et octroi à la République du Tchad, en sa qualité d'Etat sans littoral, le droit d'accès à la mer et la liberté de transit pour l'exportation par pipeline des hydrocarbures produits sur son territoire (Article-3.1). Les expéditeurs ou les producteurs des hydrocarbures sur le territoire de la République du Tchad bénéficient ipso facto du droit d'accès à la mer et de la liberté de transit de la République du Tchad obtenus dans le cadre de la convention susvisée (Article-2). La République du Cameroun peut prendre toute mesure apte à protéger ses intérêts légitimes (Article-5). Les deux Etats ont convenu de l'utilisation du système de transport dans l'ordre de priorité ci-après (Article-9): le transport des hydrocarbures en provenance de la République du Tchad issus du permis-H tel que défini à la date de signature de l'accord bilatéral du 08 février 1996, le transport des hydrocarbures en provenance de la République du Tchad issus d'autres bassins, le transport des hydrocarbures produits en la République du Cameroun, le transport des hydrocarbures en provenance des pays tiers. Les deux Etats ont convenu de la possibilité de raccordement future d'autres systèmes de transport au système de transport existant (Article-11) ; Les deux Etats aussi ont reconnu que les revenus qu'ils tirent de l'exploitation du système de transport seront calculés sur la base des quantités transportées et mesurées par un système de comptage au point d'exportation au Cameroun (Articles-12,13 et 14) au large de Kribi. La République du Cameroun a reconnu à la République du Tchad le droit d'avoir connaissance des conditions dans lesquelles sont effectuées les opérations de calibrage et de vérification du système de comptage au point d'exportation. A cet effet, la République du Tchad peut désigner ses représentants à toutes les étapes de ces opérations (Article-14)[207]. Les deux Etats se sont engagés en matière de sécurité et de protection de l'environnement (Article-14 et 16). Ils se sont aussi engagés à tout mettre en œuvre afin de permettre aux transporteurs et leurs sous-traitants d'assurer aux mieux les risques liés à la construction et à l'exploitation du système de transport (Article-17). Les deux Etats ont convenu d'éviter la double imposition éventuelle des personnes engagées dans les activités de construction, d'exploitation, d'utilisation et d'entretien du système de transport (Articles-18, 19 et 20); et enfin, ils ont convenu de la création d'une commission mixte dans le cadre de l'exploitation du système de transport. Cette commission comprend cinq (5) représentants de chacun des Etats et se réunit une fois par an à la demande de l'un des Etats (Articles-21, 22 et 23) ;

Progrès réalisé par l'accord bilatéral relatif à la protection de l'environnement

Comme nous l'avons relevé dans l'analyse de l'accord-cadre, la faiblesse de ce dernier réside sur le fait qu'il ait passé sous silence la protection de l'environnement qui constitue l'aspect le plus important des activités de transport des hydrocarbures. En revanche, l'accord entre le gouvernement de la République du Tchad et le gouvernement de la République du Cameroun, relatif à la construction et à l'exploitation d'un système de transport des hydrocarbures par pipeline (accord bilatéral) signé le 08 février 1996 n'a pas perdu de vue la question relative à la protection de l'environnement. En effet, les deux Etats se sont engagés chacun sur leur territoire à prendre toutes les mesures tendant à assurer la protection du Système de

[207] C'était effectivement cette disposition qui a permis la signature d'un protocole d'assistance administrative mutuelle entre les douanes camerounaises et tchadiennes le 26 septembre 2003 à Yaoundé, au Cameroun.

Transport et de déterminer les obligations des transporteurs et de leurs sous-traitants en matière de sécurité et de protection de l'environnement (Article-15). A chaque fois que cela s'avère nécessaire, les deux Etats se concertent pour se conformer aux règles généralement acceptées dans l'industrie pétrolière internationale en vue de prévenir, réduire et maîtriser la pollution de l'environnement.

Le protocole d'assistance administrative mutuelle entre les douanes camerounaises et tchadiennes, signé le 26 septembre 2003, à Yaoundé

La notion douanière est une notion frontalière par excellence. Autrement dit, les formalités douanières doivent forcement se passer à la frontière qu'elle soit terrestre, aérienne ou encore maritime ou fluviale. Mais, le projet d'exportation du brut tchadien a, par ailleurs, apporté une particularité. Cette particularité réside sur le déplacement de la frontière au point d'exportation au large de Kribi au Cameroun. La République du Cameroun s'est vue contrainte d'accepter un tel dispositif à cause de l'installation du système de comptage fiscal au point d'exportation du brut tchadien qui se situe sur le T.F.S au large de Kribi au Cameroun.

Pourquoi le système de comptage fiscal est-il installé au point d'exportation sur le Terminal Flottant de Chargement (F.S.O) à Kribi ?

Il convient d'abord de relever que les hydrocarbures faisant l'objet de discussions dans le cadre du projet d'exportation du brut tchadien à travers le Cameroun sont produits en République du Tchad à partir de bassins sédimentaires du sud. Ensuite, ces hydrocarbures doivent emprunter un pipeline de mille soixante-dix kilomètres (1070 km) avant d'échouer au point de livraison au large de la côte atlantique camerounaise à Kribi. Tout au long de ce parcours, une partie de ces hydrocarbures n'arrive pas à destination, Et n'est donc en fait pas vendue. En effet, une certaine quantité des hydrocarbures est utilisée pour le fonctionnement des stations de pompage n°2 et n°3 (PS_2 et PS_3) et la station de réduction de pression (P.R.S) au Cameroun, avant le terminus à Kribi. Une certaine quantité n'arrive pas non plus, pour des raisons techniques, il peut y avoir des fuites ou de l'évaporation d'une certaine quantité (pertes involontaires) avant livraison, ou de manière générale, il peut y avoir des déversements accidentels, ou un acte de sabotage du pipeline. C'était pour ces raisons que les parties prenantes au projet d'exportation du brut tchadien ont écarté du calcul de leurs revenus cette partie des hydrocarbures non acheminée au point de livraison et non vendue pour les diverses raisons susmentionnées. D'où l'installation du système de comptage fiscal au point d'exportation (point de livraison) à Kribi. Ces parties prenantes comprennent la République du Tchad, La République du Cameroun, les sociétés de Transport par pipeline au Tchad et au Cameroun (T.O.T.CO et C.O.T.CO) et les trois membres du consortium (Exxon, Chevron et Petronas).

De ce qui précède, la République du Tchad et la République du Cameroun à travers leurs administrations douanières ont signé le 26 septembre 2003 à Yaoundé un protocole d'assistance administrative mutuelle entre les douanes camerounaises et tchadiennes.

Ce protocole a été discuté et signé en considération de :

i) L'accord entre le gouvernement de la République du Tchad et le gouvernement de la République du Cameroun, relatif à la construction et à l'exploitation d'un S.T.H par pipeline du 08 février 1996 (accord bilatéral) ;
ii) Le code des douanes de la C.E.M.A.C, de la loi camerounaise n° 96/14 du 05 Août 1996, portant régime du transport par pipelines des hydrocarbures en provenance des pays tiers, de l'acte n° 9/94-U.D.E.A.C-600-CE-30 du 22 décembre 1994 approuvant le protocole d'assistance mutuelle administrative en vue de prévenir, rechercher et réprimer les infractions douanières entre les Etats membres de l'U.D.E.A.C ;
iii) Des comptes rendus des réunions tenues à Yaoundé le 25 août 2003 et à Douala le 28 août 2003, et du pipeline qui est un instrument d'intégration sous régionale.

Le protocole d'assistance administrative mutuelle entre les douanes camerounaises et tchadiennes a réaffirmé le droit de chacun des deux Etats en matière de formalités douanières. L'administration des douanes du Tchad est autorisée d'accomplir sur le F.S.O les formalités d'exportation du Brut Tchadien. En ce qui concerne l'administration des douanes du Cameroun, elle assurera la surveillance spéciale conformément aux dispositions des articles 54, 55 et 56 du code des douanes de la C.E.M.A.C. Outre ces droits, les deux parties se sont engagées de se prêter mutuellement assistance dans les conditions prévues aux articles 3 à 8 du protocole d'assistance mutuelle administrative en vue de prévenir, rechercher et réprimer les infractions douanières entre les Etats membres de l'U.D.E.A.C approuvé par l'acte n° 9/94-U.D.E.A.C-600 du 22 décembre 1994.

La loi N°04/PR/97 portant modification de l'ordonnance 07/PC/MTP/MH du 03 février 1962 portant code pétrolier

Cette loi a été adoptée pour faire bénéficier toute société de droit tchadien qui signe une convention d'établissement pour le transport des hydrocarbures de certains droits, ce qui n'existait pas dans l'ordonnance 07/PC/MTP/MH du 03 février 1962 relative à la recherche, à l'exploitation au transport par canalisations des hydrocarbures et au régime fiscal de ces activités sur le territoire tchadien. De même, cette loi fait bénéficier les prêteurs tiers de certains droits qui ne figuraient pas dans l'ordonnance. Toutefois, nous n'allons pas nous attarder sur cette loi, car, elle a déjà fait l'objet d'une analyse détaillée dans le Titre-II, Chapitre-1, de la première partie de cette étude lorsque nous avons analysé l'évolution du code pétrolier tchadien dans le temps.

La Loi N°96/14 du 5 août 1996 portant régime du transport par pipeline des hydrocarbures en provenance des pays tiers

Bien que les lois de la République du Cameroun aient prévu le transport des hydrocarbures par canalisations (pipelines), elles n'ont cependant pas traité le cas du transport des hydrocarbures par canalisations en provenance du pays tiers, d'où l'adoption de la présente loi pour combler les vides juridiques en la matière. Nous n'allons toutefois pas nous attarder sur cette loi, car, elle a déjà fait l'objet d'une analyse détaillée au Titre-II, Chapitre-1 de la première partie.

La problématique du droit de transit du Cameroun ?

Lorsque plusieurs personnes physiques ou morales signent un accord de partagent des profits, le plus souvent, l'une de parties se sentira avec le temps qu'elle serait lésée au profit d'une autre partie dans cet accord, et tente toujours de revenir sur un certain nombre d'engagements pris, ou peut même tenter de ré-ouvrir les négociations sur un aspect ou un autre de l'accord. Ce cas de figure est constaté dans le cadre du projet d'exportation du brut tchadien à travers la côte atlantique camerounaise vers le marché international. Justement, parmi les trois parties prenantes au projet à savoir le consortium pétrolier dirigé par Exxon, la République du Tchad et la République du Cameroun, cette dernière, après juste trois ans de production et de mise en exploitation du pipeline Tchad-Cameroun s'est sentie, à tort ou à raison, lésée et a essayé de revenir sur certaines clauses des accords qu'elle a volontairement signés à l'issu des négociations. En effet, au début des négociations tripartites entre la République du Tchad, la République du Cameroun et le consortium pétrolier composé d'Exxon, Chevron et Petronas, il était prévu que la République du Cameroun prenne un certain nombre d'engagements consistant à accorder à la société de transport par pipeline, C.O.T.CO et aux autres bénéficiaires (ses sous-traitants) l'exonération et l'exemption de certains impôts, taxes, droits, redevances et autres frais tels que prévus aux articles-3.6 et 4 et à l'annexe-2 de la convention d'établissement de C.O.T.CO. La République du Cameroun devait aussi s'engager à mettre à la disposition de C.O.T.CO l'emprise foncière nécessaire pour la construction et l'exploitation du système de transport camerounais, étant entendu que les indemnisations éventuelles relatives à cette mise à disposition sont supportées par la République du Cameroun. En contrepartie de ces engagements, la République du Cameroun devait recevoir des ressources financières composées d'un droit de transit (transit fees) par baril, d'un I.S, et d'une rémunération sur des fonds apportés en qualité d'actionnaire de C.O.T.CO (directement ou par le biais d'une société affiliée de l'actionnaire). Ces trois éléments constituent la source principale des revenus de la République du Cameroun tirés du projet d'exportation du brut tchadien. C'est pourquoi, un examen minutieux de ces éléments s'impose de lui-même.

D'abord, le droit de transit, son taux unitaire est négocié et arrêté à quarante et un centimes (0,41 USD) par baril en dollar courant, et sur chaque baril transporté et enlevé au Terminal Flottant de Stockage et de Chargement (F.S.O). Le fait que l'accord-cadre, premier accord signé dans le cadre du projet d'exportation du brut tchadien en janvier 1995, précise que le droit de transit est calculé et payé en *dollar courant* et sur la quantité transporté et enlevée à partir du terminal flottant au large de Kribi, sans tenir compte de l'inflation, ni la fluctuation du prix du brut sur le marché international, tout observateur averti pourrait faire des remarques pertinentes sur cette question. En effet, la notion de dollar courant, ou en d'autres termes dollar nominal écarte ipso facto la prise en compte de facteur d'inflation dans le calcul économique, alors que l'inflation est un index important des paramètres économique d'un pays. Aussi, un (1) USD 1995 n'a pas la même valeur ou pourvoir d'achat qu'un (1) USD 2005. De même, le droit de transit est assis uniquement sur le volume de brut transporté et enlevé au Terminal Flottant, et ne tient pas compte de la fluctuation du cours du brut sur le marché international. En outre, un autre élément négatif s'ajoute à ceux déjà cités. Il s'agit de la liquidation du droit de transit en dollars, alors que le budget de la République du Cameroun est préparé, adopté et dépensé en francs CFA. Pour mémoire, à la signature de l'accord-cadre le 31 janvier 1995, le taux de conversion était de un (1) USD égale à sept cents (700) FCFA. Or, depuis le début de l'exploitation du Système de Transport camerounais, le dollar varie entre quatre cents et cinq cents (400 à 500) FCFA. C'est un impact négatif, car on constate une baisse du cours du dollar par rapport au Franc CFA. En ce qui concerne l'I.S, la société C.O.T.CO est soumise au paiement de l'impôt au taux unique et réduit de cinq pour cent (5%), alors que le taux de l'I.S de droit commun de l'époque était de trente-huit pour cent (38%) conformément au C.G.I. L'autre élément qui entre en jeux est celui du profil de production envisagé qui a servi de base pour le calcul de revenus tirés du projet d'exportation du brut tchadien par toutes les parties prenantes, y compris la République du Cameroun. Ce profil s'est justement révélé faux du fait que le consortium n'a jamais atteint la quantité maximale escomptée, qui était de deux cent cinquante mille (250.000) barils par jour, et produit quotidiennement la moitié de ce qui a été prévu pendant les négociations pour les quatre premières années. En effet, pendant le quatre (4) premières années de production, le Consortium produisait en moyenne 120.000 barils par jour en lieu et place de 250.000 barils par jour estimés avant le début de la mise en production des champs pétroliers. Enfin, la République du Cameroun reçoit en sa qualité d'actionnaire C.O.T.CO, directement ou indirectement avec les autres actionnaires, des dividendes en rémunération des apports financiers des actionnaires au taux de dix pour cent (10%) après impôts.

Le Droit de transit et le chiffre magique de 0,41$ par baril

L'utilisation du mot « Droit » de transit, pour nous, est un peu aberrante et provient du fait que l'anglais domine le français dans l'industrie pétrolière internationale comme langue de négociation et de travail. Comme ci-dessus rappelé, en contrepartie des allégements fiscaux accordés à la société C.O.T.CO et ses sous-traitants, et la mise à disposition de l'emprise foncière pour la construction et l'exploitation du pipeline, le Cameroun devra recevoir un montant couvrant des taxes et impôts, des dividendes en qualité d'actionnaire de COTCO et des frais de transit (transit fees). Justement, l'emprise foncière que le Cameroun a mis à la disposition du projet couvre une superficie d'environ neuf cents kilomètre (900Km) de long et trente mètre (30 m) de large. Il n'est pas vain de rappeler que c'est le Cameroun qui a payé tous les frais d'indemnisation et de compensation de cette emprise conformément à sa loi domaniale, et la Banque Mondiale a exigé à C.O.T.CO de compléter ces paiements conformément à ses normes en matière de compensations dans ce genre de projet. Du fait que les négociations tripartites entre les délégations du Tchad, du Cameroun et du Consortium se déroulaient principalement en anglais, même, si la traduction était de temps à autre assurée, et que les rédactions se faisaient d'abord en anglais avant leur traduction en français, le terme retenu en anglais était « Transit fees », ce qui signifie exactement dans la langue de Molière « frais de transit » et non « Droit » de transit, mais, le traducteur francophone d'alors a plutôt retenu le mot « Droit » au lieu de « Frais ». Etant un ancien élève de l'Ecole du Pétrole en France « E.N.S.P.M », nous avons constaté que même dans cette école, la plupart des cours étaient dispensés en anglais, et tous les chercheurs de l'Institut Français du Pétrole « l'I.F. P » publiaient leurs articles scientifiques en anglais, sous prétexte de toucher un grand nombre de lecteurs. Certains enseignants de l'Ecole du Pétrole disaient même que l'anglais est la langue du Pétrole. Donc, l'anglais a, en effet, dominé le français dans les négociations et les rédactions pendant la mise en place de tous les accords et textes devant régir le projet d'exportation du brut tchadien et le projet du pipeline Tchad-Cameroun. S'agissant du taux de Droit de transit, le chiffre de 0,41$/baril est-il magique ? Non, nous ne le pensons pas, car ce chiffre provient d'un résultat du calcul économique dudit projet basé sur un cours de baril à quinze dollars par baril (15$/baril) en 1995. En effet, le Tchad et le Consortium ont, pendant les négociations, accepté de céder une enveloppe de cinq cents millions de dollars (500.000.000$) couvrant les trois sources de revenus du Cameroun à savoir les taxes et impôts, les dividendes et le Droit de transit dans le cadre du projet pipeline Tchad-Cameroun. Une méthode de calcul appelé netback a été réalisé. C'est ainsi que, de cette enveloppe, il a été déduit, après plusieurs simulations économiques, un montant correspondant aux taxes, impôts et dividendes sus-visés, et le solde a été divisé par neuf cents millions (900.000.000) de barils sur la durée de vie du projet estimé à vingt-cinq (25) ans, ce qui a donné comme résultat quarante et un cent par baril (0,41$/baril). Il nous semble nécessaire d'expliquer aux générations actuelle et future d'où provient ce chiffre précis de 0,41$/baril qui ressemble à un chiffre magique. Ainsi, toute démarche pour la révision du taux de Droit de transit devra suivre, en toute logique, les mêmes schémas et la même base de calcul pour ne pas être en porte-à-faux avec les données de base et les accords entre les parties.

Avec un taux fixe de droit de transit et une production journalière qui représente la moitié de ce qui a été prévu, ainsi qu'un taux d'échange dégradé qui oscille entre quatre cents et cinq cents (400 et 500) FCFA, au lieu de sept cents (700) FCFA pendant les négociations, la République du Cameroun s'est retrouvée, pendant le huit (8) premières années de production et d'exportation du brut tchadien, avec des revenus inférieurs à ceux escomptés pendant les négociations. D'où, la colère de certains responsables camerounais. Cette colère s'est traduite par les propos tenus par les responsables du secteur pétrolier camerounais et publié dans certains sites internet et dans la lettre de C.P.S.P. Dans cette lettre publiée dans le site de l'agence Ecofin, on trouve un article intitulé : « La modestie des droits de transit engrangés par le Cameroun remet à l'ordre du jour l'impératif de renégocier le contrat ». La lettre du C.P.S.P publiée au début de l'année 2012 souligne que « depuis l'entrée en activité du pipeline Tchad-Cameroun le 3 octobre 2003, les enlèvements sont au nombre de quatre cent soixante-deux (462), totalisant quatre cent dix-sept million (417.000.000) de barils de pétrole, pour des retombées financières totales de la République du Cameroun estimées à cent soixante et onze millions (171.000.000) de dollars, soit quatre-vingt-cinq virgule cinq (85,5) milliards de FCFA. Mais, à bien y regarder, cette somme gagnée par le trésor public camerounais est bien minable ».

En effet, diverses sources autorisées et documents comptables révèlent qu'en trois (3) ans seulement, après l'entrée en activité de cet oléoduc (pipeline), le consortium aurait déjà réussi à amortir la totalité de ces deux mille trois cents (2.300) milliards de FCFA, l'équivalent de trois virgule cinq (3,5) milliards de dollar US investis dans le projet d'exportation du brut tchadien. Le consortium ayant amorti son investissement assez rapidement, les ressources tirées de la vente du pétrole tchadien par ces compagnies pétrolières sont enregistrées à la rubrique bénéfices. Alors que la République du Cameroun se contente, en huit (8) ans, des revenus de l'ordre de 85,5 milliards de FCFA seulement, selon toujours certains responsables camerounais.

Adolphe Moudiki, Président du C.P.S.P et Administrateur Directeur Général (Adg) de la S.N.H a révélé au cours d'une cérémonie organisée à Douala en 2009 qu'il souhaitait « réviser le droit de transit dans le but de rétablir la justice économique », et « l'ambition du gouvernement camerounais de renégocier le contrat avec C.O.T.CO (la société qui exploite le pipeline pour le compte du consortium susmentionné) afin que les revenus du Cameroun [ne soient plus] inversement proportionnels à l'embellie des cours mondiaux du pétrole, dont celui du Tchad qui transite par le territoire camerounais ». Le 5 juillet 2011, Monsieur Essimi Menyé, alors ministre des finances emboitant le pas de l'Adg de la S.N.H au cours d'une négociation très serrée avec C.O.T.CO sur le financement du déplacement du pipeline sur le site du futur barrage de Lom pangar a également dit « le désir du gouvernement [est] de renégocier le contrat sur le droit de transit du pétrole tchadien ». De même, il a été plus précis sur les attentes de la partie camerounaise, « nous n'allons pas demander une réévaluation du droit de transit, nous voulons simplement l'équivalent de ce droit en pétrole ». Le successeur d'Essimi Menyé aux finances va-t-il suivre la même voie, ou va-t-il simplement laisser tomber ce projet qui semblait déjà être une pilule difficile à avaler pour C.O.T.CO ? « En tout cas, troquer le droit de transit du pétrole brut recèle l'avantage de pouvoir permettre au Cameroun de tirer profit de l'embellie des cours mondiaux de l'or noir, en vendant, lui-même la cargaison reçue » ajouta le ministre des finances camerounais.

L'analyse minutieuse des déclarations des différents responsables camerounais nous conduit, d'abord, à confirmer de ce que nous avons signalé en introduisant ce sujet, et à faire quelques remarques. Il est à noter que les vœux ou les désirs des deux responsables camerounais ne sont pas identiques. D'un côté, d'après sa déclaration reprise sur le site internet « les revenus du Cameroun [ne sont plus] des investissement proportionnels à l'embellie des cours mondiaux du pétrole, dont celui du Tchad qui transite par le territoire camerounais », l'Adg de la S.N.H estime que le taux de droit de transit est minime, que les revenus ne sont pas à la hauteur de l'attente de la

République du Cameroun, et souhaite désormais son indexation sur le cours du brut sur le marché international ou son augmentation. Alors que le ministre des finances n'évoque pas la question de l'augmentation ou de l'indexation du droit de transit sur les cours du brut, mais, souhaite plutôt son versement en pétrole (en nature) pour permettre à la République du Cameroun de tirer profit de vente de son droit de transit. Dans les deux cas de figure, la société C.O.T.CO signataire d'une convention d'établissement pour la construction et l'exploitation du système de transport camerounais aura des difficultés à accéder à la demande de la République du Cameroun, sans le consentement des expéditeurs d'origine que sont la République du Tchad, Exxon, Chevron et Petronas.

Pourquoi C.O.T.CO a-t-elle des difficultés à accéder à la demande de la République du Cameroun ?

Le droit de transit lui-même constitue un élément de tarifs de transport du brut depuis les champs pétroliers au sud de la République du Tchad jusqu'au point de chargement sur le terminal flottant au Cameroun. Etant donné que les tarifs de transport sont considérés comme des charges déductibles dans le calcul de la redevance sur la production de la République du Tchad, ainsi dans celui des bénéfices imposables du consortium, toute augmentation de droit de transit au Cameroun entrainera ipso facto une baisse des revenus en amont pour la République du Tchad et les trois membres du consortium. D'où leurs consentements pour la révision en hausse du droit de transit sont obligatoirement requis. La perception du droit de transit en pétrole (en nature) est une option qui n'a pas été traitée par les accords tripartites entre les deux Etats et les trois membres du consortium. Toutefois, il n'est pas interdit que la République du Cameroun puisse demander de transformer, ou de convertir le montant de droit de transit en pétrole. Pour notre part, nous ne voyons pas le profit que la République du Cameroun pourrait tirer en changeant le mode de perception de droit de transit tel qu'affirmé par le ministre des finances, car, le prix de cession du brut au Cameroun au titre de son Droit de transit sera le prix du marché international du pétrole F.O.B. Autrement dit, le prix sur le marché international du brut est ramené au point de chargement au large de Kribi, après déduction des coûts de transport. Donc, la République du Cameroun ne tirera aucun profit en cédant son brut au prix d'acquisition, calé sur le prix du marché international. Le seul profit qu'on peut se permettre d'imaginer serait celui d'alimenter une raffinerie au Cameroun. Donc, ce dernier pourrait tirer profit de la vente des produits pétroliers et des produits dérivés résultant du raffinage de son droit de transit et non de sa vente directe sur le marché international. Pour rappel, en application des dispositions pertinentes de la convention des Nations Unies sur le droit de la mer du 10 décembre 1982, il a été décidé par le Tchad et le Cameroun d'intégrer le pipeline comme moyen de transport au sens de la susdite convention, et d'arrêter le taux unitaire du droit de transit pour les bruts issus du permis-H tel que défini et annexé à l'accord-cadre du 31 janvier 1995, à l'accord bilatéral entre les deux Etats du 08 février 1996, et à la convention d'établissement de C.O.T.CO du 07 février 1997, à quarante et un cents US par baril (0,41 USD par baril). Ce taux unitaire du droit de transit figure bel et bien à l'article-3.4 de l'accord-cadre, et à l'article 31.1 de la convention d'établissement signée entre la République du Cameroun et la société de transport par pipeline C.O.T.CO. Le permis-H tel que défini et annexé aux différents accords comprend les cinq bassins sédimentaires suivants : Lac Tchad, Bongor, Doba, Doséo et Salamat. Le taux unitaire du droit de transit pour les autres bruts est à convenir entre la République du Cameroun et les expéditeurs de bruts (alinéa 4, de l'article-31.1 de la Convention de C.O.T.CO de 1997). Donc, selon notre lecture des différents accords existants, aucun mécanisme de révision du taux unitaire du droit de transit en hausse n'est prévu avec le Cameroun pour les bruts issus desdits bassins. Cependant, il a été convenu que les bruts produits à partir des autres bassins tchadiens ou d'autres pays peuvent faire l'objet de discussions d'un nouveau taux unitaire de droit de transit. Notre surprise fut grande lorsque nous avons appris par certaines sources que le Cameroun aurait exigé un taux unitaire du droit de transit de trois virgule huit (3,8) USD par baril au lieu du taux convenu depuis 1995 et appliqué pendant environ dix (10) ans, depuis 2003 (0,41 $ US par baril), et que la délégation tchadienne aux négociations aurait trouvé un accord avec la partie camerounaise sur un taux de 1.3 USD par baril[208], lors de la dernière session en juillet 2013. Autrement dit, le taux unitaire du droit de transit en cours d'application a été multiplié par plus de trois cents pour cent (0,41*317%), et que désormais, pour chaque chargement d'un bateau pétrolier, le Cameroun encaissera environ un million et trois cents

[208] Ce chiffre est clairement indiqué dans les minutes de négociations de juillet 2013 signés à Yaoundé entres les deux délégations et C.O.T.CO.

mille (1.300.000) dollars US, contre quatre cent dix mille (410.000) $ US auparavant. Le Consortium pétrolier qui n'avait pas pris part aux négociations bipartites entre le Tchad et le Cameroun a réagi et a exprimé son désaccord avec l'augmentation unilatérale de droit de transit par les deux Etats, car, elle aura pour conséquence la hausse du tarif de transport qui à son tour impactera négativement les revenus pétroliers en amont. Mais, étant une structure privée et n'ayant pas la force d'affronter deux Etats en même temps, le Consortium propose une porte de sortie pour accepter l'accord sur le droit de transit : il faut que le Tchad lui accorde une marge bénéficiaire sur le tarif du pipeline. Après plusieurs séances de négociations, une marge de un virgule huit dollar par baril (1,8 $US/baril) lui a été accordée. L'analyse économique de l'impact d'augmentation du droit de transit et la marge accordée sur le tarif de transport donne les résultats suivants :

- Le Consortium pétrolier, non seulement, arrive à neutraliser l'effet négatif de l'augmentation du droit de transit sur ses revenus en amont, mais, a également gagné environ 0,72 $/baril de plus ;
- Le Cameroun, en sus de ce qu'il gagnait avant l'augmentation du droit de transit et l'augmentation du tarif de transport, a gagné 0,98 $/baril de plus ;
- Le Tchad, évidemment, le seul qui a perdu environ 1,69 $/baril. Imaginons le manque à gagner au trésor public tchadien sur une production de 120.000 barils par jour pendant une année !

L'exigence du Cameroun d'augmenter le taux unitaire du droit de transit est-elle justifiée ?

Pour nous, cette exigence est non justifiée et ce pour deux raisons : La première est que le Cameroun a pris des engagements, en tant qu'Etat côtier dans le cadre de la convention des Nations Unies sur le droit de la mer du 10 décembre 1982, qui consistent à faciliter le passage en transit des marchandises de ses Etats voisins sans littoral, bien entendu le pétrole en fait partie. La seconde est que le Cameroun a aussi pris des engagements dans des accords bipartites avec le Tchad et/ou tripartites avec le Tchad et les expéditeurs d'origine à travers la société C.O.T.CO. Toutefois, nous pensons que la seule demande légitime du Cameroun que les deux autres partenaires (le consortium et le Tchad) devraient étudier et chercher les voies et moyens pour y répondre positivement est celle relative à la baisse aigüe de production par rapport au profil prévisionnel de production utilisé pendant les négociations comme base de calcul et la dégradation du cours de dollar américain par rapport Franc CFA (la passage de 700 FCFA à 400 FCFA pour un dollar). En effet, il était prévu que pendant les quatre premières années de production, les trois champs produisent deux cents cinquante mille (250.000) barils par jour. Or, tout le monde a été surpris par la géologie du sous-sol tchadien qui n'a pas confirmé le niveau de production escompté. La baisse de production était presque de moitié pour cette période. Donc, à notre sens, le Cameroun devrait plutôt évoquer à ses partenaires (le Tchad et le consortium) les difficultés de trésorerie auxquelles il fait face du fait de la baisse de production, car, ses revenus sont indexés uniquement sur le volume produit, transporté et vendu, et ne tiennent pas compte de la hausse du prix du brut sur le marché international. Les deux partenaires devraient en effet répondre positivement soit sous forme d'avances de fonds remboursables pour redresser la trésorerie du Cameroun pour la période susvisée, soit en lui accordant les fonds à titre gracieux, car, les deux partenaires ont beaucoup tiré profit de la hausse du prix du brut sur le marché international. Ce fonds devrait récompenser la baisse de production de quatre premières années de production par rapport au profil prévisionnel de production. Donc, normalement, il ne devrait pas y avoir d'augmentation permanente du taux unitaire du droit de transit. La nouvelle augmentation du taux unitaire du droit de transit accordée affectera sensiblement les revenus pétroliers futurs du Tchad, car, le droit de transit constitue l'un des éléments du tarif de transport qui est considéré comme une charge financière systématiquement déduite de la redevance sur la production et de l'assiette fiscale taxable (la base de calcul de l'IS). Pour rappel, le Cameroun a pour la première fois introduit sa demande de révision du droit de transit dès 2006, autrement dit, juste trois après le début de la production. Mais, ni les autorités tchadiennes, ni les responsables du consortium de l'époque n'étaient disposés à rouvrir les négociations sur le taux unitaire du droit de transit. En effet, les trois membres du consortium sont considérés comme des expéditeurs d'origine qui devraient logiquement être associés à toute négociation ou renégociation tendant à changer le taux unitaire du droit de transit. Justement, il fallut attendre une nouvelle équipe tchadienne de négociations, assistée d'un cabinet conseil de nationalité d'un pays de la sous-région C.E.M.A.C, pour qu'enfin le Cameroun puisse être en mesure de multiplier son droit de transit par plus de trois cents pour cent, et ce à l'insu des membres du consortium.

Au moment où nous analysons et rédigeons ce passage, nous apprenons par le biais de la presse que d'autres bruts en provenance de la République du Tchad vont emprunter le pipeline d'exportation Tchad-Cameroun. En effet, il était prévu qu'au second semestre de l'année 2013, le pipeline Tchad-Cameroun accueille du pétrole appartenant à de nouveaux exploitants en activité pétrolière au Tchad. Selon le C.P.S.P qui annonce la nouvelle dans sa dernière publication de 2012, il s'agit des productions des compagnies pétrolières China National Petroleum Company (C.N.P.C) et CARACAL. Théoriquement, le transport de ces nouvelles cargaisons par l'oléoduc Tchad-Cameroun devrait augmenter le nombre d'enlèvements effectués au terminal de Kribi et donc, le montant des droits de transit du pétrole tchadien engrangé par le trésor public camerounais. En revanche, cette augmentation du volume transporté constituera encore sans nul doute, du fait de l'augmentation du droit de transit de 0,41 USD à 1,3 USD par baril, un manque à gagner énorme pour le trésor public tchadien.

En ce qui concerne le volet environnemental, comme nous l'avons rappelé à maintes reprises dans l'analyse et l'examen des lois récentes de deux Etats, en rapport avec la réalisation du projet d'exportation du brut tchadien, cela a été un avantage d'avoir plusieurs catégories de partenaires, à savoir deux Etats (le Tchad et le Cameroun), trois compagnies pétrolières (Exxon, Petronas et Chevron), deux sociétés de transport par pipeline (C.O.T.CO et T.O.T.CO) et des Banques publiques et privées (la Banque Mondiale, la Société Financière Internationale, la US-EXIMBANK, la COFACE etc.). Tous ont participé à son financement et/ou son refinancement. Par conséquent, au-delà des normes environnementales contenues dans des textes nationaux de la République du Tchad et de la République du Cameroun, plusieurs normes du groupe Banque Mondiale, des prêteurs et des normes internationales ont été appliquées. Ainsi, la notion de la protection de l'environnement a connu une immense évolution car dans le cadre de l'exécution de ce projet, celle-ci était au centre des préoccupations des toutes les parties prenantes.

En toute logique, on peut affirmer que sur le plan environnemental, ce projet a été très bien cerné, et ceci pour deux raisons :

i) Les directives environnementales imposées par la B.M et les autres prêteurs ont été au-delà de normes des compagnies pétrolières impliquées dans ce projet, des deux pays et même de l'industrie pétrolière internationale en général ;

ii) La Banque Mondiale a, dans le cadre de son programme de renforcement des capacités des responsables et cadres nationaux des deux Etats, débloqué des moyens colossaux pour la maîtrise et la prise en mains du projet par les cadres nationaux de deux pays.

Ainsi, l'ensemble des dix-neuf (19) volumes de documents environnementaux composés de six (6) volumes constituant le P.G.E pour la partie tchadienne, six (6) volumes constituant le P.G.E pour la partie camerounaise, six (6) volumes constituant des documents annexes et un (1) volume de synthèse, constituant la documentation environnementale pour le projet d'exportation du brut tchadien, a été produit dans les deux pays d'accueil. Cette documentation décrit les enquêtes, les analyses et les études d'impacts sur l'environnement menées conjointement, ainsi que les engagements de gestion de l'environnement des promoteurs et de chaque pays d'accueil[209].

La documentation environnementale provisoire a été développée dans le cadre des études scientifiques et des consultations publiques, lesquelles ont commencé en 1993. Une base de données tirée des cartes produites par le S.I.G a été produite pour faciliter l'évaluation environnementale des alternatives du projet. Les consultations publiques ont réuni un grand nombre d'O.N. G et d'associations de la société civile. Ainsi, plus de deux cents (200) réunions avec les villageois ont été menées dans le cadre de l'E.M.H. La documentation environnementale provisoire, ainsi que les documents y afférents ont été publiés en septembre 1998. La documentation environnementale finale a été, après avoir recueillie, analysé et intégré les commentaires obtenus dans le cadre des consultations publiques, publiée en mai 1999. Les Plans de Gestion de l'Environnement pour le projet auquel participe le groupe Banque Mondiale définissent les plans d'action pour assurer la protection de l'environnement. Ils contiennent les actions, responsabilités, calendriers et budgets spécifiques.

Après cette brève introduction sur la documentation environnementale du projet d'exportation du brut tchadien, nous

---

[209] Etude d'Impact sur l'Environnement du Projet d'Exportation Tchadien, Dames & Moore, Préface du Résumé, mai 1999.

allons aborder différemment celle-ci en République du Tchad et en République du Cameroun avant de présenter les annexes.

La documentation environnementale au Tchad

Au Tchad, la documentation environnementale est composée de six (6) volumes qui constituent le P.G.E. Ce plan comprend notamment, les plans spécifiques détaillés pour la compensation et la réinstallation, les normes techniques et de construction, la surveillance de l'environnement, la gestion des sites culturels et la gestion des déchets, les cartes-tracés environnementales définissant des mesures d'atténuation spécifiques à chaque site pour la zone du projet, et des instructions d'atténuation kilomètre par kilomètre pour tout le tracé de l'oléoduc, le P.D.R de la zone des champs pétroliers et le P.G.R.P développés avec l'aide du groupe Banque Mondiale; et le programme de renforcement des capacités institutionnelles. Le plan de gestion des revenus pétroliers a été consacré par la loi 001/PR/99 du 11 janvier 1999 portant gestion des revenus pétroliers au Tchad, puis modifié en 2000 et 2006. Nous allons développer ces lois dans les paragraphes qui suivent, car, celles-ci ont, par la suite, été la cause et la base de la rupture entre la République du Tchad et le groupe Banque Mondiale dans le cadre du projet d'exportation du brut tchadien. Le P.D.R a connu, pour son implantation dans la région productrice, deux difficultés majeures à savoir la définition des limites et de l'étendue de la région de production et l'adoption de ce plan par l'Assemblée nationale sous forme de loi. Pour la première difficulté, il y a eu un débat très profond sur les limites territoriales de la région productrice. Au départ, les autorités compétentes ont voulu l'étendre à quatre (4) régions administratives : Logone Orientale, Logone Occidentale, Tandjilé et le Moyen-Chari, mais, après les débats, la région productrice a été limitée à la seule région de Logone Orientale et les parties de trois (3) autres régions adjacentes. Pour ce qui est de la seconde difficulté, le Conseil des Ministres, lors d'une séance ordinaire devant statuer sur le P.D.R, a eu toutes les difficultés politiques à adopter le projet de loi portant le plan de développement régional pour une (1) seule région sur les vingt-deux (22) régions que compte alors le pays. Par conséquent, le projet de loi a été rejeté par le Conseil des Ministres, et donc, non-transmis à l'Assemblée nationale pour son adoption sous forme de loi. Toutefois, ce plan a été, selon les informations recueillies auprès du Secrétaire Général du ministère de l'environnement en juillet 2012, exécuté dans le cadre des investissements financés par les cinq pour cent (5%) de la redevance sur la production pétrolière destinés à la région productrice conformément à l'article 212 de la constitution tchadienne en vigueur, en sus des investissements planifiés et exécutés sur le plan national.

Le Plan de Gestion des Revenus Pétroliers :

Ce plan a été développé avec l'aide de la B.M et adopté sous forme de loi par l'Assemblée nationale du Tchad, signée et promulguée par le Président de la République sous le nom de : la loi N°001/PR/99 du 11 janvier 1999 portant gestion des revenus pétroliers. Cette loi peut être considérée comme une innovation dans l'industrie pétrolière africaine de manière générale, et dans la sous-région de la C.E.M.A.C en particulier. Elle établit un processus permettant à la République du Tchad de programmer la gestion à long terme de ses revenus pétroliers, assurant ainsi que les bénéfices du projet profitent aux citoyens tchadiens, y compris ceux de la région productrice et aux générations futures. La loi portant gestion des revenus pétroliers fait partie intégrante de la documentation environnementale. Elle est insérée dans le P.G.E, Volume-4, partie II. Cela témoigne, non seulement que ce projet-modèle ne s'est pas limité à la définition classique en matière environnementale (protéger, conserver, sauvegarder, atténuer, limiter l'impact d'un projet sur l'environnement), mais, aussi qu'il est allé au-delà, jusqu'à s'intéresser à la gestion à long terme des revenus tirés de l'exploitation pétrolière. La loi N°001/PR/99 du 11 janvier 1999, portant gestion des revenus pétroliers vise essentiellement à déterminer les modalités de gestion des revenus pétroliers tirés de l'exploitation de trois (3) gisements pétroliers au sud du Tchad dans le bassin de Doba à savoir : Kome, Bolobo et Miandoum (Article-1). Les revenus pétroliers sont divisés en deux parties, l'une comprenant la redevance et les dividendes, appelée ressources directes et l'autre comprenant les impôts, taxes et droits de douanes, appelée ressources indirects (Article-2). Toutes les redevances et dividendes (ressources directes) seront déposés sur un compte séquestre off-shore auprès d'une institution financière internationale (Article-3). Le compte séquestre off-shore des ressources directes a été ouvert à Citibank à Londres depuis l'inauguration du premier baril du brut tchadien sur le marché international le 3 octobre 2003. A titre de rappel, la mise en production des trois champs est intervenue précisément le 29 juin 2003. Mais, il fallait remplir le pipeline avant que le premier baril ne sorte du F.S.O à Kribi. D'où le fait que le premier chargement de Tanker se soit déroulé le 3 octobre 2003. Quatre-vingt-dix pour cent (90%) de ces ressources seront versés sur des comptes spéciaux du trésor logés dans une ou deux banques primaires de la place au Tchad, et les dix pour cent (10%) restant sont déposés dans un compte d'épargne ouvert dans une institution financière internationale au profit des générations futures (Article-3). Le compte d'épargne a été ouvert à Citibank à Londres depuis l'inauguration du premier baril du brut tchadien sur le marché international le 3 octobre 2003. Quatre-vingt-dix pour cent (90%) des ressources directes sont affectées et investies de la manière suivante (Article-8): quatre-vingts pour cent (80%) seront affectées aux dépenses d'investissement dans les secteurs prioritaires, quinze pour cent (15%) sont destinés aux dépenses de fonctionnement et d'investissement courants de l'Etat, et cinq pour cent (5%) des redevances tout court sans les dividendes sont destinés aux collectivités décentralisées de la région productrice et ce en conformité avec les dispositions de l'article 212 de la constitution en vigueur au Tchad. Sont considérés comme secteurs prioritaires : les secteurs de la santé publique et des affaires sociales, de l'enseignement, des infrastructures, du développement rural (agriculture et élevage), de l'environnement et de l'eau (Article-7). Quant aux ressources indirectes, constituées des taxes, impôts et droits de douanes, elles sont directement déposées sur les comptes du trésor public (Article-4). L'un des aspects principaux de la loi 001/PR/99 est la création d'un collège de contrôle qui, avec les autres institutions (telles que le contrôleur financier du ministère en charge des finances, la Chambre des comptes de la Cour Suprême et l'Assemblée nationale), contrôle les différentes affectations et l'utilisation des revenus pétroliers (Article-14). Ce collège de contrôle est dénommé Collège de Contrôle et de Surveillance des Revenus Pétroliers (C.C.S.R.P) (Article-15). Le C.C.R.S.P est composé, selon l'Article-16, d'un (1) Magistrat de la Cour Suprême, d'un (1) Député, d'un (1) Sénateur, du Directeur National de la B.E.A.C, du Directeur du Trésor, du Directeur du Pétrole, du Directeur de la Planification des O.N.G locales et d'un (1) Représentant des Syndicats. Cette composition a été modifiée, car, depuis l'instauration de la démocratie en 1990, l'Etat a organisé des élections législatives pour l'élection des députés qui siègent au niveau de l'Assemblée nationale. Cependant, il n'y a pas eu d'élections de sénateurs et d'installation d'un Senat. De même, les O.N.G et la société civile ont contesté le nombre des représentants du gouvernement au sein du C.C.S.R.P. Du coup, il a été procédé au remplacement du directeur du pétrole et du directeur de la planification et du développement par deux (2) membres de la société civile. Ce changement a été concrétisé par la loi N°016/PR/2000 du 18 août 2000 portant modification de la loi 001/PR/1999 du 11 janvier 1999.

En ce qui concerne les modalités de suivi des affectations et d'utilisations des revenus pétroliers, la loi 001/PR/1999 du 11 janvier 1999 a prévu un certain nombre d'audits et rapports qui doivent être périodiquement produits à l'attention du gouvernement, notamment des audits annuels des comptes spéciaux et du compte d'épargne au profit des générations futures, des rapports périodiques de gestion du compte d'épargne pour les générations futures et des comptes d'épargne des éventuels surplus de financement, des rapports périodiques du C.C.S.R.P, des rapports et audits de la CO.B.A.C[210] sur les banques primaires assurant la gestion des comptes spéciaux spécifiques, et des audits annuels des comptes d'exécution du budget général de l'Etat établis par la Chambre des Comptes. Tous ces différents audits et rapports feront l'objet d'une publication annuelle par le gouvernement (Article-22).

---

[210] La CO.B.A.C désigne la Commission Bancaire de l'Afrique Centrale. Les Etats membres de l'Afrique Centrale se sont très tôt rendu compte de la nécessité de contrôler l'activité bancaire en s'engageant à harmoniser leurs politiques relatives à l'exercice de la profession bancaire, du contrôle des établissements financiers, ainsi que de la distribution et du contrôle du crédit (Article-14 de la Convention du 22 novembre 1972). Cette mission fut en effet confiée à la B.E.A.C. Dans un premier temps, la B.E.A.C a créé en 1979 une cellule de contrôle des banques, puis une direction de la réglementation et du contrôle des banques. Malheureusement, les deux structures ont vite montré leurs limites. C'est ainsi que les Etats membres de l'Afrique Centrale (Cameroun, Congo, Gabon, Guinée Equatoriale, Centrafrique et Tchad) ont signé le 16 octobre 1990 une convention relative à la création d'une (CO.B.A.C chargée de veiller au respect par les établissements de crédit des dispositions législatives et réglementaires qui leur sont applicables édictées par les autorités, la Banque Centrale, ou par elle-même et de sanctionner les manquements constatés. Conscients que le bon fonctionnement de la CO.B.A.C et la réalisation de ses objectifs primordiaux dépendent de la cohérence des réglementations bancaires de leurs Etats, ces derniers ont signé le 17 janvier 1992 une convention relative à l'harmonisation de la réglementation bancaire dans les Etats de l'Afrique Centrale. La CO.B.A.C exerce sa compétence dans les six (6) Etats membres de la CEMAC. **Source** : documents de la CO.B.A.C et de la B.E.A.C.

Un changement de détail est apporté au Plan de Gestion des Revenus Pétroliers

Le programme de gestion des revenus pétroliers, consacré par la loi 001/PR/1999 du 11 janvier 1999 portant gestion des revenus pétroliers et la loi N°016/PR/2000 du 18 août 2000 portant modification de la loi 001/PR/1999 du 11 janvier 1999 a, une nouvelle fois, subi une modification, cette fois-ci de taille. En effet, l'Assemblée nationale a délibéré et adopté le 29 décembre 2005 et le Président de la République a promulgué le 11 janvier 2006, la loi N°02/PR/2006 portant amendement de la loi 001/PR/1999 du 11 janvier 1999 portant gestion des revenus pétroliers et la loi N°016/PR/2000 du 18 août 2000 portant modification de la loi 001/PR/1999 du 11 janvier 1999. L'Article-1 de la loi 001/PR/99, qui limitait le champ d'application de celle-ci à trois (3) champs pétroliers à savoir ceux de Kome, de Bolobo et de Miandoum, a été amendé de telle sorte que la loi s'applique désormais aux revenus pétroliers provenant « de tous les champs pétroliers du Tchad » (Article-1, nouveau). L'Article-3 a été aussi amendé de telle sorte que le Fonds F.G.F qui représentait 10% des ressources directes et déposé dans un compte d'épargne dans une institution financière internationale pour les générations futures est désormais supprimé. « Toutes les ressources directes sont versées dans des comptes spéciaux logés dans une ou plusieurs banques primaires de la place » (Article-3, nouveau). L'Article-7 de la loi qui définit les secteurs prioritaires a également été amendé pour élargir la liste des secteurs prioritaires à d'autres secteurs comme « l'énergie et le pétrole, la justice, la sécurité et l'administration du territoire » (Article-7, nouveau). Aussi, il est précisé dans cet article que « la liste des secteurs prioritaires peut être actualisée en cas de besoin par décret pris en Conseil des Ministres ». De notre point de vue, cette dernière précision pose problème pour deux raisons. D'abord, on ne peut pas imaginer une situation où la représentation nationale élue par le peuple soit écartée du processus de la définition de priorités de celui-ci « modification par un décret du Conseil des Ministres ». En d'autres termes, l'A.N devra absolument être consultée avant toute modification des secteurs prioritaires. Puis, les textes d'application d'une loi ne devront en aucune manière modifier les dispositions ou les contenus de la loi, au contraire ils devront davantage clarifier, préciser et appliquer les dispositions de celle-ci. Or, réduire ou élargir la liste des secteurs prioritaires est un changement de taille et ne doit pas être opéré juste par décret, fut-il pris en Conseil des Ministres.

L'article-8, concernant la répartition des ressources directes a été rectifié. Ainsi, les dépenses d'investissement dans les secteurs prioritaires sont limitées à soixante-cinq pour cent (65%) des redevances et soixante-dix pour cent (70%) des dividendes (Article-8, nouveau), au lieu de soixante-douze pour cent (72%) de toutes les ressources directes. Les dépenses de fonctionnement et d'investissement courant de l'Etat ont été revues à la hausse et représentent trente pour cent (30%) des ressources directes (Article-8, nouveau), au lieu de treize et demi pour cent (13,5%) (Article-8, ancien). Quant au cinq pour cent (5%) des redevances, destinés aux collectivités décentralisées de la région productrice conformément aux dispositions de l'article 212 de la constitution, ils n'ont pas connu de changement. Pour rappel, la loi N°016/PR/2000 du 18 août 2000 portant modification de la loi N°001/PR/99 du 11 janvier 1999 a, d'ailleurs, apporté une modification au niveau de la composition du C.C.S.R.P, en remplaçant deux (2) membres du Collège représentants le gouvernement par deux (2) membres de la société civile. Cela permet d'augmenter le nombre de représentants de la société civile à quatre (4) (Article-16 ancien). La loi N°02/PR/2006 a amendé les dispositions de cet article, en lui apportant le rajout d'un (1) nouveau membre dans la composition du Collège. Il s'agit du représentant du C.E.S.C, et en lui précisant la qualité des quatre (4) membres représentants la société civile, il s'agit de : un (1) représentant des confessions religieuses, un (1) représentant des O.N.G nationales, un (1) représentant des syndicats et un (1) représentant des associations de Défense des Droits de l'Homme (Article-16 nouveau). Dans l'ancien article-17 de la loi 001/PR/99 du 11 janvier 1999, les membres du C.C.S.R.P représentant le Parlement, la Cour Suprême, les O.N.G nationale et les syndicats sont « désignés et nommés pour un mandat de trois (3) ans, renouvelable une fois ». Désormais, dans le nouvel Article-17, les membres du C.C.S.R.P représentant l'Assemblée nationale, la Cour Suprême, le Conseil Economique, Social et Culturel, les nationales, les organisations religieuses, les associations de défense des Droits de l'Homme et syndicats sont « désignés et nommés pour un mandat de neuf (9) ans, renouvelable par tiers tirés au sort dès la mise en place du C.C.S.R.P ». Enfin, l'article-9 de la loi N°001/PR/99 concernant le dépôt de dix pour cent (10%) des ressources directes dans un compte d'épargne ouvert dans une institution financière internationale au profit des générations futures est supprimé dans son intégralité, car, le nouvel article-3 ne prévoit plus ce fonds destiné aux générations futures.

A quel moment peut-on se considérer dans « la période des générations futures » ?

Bien que le dépôt de dix pour cent (10%) des ressources directes des revenus pétroliers dans un compte d'épargne destinés aux générations futures soit abandonné, il serait toutefois utile de rappeler la définition de la notion des générations futures telle que prévue par les lois portant gestion des revenus pétroliers avant sa suppression. En effet, les dispositions de la loi N° 001/PR/99 portant gestion des revenus pétroliers a prévu qu'une partie des ressources pétrolières ne soit pas utilisée par les générations présentes ou actuelles, mais, plutôt épargnée au profit des générations futures. La question qui reste à ce niveau posée dans cette loi est celle de savoir à quel moment peut-on se considérer dans la période des générations futures et avoir recours au F.G.F ? Cette question trouve sa réponse dans les textes d'application de la loi N°001/PR/99. Précisément, dans le décret N°096/PR/MEF/04 portant modalités de gestion de F.G.F, du 18 mars 2004 qui prévoit en son article-3 que « il n'est possible de procéder à des retraits du F.G.F que lorsque les revenus pétroliers totaux sont inférieurs ou égaux à 10 % du total des recettes fiscales et non fiscales de l'Etat pour l'année fiscale précédente ». Selon cet article, lorsque les revenus pétroliers d'une année donnée par exemple l'année N sont inférieurs ou égaux à dix pour cent (10%) des recettes globales (recettes fiscales et non-fiscales) de l'Etat, à l'année suivante (N+1), alors on pourra considérer que cela est effectivement l'année des générations futures et on peut procéder à des retraits du F.G.F à partir du compte d'épargne destiné à celui-ci. A titre d'information, les revenus pétroliers représentaient, pendant les huit (8) premières années de production, entre soixante pour cent et soixante-quinze pour cent (60% à 75%) des recettes globales de l'Etat. Ces informations ont été tirées des lois des finances portant budget général de l'Etat pour les différentes années fiscales susvisées. Toutefois, toutes ces notions intelligemment réfléchies et mises en place avant la réalisation du projet d'exportation du brut tchadien échouent, car, la loi N°02/PR/2006 du 11 janvier 2006 portant amendement de la loi 001/PR/1999 du 11 janvier 1999 portant gestion des revenus pétroliers les a totalement supprimées.

La documentation environnementale au Cameroun

Au Cameroun, la documentation environnementale est composée de six (6) volumes qui constituent le P.G.E. Ce plan comprend notamment[211] les plans spécifiques détaillés pour la compensation et la réinstallation, les normes techniques et de construction, la surveillance de l'environnement, la gestion des sites culturels et la gestion des déchets, les cartes-tracés environnemental définissant des mesures d'atténuation spécifiques à chaque site pour la zone du projet, comprenant des instructions d'atténuation kilomètre-par-kilomètre pour tout le tracé de l'oléoduc, les plans et programmes spécifiques au pays comprenant le projet d'une fondation environnementale, le programme d'amélioration environnementale en dehors des sites du projet, le plan de développement pour les Peuples Autochtones Vulnérables (P.A.V)[212]; et le programme de renforcement des capacités institutionnelles.

La Fondation pour l'Environnement et le Développement au Cameroun (F.E.D.E.C) :

Comme cela est constaté en République du Tchad, le P.G.E comprend, en plus des documents environnementaux classiques, un P.G.R.P constituant un élément nouveau, celui de la République du Cameroun comprend aussi un élément nouveau, il s'agit de la mise en place de la F.E.D.E.C. En effet, dans le cadre de la réalisation du projet d'exportation du brut tchadien (projet pipeline Tchad/Cameroun), un accord a été conclu sous l'égide de la B.M entre la République du Cameroun et la société du pipeline au Cameroun, la C.O.T.CO pour la mise en place de la F.E.D.E.C. Cet accord prévoit que C.O.T.CO finance la F.E.D.E.C à hauteur de trois millions cinq cents mille (3.500.000) dollars US comme « capital initial », dès que l'Etat du Cameroun lui aura attribué le statut d'organisation d'utilité publique. Conformément à la loi N°90/053 du 19 décembre 1990 de la République du Cameroun, et en préalable à tout versement de fonds

[211] Dames & Moore, « *résumé de l'Etude d'Impact sur l'Environnement du Projet d'Exportation Tchadien* », mai 1999.

[212] Les PAV sont définis par la directive 4.20 de la Banque Mondiale comme des groupes sociaux possédant une identité sociale et culturelle distincte de la société dominante qui les rend vulnérables et peut les désavantager dans le processus de développement. Conformément à cette Directive, les Pygmées Bakola présents dans les régions de la forêt du littoral atlantique, au sud de la République du Cameroun, rentrent dans cette catégorie.

par une fondation, la République du Cameroun autorisera la fondation à exercer ses activités en République du Cameroun et lui reconnaîtra un statut d'« utilité publique » selon l'article-21 de la loi N°90/053. En application des dispositions de cette loi, le statut d'organisation d'utilité publique a été conféré à C.O.T.CO par décret du Président de la République N°363/2001 du 16 novembre 2001. La F.E.D.E.C est donc un mécanisme de compensation environnementale. Elle a pour objet d'appuyer financièrement pour une durée de vingt-huit (28) ans[213] la protection de la biodiversité en appuyant le programme d'amélioration des parcs nationaux de Campo et Mbam-Djérem, y compris l'établissement des nouveaux parcs, et le soutien aux activités de développement et d'autopromotion des Peuples Autochtones Vulnérables[214]. PAV qui vient dans les régions de la forêt du littoral atlantique, au sud de la République du Cameroun. Il ne sera pas vain de rapporter dans cette étude les débats autour du statut des Pygmées dans le cadre du projet d'exportation du brut tchadien (projet pipeline Tchad-Cameroun). En effet, lors d'une session des négociations, à laquelle nous avons pris part, en qualité de Directeur du Bureau des Affaires Pétrolières à la Présidence de la République, membre de l'équipe nationale chargée des négociations des conventions pétrolières, au siège de la S.N.H à Yaoundé (entre 1994 et 1996), le représentant de la SFI a beaucoup insisté sur le sujet de la population Pygmée, propos qui n'a été trop apprécié par le chef de la délégation camerounaise aux négociations, et qui a aussitôt réagi sur ces termes « Monsieur, certes, le tracé du pipeline passe par certaines zones de Pygmées, ils seront traités comme les autres villageois riverains audits tracés. Mais, ne nous créez pas des problèmes constitutionnels au Cameroun, les Pygmées sont des citoyens camerounais à part entière ». Donc, il ne faut trop insister sur cette catégorie de personnes, car, elles n'ont pas un statut particulier au Cameroun. Alors, les discussions se sont poursuivies pour la mise en place de la F.E.D.E. Ainsi, le capital initial financé par C.O.T.CO est réparti entre six cents mille (600.000) USD destinés aux activités associées au plan pour les PAV, un million et quatre cents mille (1.400.000) USD qui sont destinés aux activités associées au programme d'amélioration de

[213] Documents de la F.E.D.E.C sur le site www.fedec-cam.org/ consulté le 11 juillet 2012.

[214] Dames & Moore, « *Etude d'Impact sur l'Environnement du Projet d'Exportation Tchadien, les Peuples Autochtones Vulnérables visent essentiellement le Pygmée et les villageois Bantous co-résidents* », mai 1999.

parc Campo, y compris l'établissement d'un nouveau parc, et un million et cinq cents mille (1.500.000) dollars USD destinés aux activités associées au programme d'amélioration de parc Mbam-Djérem, y compris l'établissement d'un nouveau parc.

Mode de gestion de F.E.D.E.C :

La F.E.D.E.C est administrée par un conseil de cinq (5) personnes composé d'un (1) représentant désigné par la République du Cameroun, un (1) représentant désigné par C.O.T.CO, un (1) citoyen camerounais bien connu et de renommée incontestable, un (1) biologiste/spécialiste écologique de renommée internationale, et un (1) spécialiste socio-économique des peuples autochtones de renommée internationale. Dans un souci d'efficacité, le nombre des membres du conseil d'administration de la F.E.D.E.C pourra être revu à la hausse, mais, il ne doit pas, en aucune manière, dépasser sept (7) personnes. Il convient de relever qu'il a été indiqué de manière claire dans le document de la F.E.D.E.C que les représentants de la République du Cameroun et de C.O.T.CO ne pourront pas remplir la fonction de président du conseil de gestion de la fondation. En outre, il a été également précisé que la F.E.D.E.C sera ouverte aux contributions de tout donateur légitime. Ce dernier sera autorisé à indiquer le type de la dotation, sa durée et la répartition des fonds entre les trois composantes de la F.E.D.E.C. Bien que la mise en place de la F.E.D.E.C dans le cadre du projet d'exportation du brut tchadien, compte tenu de la mission qui lui a été assignée, soit une initiative louable, nous pensons que son capital initial accordé par C.O.T.CO pour une durée de vingt-huit (28) ans est insignifiant par rapport à sa mission et les résultats attendus, car, son budget initial était de Trois millions et cinq cents mille (3.500.000) USD, répartis sur vingt-huit (28) ans donnent en moyenne cent vingt-cinq mille (125.000) USD par an et pour les trois composantes de la F.E.D.E.C à savoir : i) les activités liées au plan des PAV, ii) les activités liées au programme d'amélioration du parc de Campo, y compris l'établissement d'un nouveau parc et iii) les activités liées au programme d'amélioration du parc de Mbam-Djérem, y compris l'établissement d'un nouveau parc. Ce point de vue est partagé par le G.I.C mis en place par le conseil d'administration de la B.M pour le suivi des engagements des parties prenantes du projet d'exportation du brut tchadien. Dans l'un de ses rapports annuels, le G.I.C a estimé que le capital initial de la F.E.D.E.C pourrait être totalement consommé en cinq (5) ans.

Malheureusement, dans la recherche que nous avons menée, nous n'avons pas trouvé, jusqu'à la date où ce paragraphe est rédigé, la trace d'autres contributions provenant de nouveaux donateurs ou même de la République du Cameroun.

La composition des six (6) volumes de documentation annexe :

Les six volumes de documentations environnementales comprennent une description détaillée du projet comprenant une description du plan de démantèlement, une liste des études et rapports, et une liste des consultants spécialisés[215], un rapport sur le programme de consultation postérieur à la publication de l'E.I.E et sur les réponses du projet aux commentaires reçus, ce rapport de consultations couvre les 200 réunions publiques menées au niveau des villages dans le cadre de la C.I.P et les réunions de consultation tenues avec les pygmées Bakola de la région côtière du Cameroun, les commentaires reçus dans les dix-sept (17) salles de lecture au Cameroun et les sessions spéciales de consultation effectuées pour traiter des questions telles que les ajustements du tracé de l'oléoduc, une analyse des alternatives présentant les résultats des enquêtes sur les ressources biologiques menées sur le terrain, du programme de consultation du public et des analyses techniques postérieurs à la publication de l'E.I.E qui ont entraîné des modifications du tracé de l'oléoduc au Cameroun dans les zones de la vallée Faillée de Mbéré de la forêt de Deng-Deng et de la forêt du littoral atlantique, la documentation du projet concernant l'intervention en cas de déversement accidentel des hydrocarbures et des plans spécifiques à chaque zone, le rapport relatif aux enquêtes sur les ressources biologiques pour le Tchad et le Cameroun, et le rapport relatif aux enquêtes sur la santé publique pour le Tchad et le Cameroun.

Avant de boucler les aspects environnementaux du projet d'exportation du brut tchadien, il convient de signaler à titre d'exemple qu'il y a eu un cas de déversement accidentel dans le cadre du projet. Ce cas s'est produit au niveau de Point de Kilométrage (PK35) non loin du champ pétrolier de Komé au sud du Tchad

[215] Etude d'Impact sur l'Environnement du Projet d'Exportation Tchadien, Dames & Moore, mai 1999. *op., cit.*

Que s'est-il réellement passé au PK35 ?

Le 28 août 2008 à 08 heures précises du matin, des traces d'huile au sol ont en effet été observées par les paysans, non loin de la vanne de contrôle N°3 du pipeline d'export, à proximité du PK35 entre les villages de Bitoi-I et Bitoi-II dans la région du Logone Oriental, au Sud du Tchad[216]. Justement, le gouvernement, par le biais de son ministre du pétrole que j'étais, a bien voulu informer l'opinion nationale et international de cette situation, et ce par un point de presse que j'ai tenu dans mon bureau en date du 01 septembre 2008. Aussitôt, une équipe technique de la T.O.T.CO a, pour éviter plus de déversement, procédé à la suspension de l'expédition du brut vers le terminal d'exportation à Kribi. Au même moment, l'opérateur du consortium Exxon qui assure l'exploitation des champs pétroliers a ralenti la production du brut, compte tenu de la capacité limitée de stockage au départ du pipeline à Komé. En effet, la capacité de stockage au point de départ du pipeline d'export à Komé au sud du Tchad est de deux cents mille (200.000) barils qui peuvent se traduire en termes de production d'environ deux jours de production. De son côté, le gouvernement a dépêché une mission sur le terrain, composée des agents du ministère du pétrole et de ceux du ministère de l'environnement pour se joindre aux autres équipes et déterminer, ensemble, les causes de déversement et son impact sur les opérations pétrolières et sur l'environnement. Après l'excavation du lieu, les techniciens ont constaté que quatre (4) boulons sur douze (12) de la vanne de contrôle N°3 du pipeline, près du PK35, avaient cédé. D'après les techniciens, cela était à l'origine du déversement. Mais, celui-ci a été dans un temps record neutralisé pour protéger l'environnement et la panne a été aussitôt réparée[217]. Le constructeur du pipeline a été contacté. Des tests et des analyses au laboratoire ont été effectués pour déterminer la cause de rupture de ces quatre boulons. La quantité du brut déversée était estimée à environ trente-cinq (35) barils. Le volume de sol souillé, estimé à quatre (4) m3, a été enlevé, transporté à Komé et traité par des produits chimiques. Il est aussi à rappeler que c'était le premier cas de déversements accidentels depuis le début de la production en République du Tchad le 29 juin

[216] Point de presse du ministre du pétrole et de l'énergie, en date du 01 septembre 2008.

[217] Rapport de mission du Secrétaire Général du Ministère du Pétrole en date du 31/08/2008.

2003. Mais, grâce à l'efficacité de l'équipe technique tchadienne, de l'opérateur du pipeline et les paysans sur le terrain, ce déversement a été rapidement maîtrisé. Certes, il y a eu une suspension temporaire de l'expédition du brut vers Kribi et un ralentissement de la production pendant 42 heures, mais le samedi 30 août 2008 à 03 heures du matin, l'expédition du brut vers Kribi au Cameroun a repris normalement et la production a atteint dans la journée son niveau initial avant ledit déversement accidentel.

Le Fonctionnement du P.N.I.D.A.H et le dysfonctionnement du système de contrôle automatique du pipeline

De ce déversement accidentel, il y a deux (2) leçons à tirer. La première est que le P.N.I.D.A.H mis en place dans le cadre des engagements pris vis-à-vis de la B.M pour contrecarrer tout déversement des hydrocarbures a bien fonctionné. C'est en effet l'intervention des paysans riverains dans la zone du pipeline, formés dans le cadre de ce plan, qui a permis de constater aussitôt les traces d'huile au sol pour en alerter les responsables de la T.O.T.CO, et rapidement, il y a eu les interventions qui ont conduit à la maîtrise de la situation. La seconde leçon est bel et bien la défaillance du S.C.A mis en place dans la salle de contrôle du pipeline au départ de station de pompage N°1 à Komé. Ce système n'a pas bien fonctionné pour détecter les fuites du brut. Les explications données par l'opérateur du système de transport de T.O.T.CO reposent essentiellement sur la qualité de brut de Doba qui est en effet un peu lourde et la quantité du brut déversée qui est trop minime pour être repérée automatiquement par le système de contrôle automatique. Pour nous, ces explications ne nous convainquent pas car, T.O.T.CO devrait plutôt installer un système beaucoup plus performant sensible qui peut détecter toute qualité et quantité du brut déversé.

Quelle valeur juridique dispose le P.N.I.D.A.H ?

Certes, le P.N.I.D.A.H a bien fonctionné pour éviter une catastrophe environnementale suite audit déversement, mais ce plan mis en place dans le cadre du projet pipeline Tchad/Cameroun n'a aucune valeur juridique et ses dispositions ne sont pas contraignantes, car, l'arsenal juridique mis en place (lois et les textes d'applications) n'en ont pas fait cas. C'était la raison pour laquelle, le gouvernement n'avait pas d'arguments juridiques solides pour imposer à T.O.T.CO le remplacement de son système de contrôle défaillant qui n'arrivait pas à détecter toute fuite de faible quantité, comme c'est le cas au niveau du PK35 « voir la photo ci-dessous montrée ». Imaginons les dégâts qu'aurait causés ce déversement, si les paysans riverains n'avaient pas aussitôt observé les traces de brut au sol et alerté les responsables de la société T.O.T.CO sur le terrain !

Pour conclure ce chapitre, nous pouvons affirmer que le projet d'exportation du brut tchadien est un projet réellement modèle et exemplaire, de par son montage technique, économique, financier, juridique et surtout environnemental. Cependant, le fait que la République du Tchad soit revenue sur un certain nombre des dispositifs mis en place dans le cadre de ce projet, tels que la suppression du F.G.F etc., ainsi que la non prise en charge de la F.E.D.E.C par la République du Cameroun, a un peu réduit son exemplarité et sa réputation tant au niveau national qu'international.

Photo du site de déversement accidentel au niveau de PK35, au sud du Tchad, à Komé.

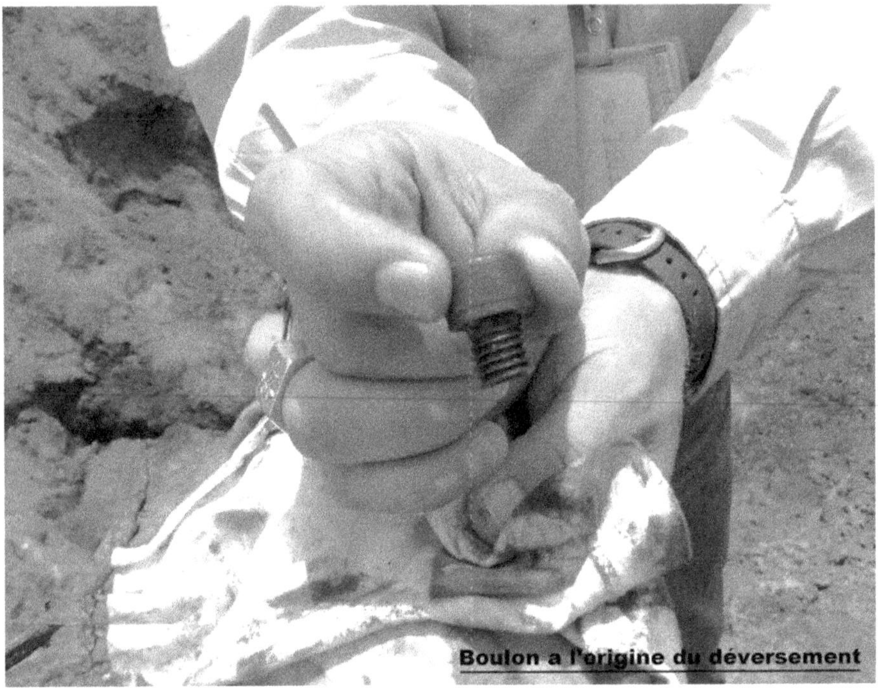

Photo de boulons de la vanne de contrôle N°3 du pipeline, à l'origine de déversement accidentel, près du PK35 au sud du Tchad

CHAPITRE 2

L'implication du Groupe Banque mondiale dans le cadre du projet d'exportation du brut tchadien, dit « projet-modèle »

L'implication de la B.M dans le projet d'exportation du brut tchadien était l'une des conditions préalables posées et exigées par le promoteur du projet : Exxon, Chevron et Petronas. Elle était même signalée dans le premier accord tripartite signé entre la République du Tchad, la République du Cameroun et le consortium, comme condition sine quà non. Il s'agit de l'Accord cadre du 31 janvier 1995, Article-1.2.2.B. Par conséquent, il était déjà évident dès le début du projet que les gouvernements tchadien et camerounais allaient emprunter auprès de la B.M pour financer leurs participations au projet, plus particulièrement, dans les systèmes de transport par pipeline camerounais et tchadien. Dans ce chapitre, nous allons, successivement, aborder la question relative à la classification des différents projets basée sur les mesures environnementales du groupe B.M. Puis, nous rappellerons les douze directives de ce dernier, en passant par l'analyse de la conformité du projet d'exportation Tchadien et de l'oléoduc Tchad-Cameroun aux directives, avant de terminer par l'examen du conflit né entre la République du Tchad et la B.M sur le F.G.F et les mesures environnementales contraignantes du groupe et de l'Afrique de demain.

La classification des projets de développement par le groupe Banque Mondiale

La classification environnementale des projets de développement par la B.M est réalisée en fonction de leurs particularités du type, emplacement, degré de sensibilité, échelle, nature et ampleur de ses incidences environnementales potentielles. Ainsi, les projets de développement sont classifiés par la B.M en trois Catégories :

i) Catégorie-A, un projet est classé dans la catégorie-A, s'il existe un risque d'avoir des incidences très négatives, névralgiques, diverses, ou sans précédent sur l'environnement. Ces effets peuvent être ressentis dans une zone plus vaste que les sites du projet. Les projets de cette catégorie nécessitent l'élaboration d'une E.I.E et d'un P.G.E détaillés [218];
ii) Catégorie-B, un projet est classé dans cette catégorie, si les effets négatifs qu'il est susceptible d'avoir sur les populations humaines ou sur des zones importantes du point de vue de l'environnement telles que les zones humides, les forêts, les prairies et autres habitats naturels, etc. sont moins graves que ceux d'un projet de Catégorie-A. L'E.E pour ces projets peut varier d'un projet à l'autre, mais elle a une portée plus étroite que l'E.E des projets de Catégorie-A ;
iii) Catégorie-C, un projet est classé dans cette catégorie si la probabilité de ses effets négatifs sur l'environnement est jugée minime ou nulle. Ces projets nécessitent un examen environnemental préalable, mais, aucune autre mesure d'E.E. n'est requise.

Les Directives du Groupe Banque mondiale spécifiant les principes de protection des aspects sociaux et environnementaux des projets[219]

La B.M a mis en place des politiques et des procédures de façon à s'assurer que ses opérations soient viables sur les plans économique, financier, social et environnemental. Ainsi, elle n'apporte pas son appui aux projets critiques du point de vue de l'environnement, si aucune mesure préalable ne sont prises pour éliminer ou minimiser leurs effets néfastes. A cet effet, la B.M dispose de politiques de sauvegarde « Safeguards Policies » concernant l'évaluation environnementale, la gestion des pesticides, la protection des habitats naturels et de la forêt, la propriété culturelle, les populations indigènes, la sécurité des barrages, la réinstallation involontaire, les projets dans les eaux internationales et dans les zones en litige. Après

---

218 Source : Documents Banque Mondiale.

219 Source : documents du Groupe Banque Mondiale sur site *www.worldbank.org/*, consulté le 27 juillet 2012.

avoir adopté et accepté l'exigence de la participation de la B.M au projet, il était tout à fait logique que le consortium, la République du Tchad et la République du Cameroun conçoivent, construisent et exploitent les installations du projet conformément aux Directives Opérationnelles (O.D), aux Politiques Opérationnelles (O.P), aux Notes de Politiques (P.N) et aux Procédures Bancaires (B.P) de la B.M[220].

Nous donnons ci-après à titre de rappel les politiques de sauvegarde du groupe Banque Mondiale :

a- Evaluation Environnementale (O.D4.01),
b- Habitats naturels (O.D4.04),
c- Réduction de la Pauvreté (OD4.15),
d- Forêts (O.D4.36),
e- Lutte antiparasitaire (O.P4.09),
f- Propriété culturelle (O.P.N11.03, OP4.11),
g- Peuples Autochtones (O.D4.20, O.P4.10),
h- Réinstallation Involontaire des personnes (O.P4.12),
i- Sécurité des barrages (O.P/B.P4.37),
j- Projets sur des voies d'eau internationales (O.P7.50),
k- Projets dans des zones en litiges (O.P7.60),
l- Consultation publique et divulgation des informations (B.P17.50).

La Conformité du projet d'exportation du brut tchadien aux politiques de sauvegarde du groupe Banque Mondiale

A ce niveau, nous allons de façon très brève examiner la conformité du projet d'exportation du brut tchadien et de l'oléoduc Tchad-Cameroun avec les politiques de sauvegarde de la BM. En effet, l'un des principaux objectifs de ce projet est bel et bien la réduction de la pauvreté dans les deux pays à savoir le Tchad et le Cameroun O.D4.15[221]. La loi N°001/PR/99 du 11 janvier 1999, portant gestion des revenus pétroliers, bien qu'elle ne soit pas une exigence de la directive OD4.15, mais, elle était l'un des éléments

---

[220] Méthodes de Planification et de Gestion de l'Environnement, Projet d'Exportation Tchadien, Dames & Moore, mai 1999, P4-4.

[221] Directive O.D4.15 « la réduction de la pauvreté de manière durable est le principal objectif de la banque. Par exemple, le développement du secteur privé favorisera la croissance et multipliera les perspectives économiques pour les pauvres ».

principaux pour la réduction de la pauvreté en République du Tchad à laquelle la B.M attache du prix. Dès que le promoteur du projet a formulé la demande adressée aux responsables de la BM pour la participation de leur institution au projet, et après un examen préliminaire, ce projet a été classé dans la Catégorie-A. Les projets de cette catégorie, comme il a été mentionné ci-dessus, nécessitent l'élaboration d'une E.I.E et d'un P.G.E détaillés (directive O.D4.01)[222]. Etant donné que la République du Tchad et la République du Cameroun ne disposaient pas, à elles seules, des ressources financières nécessaires pour l'élaboration d'E.I.E, le consortium a avancé des moyens financiers pour réaliser ladite étude. Elle a été confiée au cabinet Dames & Moore, un consultant environnemental et technique de renommé internationale[223]. Les E.I.E ont été préparées conformément aux traitements des questions qui figurent dans l'annexe-A de la directive O.D4.01[224]. Les questions qui ont été traitées dans la documentation environnementale du projet d'exportation du brut tchadien comprenaient entre autres la diversité biologique, les ressources côtières et marines, les propriétés culturelles, les matériaux dangereux et toxiques, les peuples autochtones, le développement induit, les risques industriels, les établissements, l'hygiène et la sécurité professionnelle, les risques naturels, les ports, les forêts tropicales, les bassins hydrographiques, les marécages, les voies d'eaux internationales, le reclassement involontaire et les terres non cultivées. Un programme détaillé des consultations publiques conformément à la directive O.D4, 01, 19 et 20[225], comprenant au total près de neuf cents (900) réunions dans les

[222] Directive O.D4.01 « l'E.I.E doit faire partie de la phase de préparation d'un projet, au même titre que les analyses économiques, financières, institutionnelles et techniques, et fait donc également partie des responsabilités du demandeur de l'emprunt. L'élaboration d'une E.I.E dans le cadre de la préparation d'un projet permet de s'assurer que (a) les considérations environnementales sont adéquatement prises en compte dans la définition du projet, la localisation des installations et l'ingénierie de détail ».

[223] Méthodes de Planification et de Gestion de l'Environnement, *op.,cit.,* p4-6.

[224] Annexe A de la directive O.D4.01 : « Dans la mesure du possible, les E.I.E devraient traiter les questions qui sont soumises aux politiques et aux directives de la Banque Mondiale », liste de contrôle des questions potentielles pour une E.I.E.

[225] Directive opérationnelles OD4, 01, 19 et 20 : « La banque exige que le demandeur de l'emprunt prenne entièrement en compte les opinions des populations concernées et des O.N.G locales pendant les phases de conception et de mise en œuvre du projet, et en particulier pendant le développement de l'E.I.E. Ces consultations devraient avoir lieu au moins aux deux stades suivantes du processus

villages de la zone de développement des champs pétroliers et tout au long du tracé du pipeline, a été effectué durant les six (6) années suivant le démarrage officiel de la phase de développement du projet. Le promoteur du projet estime que ce programme constitue l'effort de consultation le plus important jamais effectué pour un projet de développement dans la sous-région de l'Afrique centrale de la C.E.M.A.C, ou en Afrique en général. La politique O.P4, 36 ne s'applique pas à ce projet, car, il ne prévoit aucune opération commerciale d'exploitation forestière au sens de cette politique. Cependant, le tracé du pipeline traverse deux zones forestières, la forêt semi-décidue de Deng Deng et la forêt du littoral Atlantique sur la côte du Cameroun. Cette dernière est une forêt tropicale humide au sens de directive O.D4, 36. Le projet a pris des mesures pour protéger ces deux zones conformément à la politique opérationnelle 4,04[226] et à la procédure de la banque 4,04 (habitat naturel)[227]. Les pygmées Bakola de la zone littorale du Cameroun sont considérés comme un P.A.V par la B.M au sens de la directive OD4, 20[228]. Il s'agit d'une société qui vit dans le plus grand dénuement où sévissent les maladies de toutes sortes et/ou les taux de mortalité infantile sont plusieurs fois supérieurs à ceux de la population générale au Cameroun[229]. Afin

de développement de l'E.I.E : (a) peu de temps après la classification du projet dans la catégorie de ceux qui nécessitent l'élaboration d'une E.I.E détaillée et (b) après la rédaction d'une version provisoire du rapport d'E.I.E ».

[226] Politique opérationnelle O.P4, 04 : « les projets financés par la Banque devraient autant que possible être implantés sur des sites où une conversion des habitats naturels s'est déjà opéré….Si les résultats de l'étude d'impact indiquent que le projet entraînerait une conversion ou une dégradation importante des habitats naturels, le projet devrait prévoir des mesures d'atténuation acceptables pour la Banque. De telles mesures pourraient inclure, selon les besoins, la minimisation des pertes d'habits, par exemple, choix stratégiques d'habitats à préserver et remise en état des sites après la phase de construction, l'établissement et le maintien d'une aire protégée ayant des caractéristiques écologiques similaires à des sites perturbés ».

[227] Méthodes de Planification et de Gestion de l'Environnement, *op., cit.*, p4-12.

[228] Directive OD4, 20 : « L'objectif général de la Banque concernant les populations autochtones vulnérables, ainsi que tous les autres segments de la population dans les pays qui en sont membres est de s'assurer que le processus de développement se déroule dans le respect de leur dignité, de leurs droits et de leurs particularités culturelles. Elle cherche notamment à s'assurer que les populations autochtones vulnérables ne souffrent pas d'impacts nuisibles au cours du processus de développement, en particulier lorsqu'il s'agit de projets financés par la Banque, et qu'ils reçoivent des avantages sociaux et économiques qui ne soient pas de nature à compromettre leur identité culturelle ».

[229] Méthodes de Planification et de Gestion de l'Environnement, *op., cit.p*4-15.

d'atténuer l'impact du projet sur la population pygmée Bakola, un plan de soutien aux activités de développement d'autopromotion de celle-ci a été prévu comme l'exige la directive (OD4,40) pour PAV. Ce plan sera financé par la F.E.D.E.C à hauteur de six cents mille (600.000) USD[230]. L'un des principes fondamentaux guidant la conception du projet consiste à éviter toute réinstallation. Toutefois, en cas de réinstallation, elle devra se faire conformément à la directive O.D4, 30[231]. D'abord, aucune réinstallation ne sera nécessaire le long des 1070 kilomètres du système de transport au Tchad et au Cameroun. Dans la zone des champs pétroliers au Sud du Tchad, on estime qu'un maximum de cent cinquante (150) ménages aura droit à des mesures de réinstallation. A cet effet, un P.C.R a été, de manière très détaillée, développé par le promoteur du projet. Les P.G.E pour le Tchad et le Cameroun prévoient des mesures de protection des sites culturels « archéologiques, historiques et paléontologiques » à proximité immédiate de la zone des champs pétroliers et de pipeline conformément à la Note de politique O.PN11, 03[232]. Des techniques pour limiter les impacts directs sur les sites culturels sont à appliquer pendant la phase de construction. Les voies d'eau internationales concernées dans le cadre de ce projet sont la rivière Mbéré et le Lac Tchad. En dehors des deux pays promoteurs, les pays qui se partagent ces voies d'eau sont respectivement la République centrafricaine, le Niger et le Nigéria. Conformément à la politique O.P7, 50[233], une notification a été remise aux gouvernements de ces pays. Ces derniers

---

[230] Méthodes de Planification et de Gestion de l'Environnement, *op., cit.*, p4-16.

[231] Directive O.D4, 30 : « Les réinstallations involontaires devraient être évitées ou minimisées autant que possible, en explorant toutes les alternatives viables au niveau de la conception du projet. La politique de la Banque en matière de réinstallation a pour objectif de s'assurer que les populations déplacées par un projet bénéficient également des avantages offerts par ce projet. Lorsque les mesures de réinstallation sont inévitables, un plan de réinstallation devrait être développé. Les personnes déplacées devraient (i) être dédommagées à hauteur du coût de remplacement total des biens perdus, avant d'être déplacées, (ii) recevoir une assistance pour le dédommagement et pendant la période de transition sur le nouveau site et (iii) recevoir une assistance pour les aider à améliorer leur niveau de vie, leur capacité productive et leurs niveaux de production, ou au moins à les maintenir ».

[232] Note de politique opérationnelle O.PN11, 03 : « La politique générale de la Banque Mondiale concernant les sites culturels est d'aider à leur conservation, et de chercher à éviter leur élimination ».

[233] Politique opérationnelle (O.P7, 50) : « La Banque exige que l'Etat bénéficiaire informe officiellement les autres Etats riverains à propos du projet proposé et des détails de son projet, s'il ne l'a pas déjà fait ».

n'ont émis aucune objection concernant les effets potentiels sur les voies d'eau internationales communes qui pourraient potentiellement être affectées par le projet[234].

Le conflit entre le Groupe Banque mondiale et le gouvernement tchadien sur le F.G.F

Bien que ça ne soit pas une exigence du groupe B.M au sens de la directive O.D4, 15 pour la réduction de la pauvreté, le Tchad a développé un programme de gestion des revenus pétroliers, consacré par l'adoption et la promulgation de la loi N°001/PR/99 du 11 janvier 1999 portant gestion des revenus pétroliers. Le développement de ce programme a en fait mis ce groupe, par sa qualité de partenaire au développement dans une position très aisée vis-à-vis des O.N.G et les associations de la société civile qui s'opposaient à la réalisation du projet d'exportation du brut tchadien et de l'oléoduc Tchad-Cameroun, et ne souhaitaient pas l'implication directe du groupe dans ce projet. Cette loi a été beaucoup appréciée par les O.N.G et les associations de la société civile qui militaient d'une manière générale pour une bonne gouvernance en Afrique, et en particulier la transparence dans la gestion des revenus tirés de l'I.E, surtout, celle du pétrole et du gaz. Cette appréciation est ressortie de façon claire dans des déclarations au cours d'une conférence organisée à Maputo, en Mozambique, en janvier 2003 par la B.M, regroupant des représentants du gouvernement, des O.N.G et de la société civile. Nous avons pris part à cette conférence et présenté la loi N°001/PR/99, en qualité du représentant du gouvernement tchadien, et les conférenciers ont fortement applaudi cette présentation. De plus, plusieurs représentants des O.N.G et de la société civile venant d'un peu partout se sont relayés pour demander à leurs gouvernements respectifs d'emboiter les pas du Tchad dans le domaine de gestion des revenus pétroliers. Ces O.N.G et associations de la société civile ont par ailleurs fondé leur espoir sur la vulgarisation et l'application de la loi tchadienne portant gestion des revenus pétroliers dans tous les pays Africains producteurs de pétrole et du gaz, et/ou producteurs d'autres minerais. En d'autres termes, dans les secteurs de l'I.E (secteurs de Pétrole, de Gaz et des Mines) en Afrique. Cet espoir, qui animait les O.N.G et les associations de la société civile depuis l'apparition de la loi N°001/PR/99 du 11 janvier 1999 portant gestion des revenus

[234] Méthodes de Planification et de Gestion de l'Environnement, *op., cit.*,p4-20.

pétroliers, a vite échoué et surtout lorsque celles-ci ont appris qu'un conflit était né entre le gouvernement tchadien et le groupe de la B.M en rapport avec la modification de cette loi et le non-respect par le Tchad de ses engagements. Ce qui avait, par voie de conséquence, poussé ledit groupe à se retirer du projet qui était jusqu'alors considéré comme un projet-modèle.

Qu'est-ce qui s'est réellement passé ?

Justement, le promoteur du projet d'exportation du brut tchadien et de l'oléoduc Tchad-Cameroun avait, tout au début des négociations, posé comme condition pour la réalisation de ce projet, la participation de la B.M à son financement. Mais, cette dernière avait exigé, outre les mesures tendant à protéger et à conserver l'environnement au sens propre du terme, que les ressources tirées de l'exploitation du pétrole tchadien soient directement affectées en grande partie au financement des secteurs de développement et de la réduction de la pauvreté. C'est ainsi qu'avec son aide, le Tchad a développé un programme de gestions des revenus pétroliers, lequel a été consacré par la loi N°001/PR/1999 portant gestion des revenus pétroliers, adoptée par l'Assemblée nationale et promulguée par le Président de la République le 11 janvier 1999. Cette loi a été l'un des facteurs déterminants du soutien de la B.M au projet. Elle faisait partie intégrante de l'accord de prêt conclu entre la B.M et le gouvernement du Tchad en 2001 pour fournir le financement de la participation du Tchad dans les deux sociétés de transport par pipeline à savoir C.O.T.CO et T.O.T.CO. Pour la B.M, par cet accord, le Tchad s'est engagé à ne pas amender, ni déroger aux dispositions de la Loi sur la gestion des revenus pétroliers de manière à affecter matériellement et négativement le programme de gestion des revenus pétroliers. Cette loi prévoit, en sus d'affectation d'une grande partie des revenus pétroliers aux secteurs de développement et de la réduction de la pauvreté, la création d'un F.G.F afin de permettre aux populations tchadiennes de tirer avantage desdits revenus quand les réserves pétrolières sont épuisées ou sensiblement réduites. L'Assemblée nationale a délibéré et adopté le 29 décembre 2005 et le Président de la République a promulgué le 11 janvier 2006, la loi N°02/PR/2006 portant amendement de la loi 001/PR/1999 du 11 janvier 1999 portant gestion des revenus pétroliers et la loi N°016/PR/2000 du 18 août 2000 portant modification de la Loi 001/PR/1999 du 11 janvier 1999 qui avait à son tour été adoptée fin 1998 dans le but de bien orienter l'utilisation des revenus pétroliers au Tchad. Avant l'adoption des amendements proposés par le gouvernement, la B.M a par ailleurs exprimé ses préoccupations au sujet des amendements proposés et a exhorté le gouvernement tchadien à se conformer aux engagements contenus dans l'accord de prêt de 2001. Elle a également proposé une revue de l'application de la loi portant gestion des revenus pétroliers afin d'identifier d'éventuelles modifications, justifiées à ses yeux. De plus, la B.M a réitéré qu'elle reste ouverte au dialogue avec le gouvernement du Tchad, en vue de rechercher les meilleurs moyens de résoudre la crise financière d'alors, tout en protégeant l'intégrité du programme de réduction de la pauvreté. Du fait que le Tchad n'ait pas obtempéré à ses injonctions et que les amendements proposés par le gouvernement aient été adoptés par l'Assemblée nationale le 6 janvier 2006, par une lettre adressée aux autorités tchadiennes, le président de la B.M, Paul Wolfowitz, a aussitôt réagi et a annoncé la suspension de tous les programmes de financement au Tchad, gelant ainsi cent vingt-quatre (124) millions de USD des prêts. Et, par un communiqué de presse, la B.M informe l'opinion international de ce problème dans ces termes *« Nous avons la responsabilité de nous assurer que les ressources générées par le projet d'exploitation pétrolière sont utilisées pour faire face aux besoins des populations pauvres du Tchad. Pendant un certain temps, nous avons essayé d'entrer en dialogue avec les autorités tchadiennes pour voir dans quelle mesure leurs préoccupations pourraient être examinées. Malheureusement, au lieu d'accepter le dialogue, elles ont plutôt procédé à une modification substantielle de la loi qui était la base de notre accord initial. Nous n'avons pas abandonné l'option du dialogue et espérons réellement qu'elles se ressaisissent et tiennent compte de nos préoccupations et non seulement des leurs. Nous restons persuadés qu'ensemble nous pouvons trouver un terrain d'entente qui prenne en compte les préoccupations légitimes du gouvernement tchadien et notre objectif d'assurer que les revenus pétroliers du Tchad bénéficient aux populations pauvres de ce pays »,* a ajouté M. Wolfowitz. Le F.M.I, qui apportait son soutien au Tchad grâce à un programme de facilité de réduction de la pauvreté et de croissance de 36,4 millions de dollars, a, par la voix de son directeur général, déclaré soutenir l'action de la banque. Au même moment, la B.M a ordonné le blocage du compte ouvert au nom de la République du Tchad à Citibank à Londres, et qui recevait depuis le début de l'exploitation du pétrole tchadien en octobre 2003 les ressources directes (redevances et dividendes) avant leur transfert à la B.E.A.C au Tchad. Ce blocage a duré plus d'un trimestre, ce qui a agacé le gouvernement tchadien qui n'arrivait pas à comprendre que pendant que son pétrole était produit, transporté et mis sur le marché international du brut, toutes les parties prenantes (les trois membres du consortium, les deux sociétés de transport et le Cameroun) entraient dans leurs droits sauf le Tchad. Au cours d'un Conseil des Ministres en avril 2006, le gouvernement s'était vu dans l'obligation de prendre la décision d'arrêter la production jusqu'au jour où le Tchad pourra accéder normalement à son compte à Citibank. La Compagnie Esso Tchad, opérateur du consortium a été officiellement notifiée de cette décision. Nous avions été, en notre qualité du ministre du pétrole d'alors, en possession d'un ordre de mission signé du Premier Ministre, chef du gouvernement, pour descendre avec nos techniciens sur le site des champs pétroliers en production et exécuter la décision du gouvernement. Aussitôt, avant d'exécuter cette décision, le gouvernement a, par le biais de l'Ambassade du Tchad à Washington D.C, reçu une demande du sous-secrétaire d'Etat adjoint, chargé des affaires africaines au département d'Etat, de sursoir à sa décision et affirmé qu'une solution par son intervention serait immédiatement trouvée entre la B.M et le Tchad dans les quinze jours qui suivaient. Cette demande est arrivée à la Présidence de la République par fax la veille de l'attaque de la capitale N'Djamena par les rebelles venant d'un pays voisin[235]. Le gouvernement a accédé à cette demande et a laissé le pétrole couler. Suite à une mission de la B.M sur N'Djamena, un accord intermédiaire a finalement été signé le 26 avril 2006 entre les deux parties. Le 15 juillet 2006, par la signature d'un accord, le Tchad s'est définitivement engagé à nouveau à adopter avant la fin de l'année 2006 une nouvelle loi des finances qui consacrerait soixante-dix pour cent (70 %) de ses revenus pétroliers à des programmes des secteurs prioritaires de lutte contre la pauvreté et à contribuer à la croissance par la création d'un fonds de stabilisation. Cet accord a mis fin à six (6) mois de différend entre le Tchad et la B.M et a permis le dégel des crédits en faveur de ce pays et également le déblocage du compte du Tchad à Citibank à Londres. Puis, par un communiqué de presse N°2009/073/AFR du 09 septembre 2008, la B.M a déclaré qu'*« au cours des années, le Tchad n'a pas mis en œuvre les*

---

[235] Le fax était arrivé le 12 avril 2006, et la capitale N'Djamena a été attaquée par les rebelles le 13 avril 2006.

conditions clés de cet accord. Un second accord a été signé en 2006, mais cette fois encore, le gouvernement n'a pas alloué des ressources adéquates vers les secteurs critiques à la réduction de la pauvreté : éducation, santé, infrastructure, développement rural et gouvernance. Malheureusement, il était devenu évident que les arrangements et objectifs sous-jacents à l'engagement de la banque dans le projet oléoduc ne fonctionnaient pas. Dans ces circonstances, la banque est donc arrivée à la conclusion qu'elle ne pourrait plus continuer à soutenir le projet oléoduc. Nous avons fait part de notre position au gouvernement tchadien, y compris par l'intermédiaire de nos partenaires, que le manquement du Tchad à ses obligations affaiblit considérablement la justification de l'engagement de la banque dans ce projet. Lors de discussions que nous avons eues avec le gouvernement tchadien à N'Djamena pendant la semaine du 25 août dernier, le gouvernement s'est engagé à rembourser par anticipation la B.M pour les financements accordés par la banque liés au projet oléoduc ». En effet, au cours des discussions tenues à N'Djamena, entre la délégation de la B.M et le gouvernement tchadien pendant la semaine du 25 août 2008 qui avaient avorté, la banque aurait sommé le gouvernement de lui rembourser par anticipation ses prêts B.I.R.D et I.D.A liés au pipeline. A la date du 5 septembre 2008, le Tchad a totalement remboursé lesdits prêts qui s'élevaient à trente et un milliards (31.000.000.000) de francs CFA, environ soixante-dix millions (70.000.000) USD, avec le taux d'échange du moment. Ce remboursement a mis un terme à l'engagement de la B.M dans le projet d'exportation du brut tchadien et de l'oléoduc Tchad-Cameroun. Cependant, la banque a expliqué au gouvernement tchadien qu'elle reconnaît les défis de développement auxquels le pays a à faire face, et le fait que ces défis ont étés aggravés par l'instabilité dans la région et l'exode des réfugiés[236]. Si le gouvernement du Tchad souhaite intensifier ses efforts à travers un programme de développement visant la réduction de la pauvreté, l'appui aux populations déplacées, l'amélioration de la gouvernance et la gestion des résultats, la B.M est prête à l'aider dans cette perspective. C'était à cette fin que la B.M avait proposé d'accueillir la visite du Premier Ministre tchadien, à Washington, prévue pour fin septembre 2008. Lors de cette visite, il sera question d'approfondir la discussion sur la

[236] Communiqué de presse de la Banque Mondiale, N°2009/073/AFR, du 09 septembre 2008.

relation future entre la Banque et le Tchad, la coopération et le soutien que la Banque pourra fournir pour la reconstruction d'un programme de développement qui bénéficie aux plus pauvres de la population tchadienne. Cette visite n'a pas eu lieu, car, le gouvernement la jugeait inopportune, après le remboursement anticipé de ses prêts. Nous venons de rappeler et de décrire dans le paragraphe précédent les propos et les arguments avancés par la B.M pour s'opposer aux amendements opérés par le gouvernement aux dispositions pertinentes de la loi N°001/PR/99 portant gestion des revenus pétroliers.

A présent, nous évoquons les différentes raisons avancées par le gouvernement qui justifiaient, selon lui, les amendements apportés à cette loi. En effet, une partie de ces raisons ont été mises en exergue dans un point de presse fait, au nom du gouvernement, par le ministre du pétrole que j'étais en date du 28 octobre 2005. Dans ce point presse, le gouvernement s'étonnait et se demandait même pourquoi sa décision d'amender la loi, qu'il qualifiait de sage, avait poussé plusieurs partenaires au développement et associations de la société civile à réagir. « *La sage décision prise par le gouvernement de la République du Tchad de procéder à l'amendement de certaines dispositions de la loi 001/PR/99, portant gestion des revenus pétroliers, a fait l'objet de la réaction tant de nos partenaires au développement que de la société civile* »[237]. Par la même occasion, le gouvernement tenait à informer l'opinion nationale et internationale que la décision d'amender a été prise, après avoir constaté et analysé la situation d'alors et surtout après une mûre et longue réflexion « *pour le gouvernement, cette décision a été prise après mûre réflexion sur la base d'un constat fait sur la situation actuelle* ».

L'amendement de la loi n°001/PR/99 avait été donc, selon le gouvernement, motivé par les raisons suivantes :

i) La loi 001/PR/99, portant gestion des revenus pétroliers ne régissait que les trois champs pétroliers suivants : Kome, Bolobo et Miandoum dans le bassin de Doba (Article-1). Or, selon le gouvernement, les bassins prospectifs du point de vue de l'industrie pétrolière occupent plus des trois quarts du territoire national et que ceux-ci sont sous-explorés à l'heure actuelle. De plus, il notait que plusieurs consortiums (Esso et Encana) et compagnies pétrolières (Energem) étaient très actifs dans l'exploration pétrolière dans les bassins sédimentaires du

[237] Point de presse du ministre du pétrole en date du 28 octobre 2005.

Tchad. Aussi, avec la mise en place du pipeline Tchad-Cameroun, beaucoup de compagnies pétrolières internationales chercheraient à venir prendre les risques d'exploration pétrolière dans les bassins tchadiens. Tous ces efforts d'exploration pétrolière allaient sans nul doute se solder, selon lui, par la mise évidence de nouveaux champs pétroliers. D'ailleurs, le consortium dirigé par Esso disposait, mis à part les trois champs (Komé, Bolobo et Miandoum), d'autres découvertes. Le champ de Nya était déjà mis en production depuis le 11 juin 2005. La mise en production du champ de Moundouli était prévue pour février-mars 2006. D'autres champs pétroliers, pour lesquels des concessions d'exploitation avaient été accordées (M'Biku, Belanga, Mangara), étaient en cours de développement. Cette année, précisément en mai 2005, le consortium Esso avait fait une nouvelle découverte dans la zone des trois champs. Il s'agissait du champ de Maikeri. Une demande de concession de mise en exploitation dudit champ avait été adressée au gouvernement dès le mois d'août 2005. Ceci traduisait parfaitement que les bassins tchadiens regorgeaient des ressources pétrolières très importantes encore non découvertes ajouta-t-il. A ce stade et avec toutes ces informations, le gouvernement se demandait s'il fallait disposer plusieurs lois pour chaque groupe de champs, ou généraliser l'application de la loi existante à tous les champs pétroliers existants et futurs. Le gouvernement estimait qu'il serait plutôt judicieux d'avoir une seule loi de portée générale devant régir la gestion des revenus pétroliers provenant de tous les champs pétroliers sur l'étendue du territoire national. C'était l'objectif premier recherché par l'amendement de la loi 001/PR/99 ;

ii) Le gouvernement déclarait aussi, qu'au moment où le Tchad entamait sa troisième année depuis qu'il était entré dans le cercle restreint des Pays Exportateurs de Pétrole, les frustrations constatées étaient conséquentes, et que l'opinion nationale ne comprenait pas l'opportunité d'épargner une partie des revenus pétroliers pour les générations futures, alors que le pays vivait au jour le jour des difficultés pour faire face aux besoins des générations présentes, ou actuelles. Il était donc du devoir du gouvernement de satisfaire les besoins les plus élémentaires de la génération actuelle, en la dotant du strict minimum vital. Le F.G.F étant une épargne pour des périodes pauvres, la logique voudrait que l'on subvienne à ses besoins les plus élémentaires avant d'épargner. Par conséquent, l'utilisation des F.G.F pour améliorer les ménages des générations actuelles s'impose. Certes, le concept de garantir l'avenir des générations futures en soi-même est louable, mais, cet avenir, d'après le gouvernement, pourrait être garanti à travers les investissements qui se réalisaient dans les secteurs prioritaires ;

iii) La sécurité est une condition sine qua non pour une bonne gouvernance et un développement harmonieux d'un pays. C'est pourquoi, elle s'impose dans les priorités du gouvernement et que les secteurs dits prioritaires en dépendent ;

iv) Le gouvernement rappelait que le Tchad, ayant adhéré au principe de bonne gouvernance et de gestion transparente des revenus pétroliers au profit de sa population, a pris, quatre ans avant la mise en production de ses champs pétroliers, la loi N°001/PR/99. Ce qui voudrait dire que le Tchad est le premier pays au monde qui a tiré des leçons de l'expérience des autres pays producteurs de pétrole. Donc, selon le gouvernement, le fait que certains partenaires critiquaient en disant que la bonne gouvernance et la transparence à ce niveau n'ont pas été observées relève tout simplement de la mauvaise foi. De plus, il rassure l'opinion nationale et internationale que l'esprit initial de la loi N°001/PR/99 sera préservé et que les ressources pétrolières doivent aider à lutter contre la pauvreté.

Etant l'un des acteurs du côté du gouvernement en ce temps, nous ajoutons deux autres raisons qui n'ont pas été citées dans le point de presse du gouvernement. Il s'agit : du fait que le Tchad vive depuis son accession à la souveraineté nationale une crise énergétique qui a duré pendant des décennies, le gouvernement a voulu utiliser une partie des revenus pétroliers pour juguler cette crise, d'où l'insertion des secteurs du pétrole et de l'énergie dans la liste des secteurs prioritaires. Le gouvernement a, en plus, cherché à avoir une souplesse dans les dispositions de la loi qui lui permettrait de modifier la liste des secteurs prioritaires par un décret en Conseil des Ministres, sans passer par l'Assemblée nationale. Dans ce contexte, peut se poser la question suivante : A quel degré est appréciée la loi N°001/PR/99 du

11 janvier 1999 portant gestion des revenus pétroliers par l'opinion nationale et internationale ? La réponse à cette question peut se résumer de la manière suivante : d'abord, la B.M considère que la loi N°001/PR/99 du 11 janvier 1999 portant gestion des revenus pétroliers est l'un des facteurs principaux pour sa participation au projet d'exportation du brut tchadien et de l'oléoduc Tchad-Cameroun, bien qu'elle ne constitue pas une exigence de la directive O.D4.15, mais, pour le groupe, elle est l'un des éléments principaux pour la réduction de la pauvreté en République du Tchad. Puis, cette loi a été bien appréciée par les O.N.G et les associations de la société civile africaines, lesquelles ont justement plaidé auprès de leurs gouvernements d'adopter, pour une bonne gouvernance et une transparence dans la gestion des revenus tirés de l'I.E, de manière générale et ceux du pétrole en particulier, des lois similaires. Aussi, c'est bien cette loi qui a donné au projet d'exportation du brut tchadien et de l'oléoduc Tchad-Cameroun sa qualité de « projet-modèle» dans l'industrie pétrolière africaine. Ceci ressort de façon claire et sans ambiguïté dans la déclaration de Michel Rocard, ancien Premier Ministre français et député au Parlement européen : « *Une chance pour l'Afrique (...), un exemple frappant de la façon dont les gouvernements et le secteur privé international peuvent travailler de concert avec les institutions multilatérales pour transformer du tout au tous les perspectives d'un pays pauvre* »[238], c'est un encouragement pour les autres pays et les investisseurs. De même, une autre déclaration faite par Mballe M. Alonge, « *L'oléoduc Tchad-Cameroun est un des rares projets africains qui n'a pas été étouffé dans l'œuf, et l'on ne peut pas se permettre de le laisser échouer* »[239]. Nous estimons pour notre part que la plupart des arguments avancés par le gouvernement pour les amendements opérés tiennent. Car, l'amendement qui permet l'élargissement des champs d'application à tout autre champ pétrolier existant et futur, de la loi qui était au départ limité aux trois champs, est tout à fait justifié. Puis, l'insertion de l'administration territoriale et la sécurité dans les secteurs prioritaires, au moment où les rebelles armés et financés par un pays voisin multipliaient leurs attaques contre les institutions de la République,

---

[238] Michel Rocard, « L'oléoduc Tchad/Cameroun. Une chance pour l'Afrique », le Monde, 30 mai 2000, p.20.
[239] Mballe M. Alonge, « L'oléoduc Tchad Cameroun, manne ou danger pour les droits humains ?», Le Monde, 18 octobre 2005, p.vi.

issues de la Constitution[240], est aussi justifiée à plus d'un titre. Pour rappel, la Constitution tchadienne du 31 mars 1996 révisée stipule en préambule « *Nous peuple Tchadien... Proclamons solennellement notre droit et notre devoir de résister et de désobéir à tout individu ou groupe d'individus, à tout corps d'Etat qui prendrait le pouvoir par la force ou l'exercerait en violation de la présente Constitution* ». Donc, le gouvernement à tout à fait raison d'insérer l'administration territoriale et la sécurité dans les secteurs prioritaires. Aussi, l'utilisation de F.G.F pour répondre aux besoins accrus des générations actuelles ou présentes, accélérer le rythme de développement et léguer aux générations futures, pas de l'argent épargné, mais, des conditions de vie descentes, est tout à fait acceptable. Il faut encore que l'ouverture faite par l'amendement de la loi pour la révision de la liste des secteurs prioritaires est en effet justifiée, car, les priorités d'un peuple évoluent dans le temps, ce qui est considéré aujourd'hui comme prioritaire, peut ne pas l'être demain. Enfin, un pays qui vit une crise énergétique depuis son accession à la souveraineté nationale doit logiquement considérer le secteur de l'énergie comme une priorité dans son plan d'action au niveau national. Cependant, en notre qualité de chercheur, quand bien même nous sommes d'accord avec le principe de révision de la liste de secteurs prioritaires, il nous est tout de même difficilement acceptable de laisser la liberté au gouvernement de procéder seul et par décret à ladite révision, sans donner l'occasion à la représentation nationale à se prononcer sur les priorités de ses électeurs. Nous réitérons que la plupart des arguments avancés par le gouvernement pour procéder à la modification de la loi sont justifiés, et ne devraient normalement pas être rejetés en bloc par la B.M et considérés comme un élément de non-respect des engagements souscrits par le Tchad dans le cadre de l'accord de prêts. La B.M aurait gagné plus si elle avait accepté lesdites modifications et avait plutôt insisté sur la mise en place d'un mécanisme adéquat et approprié lui permettant de suivre leur mise en œuvre stricte, ainsi que l'implication directe de l'Assemblée nationale dans la définition des secteurs prioritaires. Une telle prise de position profitera plus aux deux parties que de rejeter en bloc les modifications apportées par le gouvernement et faire des déclarations qui portent, selon nous, préjudice au projet-modèle, au Tchad et au groupe B.M lui-même. Nous affirmons avec force que si la loi révisée est mise

[240] La Constitution tchadienne du 31 mars 1996 révisée.

correctement en œuvre, alors l'objectif de la réduction de la pauvreté tant prôné par le groupe Banque Mondiale pourra être atteint sans difficulté. Or, le groupe Banque Mondiale, qui n'a pas daigné s'aventurer davantage dans ce projet très complexe de par son montage (implication de trois compagnies pétrolières : EXXON, CHEVRON et PETRONAS, deux pays à savoir le Tchad et le Cameroun, deux sociétés de transport : COTCO et TOTCO, des investisseurs privés et publics, etc.,) a plutôt préféré emprunter la voie la plus facile, celle de se retirer du projet sans engager de discussions de fonds avec son partenaire. Le retrait de la B.M a, à notre sens, porté un coup dur à l'industrie pétrolière africaine pour les raisons suivantes :

i) Le Tchad, dans toutes ses décisions liées directement à l'utilisation des revenus pétroliers, se référait systématiquement à ses engagements pris dans le cadre de l'accord de prêts signé en 2001 avec le groupe Banque Mondiale. C'était un garde-fou que nous qualifions d'utile et qui ne gène pas du tout, mais, aide plutôt à parfaire la gestion d'un secteur par nature très complexe. Or, aujourd'hui, après le remboursement anticipé des prêts et le retrait du groupe du projet, le Tchad se retrouve sans contrainte ;

ii) Les O.N.G et les associations de la société civile, qui ont bien apprécié le projet-modèle à travers sa loi sur la gestion des revenus pétroliers, et ont beaucoup lutté et plaidé auprès de leurs gouvernements respectifs pour l'adoption des lois similaires, peuvent, après le retrait de la B.M et ses déclarations successives, se retrouver maintenant sans arguments pour continuer dans la même lancée. En revanche, leurs gouvernements sont dans une position de force pour leur répliquer, en cas de nécessité, que ce qui n'a pas marché au Tchad ne peut pas non plus marcher chez eux. Par conséquent, ces gouvernements vont, peut-être, chercher à garder le statut quo : ce qui signifie continuer à gérer les revenus pétroliers de la même manière qu'avant ;

iii) Enfin, bien que le promoteur de projet ait, au préalable, considéré la participation de la B.M comme une condition sine qua non pour la réalisation du projet, nous affirmons avec insistance que, même sans la participation dudit groupe, ce projet verrait le jour, car, tous les projets pétroliers en Afrique ont été réalisés sans la participation de ce groupe. Si l'on mettait sur la balance les préjudices qu'auraient subis le secteur pétrolier africain sans la participation du groupe, contre celles avec la participation du groupe, mais, suivie de retrait, les préjudices dans le second cas seraient justement plus importants que celles dans le premier cas. En effet, la psychose créée par le deuxième cas est de taille.

Le caractère contraignant des normes environnementales de la B.M et l'Afrique de demain

Les normes environnementales de la B.M, traduites et présentées sous forme des directives ou politiques de sauvegarde, sont en effet plus contraignantes par rapport aux normes nationales, et même plus contraignantes que celles généralement admises dans l'industrie pétrolière internationale. Nous avons déjà dans ce chapitre analysé la conformité de projet d'exportation du brut tchadien et de l'oléoduc Tchad-Cameroun avec lesdites normes. C'est pourquoi, nous n'allons pas nous attarder à nouveau dessus, mais, nous procéderons plutôt à l'analyse de l'impact de ces normes au sein de l'industrie pétrolière africaine.

Comme mentionné ci-dessus, les normes environnementales de la B.M vont au-delà des normes nationales et celles généralement admises dans l'industrie pétrolière internationale. Justement, pour bien illustrer cette comparaison, il faudrait rappeler ce qui se passait avant la mise œuvre de ce projet. Le Cameroun, qui avait amorcé l'exploitation de ses ressources pétrolières depuis les années 1980, n'a jamais connu de mesures environnementales aussi contraignantes que celles imposées par le groupe Banque Mondiale dans le cadre du projet de l'oléoduc Tchad-Cameroun. En effet, le Cameroun s'est vu obligé d'accorder un niveau de compensations et d'indemnisations plus important que celui prévu dans sa loi domaniale. Les compagnies pétrolières Exxon-Mobile, Chevron et Petronas, actuellement en activité dans le projet, et les deux autres compagnies qui se sont retirées du projet en novembre 1999, à savoir Elf et Shell n'ont pas non plus rencontré dans le cadre de leurs opérations pétrolières, et partout ailleurs de mesures environnementales similaires. D'ailleurs, même si officiellement, les deux compagnies Elf et Shell avançaient, pour leur retrait du projet, des raisons économiques, officieusement certains responsables de ces compagnies qui requièrent l'anonymat disaient tout bas que leur retrait était plutôt causé par le malentendu qui a surgi lors de l'application des normes environnementales de la

B.M au projet d'exportation du brut tchadien et de l'oléoduc Tchad-Cameroun. Alors qu'ailleurs, elles exploitaient des ressources pétrolières plus importantes que celles de ce projet, mais, sans autant des contraintes et difficultés. Quant au Tchad, même si le projet d'exportation du brut tchadien constitue son premier projet pétrolier sur le territoire national, comparativement aux normes environnementales généralement appliquées dans les opérations pétrolières de la sous-région, celles du groupe appliquées à ce projet sont plus sévères et plus contraignantes. Ainsi, nous pensons que les deux pays et les trois compagnies vont à jamais s'hasarder à nouveau à chercher, en ayant à l'esprit toute la difficulté vécue, et compte tenu du caractère contraignant des mesures environnementales du groupe, l'implication de la B.M dans la réalisation de tout futur projet. Ceci est d'autant plus vrai que depuis le retrait du groupe du projet d'exportation du brut tchadien et de l'oléoduc Tchad-Cameroun, plusieurs projets pétroliers ont vu le jour au Tchad, au Cameroun et dans certains pays de la sous-région C.E.M.A.C avec l'implication des compagnies pétrolières et des banques publiques ou privées, mais cette fois-ci, sans la participation de la B.M. Aucun promoteur de ces projets n'a exigé la participation du groupe comme condition sine qua non pour la réalisation de ses investissements dans ces projets comme ce fut le cas dans la réalisation du projet d'exportation du brut tchadien et de l'oléoduc Tchad-Cameroun. Aucun des pays, et des compagnies pétrolières qui ont travaillé avec la B.M dans le cadre du projet « projet-modèle», ou des pays africains qui suivaient de près ce projet, ne souhaite revivre cette « amère » expérience. Si tel est le cas, alors quel serait l'Afrique de demain, sans la participation des partenaires au développement aux projets d'exploitation de richesses pétrolières et minières, qui sont supposées contribuer à lutter contre la pauvreté ? C'est une question difficile. Dans l'immédiat et à moyen terme, nous ne voyons pas de manière claire comment, sans un œil neutre et critique des partenaires au développement, les pays africains qui exploitent aujourd'hui leurs ressources pétrolières et minières pourront sans difficulté mettre en place un bon programme d'utilisation rationnelle des revenus tirés de l'exploitation de ces ressources pour réduire le niveau de la pauvreté de leur population, et améliorer sa condition de vie. Au moment où les compagnies pétrolières et les prêteurs occidentaux tournent légèrement le dos aux investissements en Afrique et deviennent un peu réticents, semble-t-il, à cause de corruptions et de la mauvaise gouvernance, d'autres en revanche venant d'Asie se bousculent et sont très actifs dans le financement des activités de recherche et d'exploitation des ressources naturelles, et celles du pétrole et des mines en particulier. A titre d'exemple, nous donnons ici les investissements chinois en Afrique de ces dernières décennies. L'accélération des investissements chinois en Afrique constatée ces dernières années repose sur la stratégie de la Chine « Go Global »[241] initiée en 1999 pour encourager ses entreprises à investir à l'étranger afin de soutenir sa croissance économique. En effet, en 2010, les résultats du Go Global étaient au rendez-vous, car, la Chine était devenue la deuxième économie mondiale, et le cinquième investisseur direct, mais, aussi le premier consommateur d'énergie au monde. Par conséquent, la question qui reste à poser est la suivante : comment la Chine peut-elle diversifier ses sources d'approvisionnement en énergie et ses partenaires économiques pour maintenir sa croissance ? Pour répondre à cette question, les autorités chinoises estimaient qu'il fallait se tourner vers le continent qui dispose de l'une des plus grandes réserves de ressources naturelles, et qui permet le retour sur investissement le plus élevé au monde. Ce sont ces critères qui ont poussé la Chine à être présente dans la plupart des pays africains du secteur banquier sud-africain au secteur minier de la République Démocratique du Congo, du Niger, du Cameroun, du Gabon, en passant par le secteur pétrolier du Soudan, du Sud-Soudan, du Tchad, du Niger, du Nigéria, et de l'Angola. L'ouvrage de Youmani Jérôme Lankoandé a fait une analyse économique et politique des I.D.E de la Chine, et des stratégies de ses sociétés d'Etat en Afrique, et a conclu que la stabilité économique et politique, et la corruption n'ont aucune influence sur la localisation des I.D.E chinois en Afrique. Pour preuve, sous la couverture d'un slogan du *partenariat gagnant-gagnant*, et selon un porte-parole du ministère du commerce chinois, plus de deux milles (2000) entreprises chinoises sont actuellement présentes sur le continent africain. De même, plus de trente-cinq (35) pays africains ont bénéficié des capitaux chinois pour financer des projets d'infrastructures, parmi lesquels, il y a des pays de bonne gouvernance, de mauvaise gouvernance, ceux avec de risques politiques et économiques très élevés, d'autres occupent le premier rang sur la liste de la Transparency International en matière de

[241] Youmani Jérome Lankoandé : « Economie politique des investissements directs de la Chine en Afrique », préface de Jean-Louis Roy, Editions universitaires européennes, 18 novembre 2011, 168 pages, consultés le 08 août 2012 sur Amazon.com.

corruption. Dans l'ensemble, et selon la B.A.D, les investissements directs chinois en Afrique ont augmenté en moyenne de quarante-six pour cent (46%) par an au cours de ces dix dernières années. En effet, la Chine, qui a d'énormes besoins en ressources naturelles africaines pour alimenter une économie en plein essor, concentre ses efforts au niveau des investissements dans le secteur énergétique. Ainsi, les exportations de l'Afrique vers la Chine sont constituées essentiellement soit du pétrole brut soixante-dix pour cent (70%) au total, soit de matières premières quinze pour cent (15%)[242]. De plus, en 2011, les échanges commerciaux entre la Chine et l'Afrique ont atteint plus de cent soixante-six virgule trois (166,3) milliards d'USD, soit une augmentation de quatre-vingt-trois pour cent (83%) par rapport à 2009. Ces faits montrent les relations commerciales sino-africaines sont encore en plein essor. Lors de la cinquième conférence ministérielle du forum de coopération Chine-Afrique, tenue en juillet 2012 à Pékin, le Président chinois Hu Jintao a annoncé le doublement à 20 milliards de dollars de ses crédits à l'Afrique. Ces crédits sont prioritairement destinés aux infrastructures, à l'agriculture, aux industries manufacturières et au développement des petites et moyennes entreprises. Pour clore l'analyse des investissements chinois en Afrique, on peut se référer à l'observation de M. Mthuli Ncube, économiste en chef de la B.A.D : « *la coopération et l'engagement de la Chine en Afrique ont pris de l'ampleur ces dernières années, éveillant préoccupations et scepticisme dans les milieux européens et américains* ». La principale source d'inquiétude pour ces pays serait de voir la Chine devenir le partenaire de développement préféré de l'Afrique et d'assister, par conséquent, à la réduction de leur influence dans les affaires africaines. Nous retenons ce point de vue et le partageons sans réserve pour la simple raison qu'aujourd'hui tout le monde constate avec amertume les multiples vétos chinois au niveau du conseil de sécurité des Nations Unies contre toute mesure de sanction susceptible d'être prise à l'encontre du régime d'Al-Asad en Syrie.

[242] Vitraulle Mboungou, La Chinafrique : Des investissements chinois toujours plus importants, consulté le 06 août 2012 sur le site les Afriques .com.

Conclusion de la deuxième partie

En guise de conclusions, on peut dire que le projet d'exportation du brut tchadien et de l'oléoduc Tchad-Cameroun, considéré comme projet-modèle et qui a suscité l'intérêt de l'opinion tant nationale qu'internationale, ainsi que celle des O.N.G et des sociétés civiles, est aussitôt tombé dans le travers et a découragé tout le monde, du fait que seulement trois ans après sa mise en œuvre, un conflit d'interprétation de ses textes est né entre la B.M et la République du Tchad, entraînant la rupture de coopération entre les deux parties. La conséquence de cet échec est que, depuis cet événement, il n'y a plus des projets pétroliers réalisés avec la participation du groupe de la B.M en Afrique de manière générale, et dans la sous-région de l'Afrique Centrale (C.E.M.A.C) en particulier. Le caractère contraignant des mesures environnementales de la B.M a en fait poussé les pays africains à tourner le dos aux investisseurs occidentaux et de s'orienter vers des investisseurs asiatiques comme la Chine qui n'ont pas autant de contraintes environnementales, ni de corruptions ou de la mauvaise gouvernance. Le niveau des investissements chinois en Afrique en général, et de la sous-région C.E.M.A.C en particulier, de ces dernières décennies, ne cesse de s'accroître comme en témoigne suffisamment la réalisation de plusieurs projets dans les secteurs de l'énergie et des infrastructures au sens large du terme.

CONCLUSIONS GÉNÉRALES

De prime abord, nous ne prétendons pas avoir totalement circonscrit tous les contours du sujet faisant l'objet de notre étude, mais nous pensons plutôt avoir contribué à l'étude d'un domaine souvent considéré stratégique, sensible et, parfois, qualifié même de hautement confidentiel, en espérant que d'autres études puissent être réalisées, afin de suivre l'évolution des clauses environnementales des lois pétrolières en Afrique Centrale qui devraient être en parfaite harmonie avec la nouvelle notion de protection de l'environnement « développement durable ». Certes, nous n'avons pas eu accès à la quasi-totalité de la documentation nécessaire et indispensable à la réalisation de notre étude, compte tenu de leurs caractères parfois confidentiels, cependant, nous estimons avoir été en possession de l'essentiel de la documentation pour entamer et amener notre étude à bon port.

Aux termes de notre étude nous sommes parvenus à des conclusions claires. Ainsi, en dépit du progrès réalisé ces dernières décennies dans le développement des outils scientifiques et techniques en matières d'énergies nouvelles et renouvelables : biocarburants, solaires, éoliens, hydroélectriques, etc., et du fait de son coût de revient très bas par rapport aux autres sources d'énergie précitées, le pétrole demeure et demeurera encore quelques décennies la source d'énergie privilégiée pour soutenir l'essor économique mondiale. C'est un constat fait par tous les chercheurs dans ce domaine, et présenté dans tous les colloques et conférences tenus çà et là à travers le monde. Dans l'introduction de la présente étude, nous avons tenté d'analyse le traitement du pétrole dans le droit international en général, et sa place dans le droit islamique. Il se trouve qu'en traitant le pétrole et sa place dans le droit islamique, plusieurs auteurs d'ouvrages et même certains doctorants, l'ont, au cours de la première ère de l'islam, assimilé à la richesse enfouie et lui ont réservé le même traitement. Mais, dans notre étude, nous nous sommes d'abord rendu compte que, à titre de rappel, certains versets du Coran faisaient déjà allusion à l'existence des choses cachées dans la terre et d'autres qui en sortent, lesquelles sont mises au service de l'homme par le Créateur « Dieu ». En effet, à nos yeux, le pétrole en fait partie. Donc, le Coran avait, dès le début de sa révélation au sixième siècle, signalé implicitement l'existence du pétrole dans la terre. Mais, il se trouve qu'en regardant l'histoire de l'exploitation pétrolière du sous-sol, on se rend compte que la première exploitation du pétrole du sous-sol est, au plus tôt, intervenue au XIXème siècle. Autrement dit, depuis l'apparition du Coran au VIème siècle jusqu'au XIXème siècle, personne n'a eu accès aux ressources pétrolières du sous-sol. Ce fut la raison pour laquelle, les jurisconsultes musulmans de la première ère de l'islam ne se sont pas penchés sur les règles du droit islamique en la matière. C'était tout à fait logique, puisqu'ils ne pouvaient pas légiférer sur quelques choses dont ils ignoraient l'existence. En parlant de la richesse enfouie, l'homme, depuis l'âge de pierre, avait tendance à enterrer ses biens ou sa richesse pendant qu'il était vivant par crainte du vol, du feu et de destruction soit par ses adversaires ou par les aléas climatiques. Parfois, après sa mort, il était aussi enterré avec sa richesse et là par croyance à la vie éternelle après la mort. Or, le pétrole qui se forme à de profondeur qui se mesure en milliers de mètre et pendant de millions d'année ne devrait pas, normalement, être assimilé à la richesse que l'on enfouit volontairement à quelques dizaines, voire centaine de mètres dans le sous-sol. C'est pourquoi, nous pouvons affirmer avec force et sans risque de nous tromper que les jurisconsultes musulmans n'ont jamais, jusqu'à présent, légiféré, en tant que tel, l'exploitation pétrolière dans le droit islamique. Ce que nous constatons à l'heure actuelle est que tous les pays islamiques, ou arabo-islamiques appliquent plutôt le droit international en la matière. Certains ont choisi parmi ces droits : accession ; domanial ou régalien, en revanche d'autres ont retenus plutôt le droit hybride mixte entre le droit domanial et le droit régalien.

Dans le passé, l'homme n'avait aucune vision claire de ce que représente son environnement. Il définissait et mesurait les dégâts environnementaux, sans nul doute, mais, juste en termes de pertes de cultures vivrières et de privation de champs pendant quelques temps. Il n'y voyait pas d'autres choses. Mais, au fil de temps, les choses et les rapports de force juridiques internationaux ont évolué.

Les dispositions environnementales des lois pétrolières des Etats membres de l'Afrique Centrale (C.E.M.A.C), objet de notre étude, sont des héritages fondés sur les dispositions classiques du code minier napoléonien, du code minier français et du code pétrolier saharien. Puis, elles ont connu une évolution dans le temps, et celle-ci est en rapport avec l'évolution de la connaissance scientifique. L'évolution des dispositions environnementales des lois pétrolières dans la zone C.E.M.A.C dépendent en grande partie du statut de chaque Etat membre : C'est-à-dire, s'il dispose sur son territoire d'activités de recherche pétrolière et/ou de production. Généralement, le constat fait ces dernières décennies est que les Etats allègent leurs dispositions environnementales, ou ferment les yeux sur le respect des celles jugées très contraignantes en période de recherche pour répondre en fait aux compagnies pétrolières qui ont souvent tendance à traduire les engagements environnementaux en charges financières, et les considèrent comme de charges supplémentaires qui s'ajoute aux investissements (coûts pétroliers de recherche), déjà considérés comme des coûts risqués puisqu'il s'agit de recherches. Alors que ces mêmes compagnies sont disposées à puiser sur leur chiffre d'affaires lorsqu'elles sont en production pour prendre en charge toute mesure environnementale imposée par les pays hôtes. Ces principes expliquent en effet l'évolution des dispositions environnementales dans chaque Etat membre de la zone C.E.M.A.C, pris individuellement ou collectivement. L'harmonisation des dispositions environnementales des lois pétrolières des Etats membres de l'Afrique Centrale est tout à fait faisable, et même souhaitable. Cependant, une telle mesure demeure encore légèrement difficile, car parmi les six (6) Etats membres de l'Afrique centrale de la C.E.M.A.C, certains ne disposent d'aucune production pétrolière, comme c'est le cas de la Centrafrique, d'autres ont une faible production pétrolière : le Tchad, le Cameroun et le Gabon, et deux Etats seulement ont une forte production pétrolière, le cas du Congo et de la Guinée équatoriale. Ces derniers peuvent se permettre de dicter et d'imposer leurs règles environnementales aux compagnies pétrolières. Toutefois, nous recommandons qu'il y ait une entente entre les Etats membres pour harmoniser les dispositions environnementales de leurs lois dans un traité sous régional, ne serait-ce que sur des directives de portée générale, et laisser les soins des détails à chaque Etat membre dans sa loi pétrolière, selon son statut de pays producteur ou non-producteur, ainsi que s'il est un pays côtier ou sans littoral. Les pays côtiers ont une place de choix dans l'industrie pétrolière, car, l'accès à la mer réduit énormément les coûts de transport du brut vers le marché international : il s'agit des coûts de construction de pipeline qui font partie intégrante des coûts pétroliers.

Enfin, il serait plus commode et plus efficace de laisser les codes de l'environnement des Etats membres de l'Afrique Centrale étendre leur champ de compétence à l'industrie extractive des mines et du pétrole. Les lois pétrolières doivent, par un seul article, faire renvoi aux respects des dispositions des codes de l'environnement, et aux traités de la sous-région s'il y a une harmonisation des dispositions environnementales ayant trait aux industries extractives, ce qui serait souhaitable.

Concernant l'implication de la B.M dans le financement du projet d'exportation du brut tchadien et de l'oléoduc Tchad-Cameroun, qui est considéré comme un « projet-modèle», il faudrait d'abord rappeler que le promoteur du projet, en l'occurrence le consortium pétrolier (ayant comme Opérateur EXXON), avait tout au début des négociations conditionné la réalisation du projet par la participation du groupe Banque Mondiale . Ce « projet-modèle», qui a fait l'objet d'une présentation à travers le monde, dans des colloques, conférences, séminaires, ateliers, etc. a eu quelques difficultés en 2008. En effet, un conflit est né entre le Tchad et la B.M sur le respect des engagements des accords de prêt. Ce qui a poussé le groupe à se retirer du projet. Par conséquent, le projet a perdu sa qualité tant réclamée par le groupe comme « projet-modèle». Selon nous, chacune des trois parties prise individuellement ne se sentait pas à l'aise durant leur temps de coopération. En effet, le promoteur qui au départ exigeait la participation du Groupe Banque mondiale avait fini par se rendre compte que ses directives environnementales étaient plus contraignantes que celles des deux pays, ou encore celles généralement admises dans l'industrie pétrolière internationale. Les deux pays avaient, quant à eux, le sentiment que le groupe était en train de jouer derrière eux le rôle de gendarme. Enfin, le groupe lui-même n'était en bonne posture du fait d'être acculé par les O.N.G et les associations de la société civile qui criaient haut et fort et accusaient le groupe d'avoir détourné l'argent des pays pauvres pour financer les compagnies pétrolières qui sont déjà riches. Donc, chacune des parties avait des reproches contre l'autre partie, parfois ces reproches venaient de parties tierces comme des O.N.G et des associations de la société civile. La rupture entre le Tchad et la B.M ne pouvait donc surprendre. Et il ne semble pas du tout évident qu'il y'ait encore un projet semblable en Afrique, compte tenu des leçons tirées par chacune des parties. En effet, au Tchad par exemple, deux compagnies pétrolières ont procédé à la réalisation des nouveaux projets d'exploitation pétrolière sans l'implication du groupe de la B.M. Il s'agite des projets de production et d'exportation du brut par la compagnie chinoise C.N.P.C et la compagnie CARACAL ou GLENCORE aujourd'hui. Le Cameroun a, pour sa part, aussi entamé l'exploitation d'un champ marginal au large de sa côte atlantique à Kribi en association avec une compagnie pétrolière en l'occurrence PERENCO, bien entendu, sans la participation dudit groupe.

C'est donc dans un autre contexte que toutes les parties prenantes : les Etats membres de la C.E.M.A.C devront renouer ou nouer des liens : ce ne pourra pas être fait sur les fondements du protocole de Kyoto, ou de tout traité international « coquille vide ». Ses contours restent à inventer, au niveau de chaque Etat et au niveau international adapté.

BIBLIOGRAPHIE

Ouvrages

AGATHE (V L) : « *Droit de l'environnement* ».

ANOUKAHA (F) : *« Le droit de l'environnement dans les systèmes africains de protection des droits de l'homme »*, leçon inaugurale donnée à l'occasion de la rentrée solennelle de l'Université de Dschang, PUD, le 10 décembre 2002, p.4.

AUBY (J-B) : *« La globalisation, le droit et l'Etat »*, Montchrestien, Paris, 2003, 158p.

BALMOND (L) : BOURRINET (J) : *« Les relations extérieures de l'Union européenne, Que sais-je ? »*, PUF, Paris, 1995, 126p.

BANDOKI (S) : *« Le droit minier et pétrolier en Afrique »*, éd, A, Paris, 2008. 90 pages.

BASADEVANT (J) : *« Dictionnaire de la terminologie du droit international »*, Sirey, Paris, 1960, p.211.

BEAUD (O) : « *La puissance de l'Etat* », PUF, 1994.512 pages.

BEDJAOUI (M) : *« Droit international – Bilan et perspectives »*, Tome 1, Paris : Pedone, 1991, 630 pages.

BEDJAOUI (M) : *« Droit international – Bilan et perspectives »*, Tome 2, Paris : Pedone et UNESCO, 1992, 1361pages.

BEURIER (J.P), KISS (A.Ch) : *« Droit international de l'environnement »*, Pedone, Paris, 2ème éd., 2000, 424p.

BEURIER (J-P) et CADENAT (P), DMF 1975 à 1982 ; et RGDIP 1975, p.113 ?

BEURIER (J-P) et KISS (A-C) : *« Droit internationale de l'environnement »*, édition Pédon, 2004, p.32.

BEURIER (J-P) : (Dir), *« Droits maritimes »,* 2e édition, Dalloz Action, 2009-2010 1216 pages.

BEURIER (J-P) : *« Droit International de l'environnement »*, 4ème édition, 2010, p.556.

BEURIER (J-P) : *« Droits maritimes »*, sous la direction de J-P BEURIER, Dalloz, 2009-2010, pp.4 et 71.

BLINN (K.W), DUVAL (C), LE LEUCH (H), PERTUZIO (A): *« International Petroleum Exploration and exploitation Agreements: Legal, Economic and Policy Aspects »*, Euromoney Publications, 1986, 384 pages.

BONASSIES (P) et SCAPEL (C) : *« Traité de droit maritime »*, L.G.D.J, 2e édition, 2006, 896 pages.

BOY DE LA TOUR (X), *« Le pétrole : Au-delà du mythe »*, Ed, Technip, 2004, 176 pages.

BRASSEUR (R), *« Législation et fiscalité internationales des hydrocarbures Exploration et Production »*, édition technip Paris, 1975 pp.12, 13, 16, 17, 18, 21-25.

CACHARD (O) : *« Droit du commerce international »*, L.G.D.J, 2e édition, 2008, 592 pages.

CHEVALIER (A) : *« Le pétrole »*, IFP, Coll. Repère, La Découverte, 1986, 127 pages.

COMBACAU (J), SUR (S) : *« Droit international public »*, 7ème éd., Montchrétien, Paris, 2006, 813p.

CONVERY (F), ELLERMAN (D), DE PERTHUIS (C) : *« Le marché européen du carbone en action : enseignements de la première phase, rapport international, Mission climat de la Caisse des Dépôts »*, Mars 2008, 39p.

CORNU (G) : *« Vocabulaire juridique »*, Paris, PUF, 1987, 839 pages.

DALMONT (E) et CARRIE (J) : *« Le pétrole »*, PUF, Que Sais-je ? n° 158. 1992.

DEAUX-CHARBONNEL (J) : *« Droits miniers des hydrocarbures »*, 2è édition technip, 1987, pp.17, 18, 19 et 20.

DELAUM (G): *« Law and Practice of Transnational Contracts »*, Oceana Publications, 1987, 100 pages.

DELEBECQUE (Ph) JACQUET (J-M) : et CORNELOUP (S), *« Droit du commerce international »*, Dalloz 2010, 914 pages.

DEVILLE (J-M) : *« Le Droit de l'environnement »*, 5ème édition 2002, p3.

DOLLFUS (O) : *« La nouvelle carte du monde »*, Paris, PUF, 1995, coll. « Que sais-je ? », n°2986, p.75.

DUPUY (P-M) : *« Droit international public »*, 8e éd., Dalloz, Paris, 2006.

DUPUY (R-J) et VIGNES (D) : *« Traité du Nouveau Droit de la mer »*, Economica, Paris, 1985, 1468 pages.

DUPUY (R-J) : « *La gestion des ressources pour l'humanité » : le droit de la mer. Workshop The management of humanity's resources: the law of the sea"* La Haye/Boston/Londres: Martinus Nijhoff Publishers, 1981, 433 pages.

DUROUSSET (M) : *« Le marché du pétrole »*, Ellipses, 1999, 92 pages.

EISEMANN (M) : *« La convention des Nations-Unis sur le droit de la mer, 10 décembre 1982 Notes et études documentaires »*. La documentation française, Paris, 1983.

EL SAYED (M) : *« L'OPEP – Etude d'une organisation internationale pour la référence des intérêts privés des Etats »*, L.G.D.J, 1967, 219 pages.

EL-AHDAB (A.H): *« Arbitration with the Arab countries »*, 2nd Edition, The Hague Boston, Kluwer International, 1999, 1024 pages.

EMESEH (E): *« The limitations of law in promoting synergy between environment and development policies in developing countries: A case study of the petroleum industry in Nigeria »*, Center for Petroleum, Energy and Mineral Law and Policy, University of Dundee, Scotland.

FAVENNEC (J-P), et autres : *« Recherche et production du pétrole et du gaz »*, Edition technip, Paris, 2002 pp.1, 2, 61, 63, 181 et 182.

FEUER (G) et CASSAN (H) : *« Droit international du Développement »*, Dalloz, 1985, 607 pages.

FIN-LANGER (L) : *« L'Equilibre Contractuel »*, L.G.D.J, 2002, 672 pages.

FOUCHARD (Ph), (Dir) : *« L'OHADA et les perspectives de l'arbitrage en Afrique »*, Bruxelles, Bruylant, 2000, 310 pages.

FOUCHARD (Ph), GAILLARD (E), et GOLDMAN (B) : *« Traité de l'arbitrage commercial international »*, Paris, Litec, 1999, 1225 pages.

FROMAGEAU (V-J) : *« Histoire de la protection de la nature jusqu'en 1976 »* en 20 ans de protection de la nature, Hommage à M. DESPAX, PULM, 1998, p.19 et s.

GAME de FONTBRUNE (V) : *« L'exploitation des ressources minières des fonds marins : législations nationales et droit international »*, Paris, Pedone, 1985, 248 pages.

GHEVONTIAN (R) : *« Droit communautaire »*, 2ème éd, Dalloz, Paris, 2004, 197p.

GIDEL (G), *« Le droit international public de la mer »*, Châteauroux, Mellottée, 1932, T.I, p.10.

GODARD (O) : *« Permis transférables nationaux et politiques environnementales. Conceptions et applications »* OCDE, Paris, 2001, 118p.

GRUBB (M), NEUHOFF (K), (eds): *"Emissions trading and Competitiveness Allocations, Incentives and industrial Competitiveness under the EU Emissions Trading Scheme, 2006, Earthscan"*, London, 160p.

GRUBB (M), VROLIJK (C), BRACK (D): *"The Kyoto protocol: A Guide and Assessment, Royal Institute of international Affairs & Earthscan"*, London, 1999, 342p.

GUESNERIE (R), et al : *« Kyoto et l'économie de l'effet de serre »*, Rapport CAE n°39, La Documentation française, Paris, 2003, 89p.

GUILIEN (R), VINCENT (J) : *« Lexique des Termes Juridiques »*, Dalloz, 16e Ed., 2007, 699 pages.

GUILLIEN (R), VINCENT (J) : *« Lexique des termes juridiques »*, Dalloz, Paris, 12ème éd, 1999, 560p.

GUIRAUD (A), BOY de la TOUR (X) : *« Géopolitique du pétrole et du gaz »*, Edition technip, 1987.

HASSAN (M-N), *« L'inversion tectonique et ses implications pétrolières dans les bassins de Doba et Doséo »*, mémoire de Mastère en Exploration – production, E.N.S.P.M - I.F.P, 1997, pp11 et 14.

HENRI (P) : *« le pétrole tue l'Afrique »,* Paris Ed. Des Riaux cop, 2007.

HUSSEINI (R), BRODHAG (C) : *« Glossaire du Climat, traductions anglais/français »*, 2005, 62p.

KAMTO (M) : *« Droit de l'environnement en Afrique »,* édition 1996, p.16 et 17 (416).

KISS (A-C) (sous la direction de …) : *« L'écologie et la loi »,* éd, le Harmattan, 1989.

LAMARQUE (J) : *« Droit de la protection de la nature et de l'Environnement »,* LGDJ 1973, avant-propos, p.1.

LANG (W), (ed): *« Sustainable development and International Law »*, Martinus Nijhof, London, 1995, 319p.

LAURENT (E) : *« La face cachée du pétrole »*, Plon 2006, 411 pages.

LE LEUCH (H) : *« Les contrats pétroliers en exploration-production : leur adaptation aux conditions du marché »*, Rueil-Malmaison, IFP, BEICIP, 1992.

Le Petit Larousse, illustré, 2010.

LE PRESTRE (P) : *« Protection de l'environnement et relations internationales, Les défis de l'éco-politique mondiale »*, Dalloz, Paris, 2005, 477p.

LEBOULANGER (Ph) : *« Les contrats entre Etats et entreprises étrangères »*, Economica, 1985, 354 pages.

LECLERC (O), *« Les règles de production des énoncés au sein du Groupe d'experts intergouvernemental sur l'évolution du climat »*, p.68.

LESTRANGE (C.), PAILLARD (C-A), et ZELENKO (P) : *« Géopolitique du pétrole, un nouveau marché, de nouveaux risques, des nouveaux mondes »*, Ed. Technip, Paris, 2005, 288 pages.

LEVY (J-P) *« La conférence des Nations unies sur le droit de la mer, histoire d'une négociation singulière »*, Pédone, 1980, 169p.

LIGONIE (J) : *« Forage : contrats et statut de l'engin maritime »*, Ed. Technip, 1981, 274 pages.

LUCCHINI (L) et VOELCKEL (M) : *« Droit de la Mer : La mer et son droit, les espaces maritimes »*, Tome 1, Paris, Pedone, 1990, 640 pages.

LUCCHINI (L) et VOELCKEL (M) : *« Droit de la Mer : La mer et son droit, les espaces maritimes »*, Tome 2, Vol.1 : Délimitation, Paris, Pedone, 1990, 424 pages.

MALJEAN-DUBOIS (S) : *« La mise œuvre du droit international de l'environnement »*, Paris, Les notes de l'IDDRI, n°4, oct.2003, 60p.

MALJEAN-DUBOIS (S) : *« Quel droit pour l'environnement ?»*, Hachtte Supérieur, Paris, 2008, 158p.

MALJEAN-DUBOIS (S), (dir) : *« Droit de l'Organisation Mondiale du Commerce et protection de l'environnement »*, Bruylant, Bruxelles, 2003, 536p.

MALJEAN-DUBOIS (S), RICHARD (V) : *« Mécanismes internationaux de suivi et de mise en œuvre des conventions internationales de protection de l'environnement »*, IDDRI, Paris, novembre 2004, 55p.

MANIN (P) : *« Droit international public »*, Edition Masson, Paris, 1979.

MARTOR (B), PILKINGTON (N), SELLERS (D) et THOUVENOT (S) : *« Le droit uniforme africain des affaires de l'OHADA »*, Litec, 2006, 344 pages.

MASCLET (J-C), (dir) : *« La Communauté européenne et l'environnement »*, Colloque d'Angers, Paris, La Documentation française, Paris, 1997, 691p.

MASSERON (J) : *« L'économie des hydrocarbures »*, Ed. Technip, 4e éd., 1991, 386 pages.

MASSERON (J.M) : *« L'économie des hydrocarbures ».* Editions technip, Paris, 1982.

MATAGNE (P) : *« L'homme et l'environnement, in les sources de l'histoire de l'environnement le XIXème siècle »*, sous la direction de André CORVEL, Paris, le Harmattan, 1999, p.71.

MESTRE (J) : *« Droit Commercial »* : L.G.D.J, 1993, 749 pages.

MEYER (P) : *« OHADA, Droit de l'arbitrage »*, Bruxelles, Bruylant, 2002, 284 pages.

MOUSSERON (J-M) : *« Technique contractuelle »*, Editions juridiques Lefebvre, 1988, 397 pages.

MURAT (D) : *« L'intervention de l'Etat dans le secteur pétrolier en France »*, édition technip 1969.

NAIM –GIESBERT, (E) : *« Les dimensions scientifiques du droit de l'environnement »*, contribution à l'étude des rapports de la science et du droit, Bauylant, VUBPresse, Bruxelles, 1999, p60 (pp808).

ODIER (F), *« Le droit international maritime, ses évolutions et la protection des océans »,* Espaces et ressources maritimes, 2001, n°14, pp.1-11.

PANCRACIO (J-P) : « *Droit de la mer* », précis Dalloz, 2010, p.1, 2, 3 et 4.

PAQUES (M), FAURE (M), (dir) : *« La protection de l'environnement au cœur du système juridique international et du droit interne, Acteurs, valeurs et efficacité »*, Bruylant, 2003, 482p.

PASCAL (M.B) : *« Droit de l'environnement »*, éd Vuibert, sept2010, pp.2, 8.

PATIN (S): *« Environmental Impact of Offshore Oil and Gas Industry »*, Ecomonitor Pub 1999, 425 pages.

Petit Larousse, grand format, 1992, p.831.

PHILLIPPE (C) : *« Le pétrole une source stratégique »*, Paris, la Documentation Française DL 2012.

PHILLIPPE (C) : *« Le pétrole, quel avenir, Analyse géopolitique et économique »*, Bruxelles *De Boeck* DL 2010.

PHILLIPPE (S-L) : *« Géopolitiques et pétrole »,* Paris A. Colin DL 2006.
PRIEUR (M) : *« Droit de l'Environnement »*, 2ème édition, Dalloz 1991, p514-540.
PRIEUR (M) : *« Droit de l'Environnement »*, 5ème édition, Dalloz 2004, p.1, p6-12 (1001pages).
QUENEUDEC (J-P) : *« Conventions Maritimes Internationales »*, Pedone, 1979. 815 pages.
REMOND-GOUILLOUD (M) : *« Aspects juridiques des problèmes posés par la pollution des mers »*, Rouen : IDIT, 1973. 34 pages.
REMOND-GOUILLOUD (M) : *« Droit Maritime »*, Paris, Pedone, 1993. 2e Ed. 450 pages.
REMOND-GOUILLOUD (M) : *« L'exploitation pétrolière en mer et le droit »*, Ed. technip, 1970, 216 pages.
ROCHER (C) : *« L'essentiel du droit de l'environnement »,* 5ème éd, Paris, Gualino, 2012-2013, p.15.
RODIERE (R) : *« Droit Maritime, Le Navire »*, Dalloz, 1980. 317 pages.
RODIERE (R), PONTAVIE (E) : *« Droit Maritime »*, Précis Dalloz, 12e édition, 1997. 368 pages.
ROMI (R) : *« Droit de l'environnement »,* 8ème éd, Montchrestien, Paris, 2014
ROMI (R) : *« Droit et administration de l'environnement »*, 5ème édition, Montchrestien, Paris, 2004.
ROMI (R) : *« L'Europe et la protection de l'environnement »*, PUF, 3ème éd, 2004, 174p.
ROMI (R) : *« La Transversalité caractéristique moteur et frein du droit de l'environnement »* confluences mélanges en l'honneur de J. Morand-Déviller, Montchrestien, 2007, p.9.
RUZIE (D) : *« Droit international public »*, Dalloz, 18e édition, Paris, 2006.
SCHANZE (E): *« Minig Ventures in Developing Countries Deventer, the Netherlands »*, Kluwer, 1981, 442 pages.
SEDILLOT (R) : *« Histoire du pétrole »*, Fayard, 1974, 362 pages.
SFDI : *« Le droit international face aux enjeux environnementaux »*, Colloque d'Aix-en-Provence, 2010, Pedone, Paris, 489p.
SKODVIN (T), *"Structure and Agent in the Scientific Diplomacy of Climate Change: An Empirical Case Study of Science-Policy Interaction in the Intergovernmental Panel on Climate Change"*, Kluwer Academics Publishers, Dordrecht, 2000, p.111.

SORNARAJAH (M): *« The International Law on foreign Investment »*, Cambridge University Press, 1996, 552 pages.

THIERRY (M) : *« Etudes comparatives des contrats pétroliers d'exploitation en Argentine et au Brésil : de 1958 à nos jours »*, Paris, II, Institut de droit comparé, 1984. 151 pages.

TRAVERNE (B.G): *« Co-operative agreements in the extractive petroleum industry »,* Kluwer Laws and Policy Series 1996, 208 pages.

TREYER (C) SAHARA 1956-1962, *publications de l'Université de Dijon XXXVII,* 1966, 215p.

VAN LANG (A.) : *« Droit de l'environnement »*, 2010.

VIALARD (A) : *« Droit maritime »*, éd, PUF, Coll, Droit Fondamental, 1997, 503 pages.

WEIL (P) : *« Perspectives du droit de la délimitation maritime »*, éd, A, Pedone, Paris, 1988. 319 pages.

Articles

AKPAN (G.S): « *Environmental and Human Rights Issues-Implications for Petroleum and Mineral Investment* », CEPMLP Journal, Vol. 6-5, 2000.

ARMINJON (P) : « *La notion des droits acquis en droit international privé* », 1993, Tom 44, Vol. II.

ASSACIATION H. CAPITANT : « *L'Organisation pour l'harmonisation en Afrique du droit des affaires (OHADA)» :* Petites affiches, n° spécial, 13 octobre 2004, 63 pages.

ASSANTE (Samuel K.B): « *Restructuring Transnational Mineral Agreement* » American Journal of International IMW, n° 73, 1979.

ASSI (E-A) : « *La Cour commune de justice et d'arbitrage de l'OHADA : un troisième degré de juridiction* », in : Revue internationale de droit comparé, 2005.

BARROWS (G): « *South and Central Africa–A Review of Petroleum Legislation and Incentives* », International Energy Law &Taxation Review, Issue 3, March 2001.

BARROWS COMPANY: *« Worldwide Concession Contracts and Petroleum Legislation »*, Tulsa: PennWell Publications, 1983 à 2000.

BEURIER (J-P), CADENAT (P) : « *Le droit de la mer dix ans après Montégo-Bay* », DMF 1993, p.435.

CARTON (B) : « *Le pétrole en Afrique – La violence fait aux peuples* », Gressea, 2000.
DAVID (N) : « *Les Clauses de Stabilité dans les Contrats Pétroliers – Questions d'un praticien* », JDI, 1986.
DELAUM (G-R) : « *Le Centre international pour le règlement des différends relatifs aux investissements (CIRDI)*», Clunet, 1982.
Dr Zeinab ABDELAZIZ, Professeur de civilisation : *« Le Coran et la traduction en langue française du sens de ses versets »*, Université Al-Azhar, Université Ménoufia 2005.
Farouk Faouk -El-Adé : « les aspects juridiques des problèmes pétroliers dans les pays du Moyen-Orient Arabe », revue « *Arab Law Quarterly* » en 15-03-1999.
GAILLARD (E.) : *« Convention d'arbitrage et immunité de juridiction et d'exécution des Etats et des organisations internationales »*, Bulletin SAS, 2000, n°3.
GAO (Z): *« Environmental Regulation of Oil and Gas Industries »*, CEPMLP internet Journal, Vol. 2-11, 1997.
HUGLO (C) : *« Environnement et droit de l'environnement »*, Définition, *in* Juris-classeur Environnement, Fascicule 101, 2004, p.3.
JACQUET (J-P) : *« Le droit applicable au fond du litige dans l'arbitrage OHADA »*, in l'OHADA et les perspectives de l'arbitrage en Afrique. Travaux du Centre R-J Dupuy pour le droit et le développement, Bruylant, Bruxelles, 2000.
KARIM (M-S): *« Oil, Islamism and International Petroleum Industry – Legal, Economic, Political and Culture Issues »*, CEPMLP, November 2001.
KISS (A-C) et SICAULT (J-D) : *« La Conférence des Nations Unies pour l'Environnement »*, AFD, 1972, p.603.
KOVALESKY (J), (dir) : *« Conséquences scientifiques, juridiques et économiques du Protocole de Kyoto, Rapport commun de l'Académie des sciences et de l'Académie des sciences morales et politiques »*, Ed Tec&Doc, Paris, Londres, New-York, 2000, 45p.
LONCLE (J-B) : *« Les Emanations des Etats et l'Arbitrage CIRDI »*, RDA/IBLJ, n° 1, 2008.
MAGARINO DE MELLE: "*The role of law in problems of environment and development*", Necessary transformation, *in* Policy of environment and development in Rio World Conference, Uruguay, Editor, The Montevideo, 1992.

OCDE : *« Changements climatiques : les politiques nationales et le Protocole de Kyoto »*, développement durable, OCDE, Paris, 1999, 97p.
OCDE : *« Mécanismes de Kyoto, modalités de suivi et respect des dispositions »*, OCDE, COM/ENV/EPOC/SLT (2001)9, Paris, 2001, 63p.
PETIT (Y), (dir) : *« Le Protocole de Kyoto : mise en œuvre et implications »*, Colloque des 25 et 26 janvier 2001, Strasbourg, Université Robert Schuman, centre du droit de l'environnement, Presses Universitaires de Strasbourg, Coll. Université Robert Schuman, 2002, 247p.
PRIEUR (M) : *« Tendances actuelles et développement possible du droit international de l'environnement »*, *in* Vers un nouveau droit de l'environnement ?, Actes de la réunion mondiale des juristes et associations de droit de l'environnement (Sous la direction de Michel PRIEUR), de éd. Du Centre International de Droit Comparé de l'Environnement (CIDCE), Limoges, 2003, pp.16-22 et s.
ROCSTOMM Johan et al, *"A safe operation space for humanity, Nature"*, VOL 461/24 September 2009, p.473
SHELTON (D) : *« Certitudes et incertitudes scientifiques »*, RJE, 1998, p.39.

Constitutions

La Constitution de la République Gabonaise, Loi N°13/2003 du 19 août 2003.
La Constitution de la République du Congo, adoptée par référendum le 20 janvier 2002.
La Constitution de la République du Tchad, du 31 mars 1996, révisée par à un référendum du 18 juin 2005.
La Constitution de la République du Cameroun, du 18 juin 1996, révisée par Loi N°2008/001 du 14 avril 2008.
La Constitution de la République Centrafricaine, du 27 décembre 2004.
La loi Constitutionnelle de la Guinée équatoriale, du 21 janvier 1998, révisée en date du 23 novembre 2011.

Déclarations, Revues et Rapports

AFP « la Chine a sans doute dépassé les émissions de CO_2 des USA dès 2006 ».

Carole Duffrecchou : « Kyoto : le Canada de plus en plus glacial », dans *Libération* du 09 novembre 2006.

Communication verbal du doctorant, en sa qualité du Directeur du Pétrole et des Energies Nouvelles & Renouvelables, en 2000 avec un officiel de PETRONAS.

Communication verbale du doctorant avec le Secrétaire Général adjoint de la Présidence, Coordonnateur de l'équipe des négociations des projets pétrole-Electricité en 1992.

Communiqué de presse de la Banque Mondiale, N°2009/073/AFR, du 09 septembre 2008

Compte rendu du Représentant du Gouvernement tchadien auprès de l'Opérateur EXXON à HOUSTON –TEXAS, novembre 1999.

Déclaration adoptée à l'issue de la Conférence des Nations Unies sur l'Environnement à Stockholm en 1972.

Déclaration de la Secrétaire d'Etat à la sécurité intérieure, Janet Napolitano, et le Secrétaire d'Etat à l'intérieur, Ken Salazar, publié dans LEMONDE.FR avec AFP et Reuters, consulté le 11/05/2011.

Directive 2000/60/CE du Parlement européen et du conseil du 23 octobre 2000, établissant un cadre pour une politique communautaire dans le domaine de l'eau.

Fax de l'Ambassade du Tchad à W.D.C du 12 avril 2006.

Fiche de procédure - Environnement : stratégie pour la protection et l'utilisation durable des sols, Parlement européen.

France info du 17 mai 2010, consulté le 11/05/2011

Journal Le Monde : Mballe M. Alonge, « L'oléoduc Tchad Cameroun, manne ou danger pour les droits humains ?», 18 octobre 2005, p.vi.

Journal le Monde : Michel Rocard, « L'oléoduc Tchad – Cameroun. Une chance pour l'Afrique », 30 mai 2000, p.20.

La Croix, 11 mars 2008, consultée le 07/05/2011.

Lamé Fleury, « *De la législation minérale sous l'ancienne monarchie ou Recueil méthodique et chronologique des lettres patentes, édites, ordonnances, déclarations, arrêts du Conseil d'Etat du Roi, du Parlement* », Paris, Auguste Durand, 1857.

Le Canada est principal fournisseur de pétrole et de Gaz naturel des Etats-Unis, Ressources Naturelles Canada, 2007.

Le oui de la Russie débloque Kyoto, *Libération* n° 7275 du 1er octobre 2004.

Le traité de Kyoto est-il nécessaire ? débat de novembre 2003 entre le professeur Ian Clark et le Ministre canadien de l'environnement Thomas Mulcair.

Les sables bitumineux, une épine dans le dossier canadien, *Radio-Canada*, 30 novembre 2005.

Libération du 9 juin 2005, page 13.

Lionel Latty, « la loi du 21 avril 1810 et le Conseil général des mines avant 1866. Les procès-verbaux des séances », *Document pour l'histoire des techniques* 16 2e semestre 2008, mis en ligne le 06 octobre 2010, consulté le 15 octobre 2012, URL : http://dht.revues.org/803.

Maljean-Dubois (S) : *« Observance du protocole de Kyoto sur les changements climatiques »,* Synthèse, n°01, 2007, Institut du développement durable et de relations internationales.

Moniteur des Travaux Publics, 24 juin 1972, p.35.

Point de presse du Ministre du Pétrole en date du 28 octobre 2005.

Point de presse du Ministre du Pétrole et de l'énergie, en date du 01 septembre 2008.

Préambule et les principes 2, 3, 4 et 7 de la *Déclaration de Stockholm.*

R.F.I, journal du 07 h 00, du 13.12.2011.

Rapport 2007 du GIEC.

Rapport annuel d'Esso Exploration & Production Chad Inc de 1991.

Rapport annuel de la zone franc de la Banque de France, 2010.

Rapport annuel, ESSO TCHAD, Descriptif du Projet d'Exportation Tchadien, 1992.

Rapport DAMES & MOORE (consultant ESSO TCHAD) : « Synthèse de l'Etude d'Impact sur l'Environnement », mai 1999, Chapitre1, p1, chapitre2, p7-6, 9-10, .chapitre3, p.1, 4-8.

Rapport de mission du Secrétaire Général du Ministère du Pétrole en date du 31/08/2008.

Recueil francophone des textes et traités internationaux en droit de l'environnement, op. ci. p27-36. Voir surtout PRIEUR (M) : Tendances actuelles et développement possible du droit international de l'environnement, in Vers un nouveau droit de l'environnement ? op. cit., pp.16-20.

Revue Oil & Gaz journal.

Synthèse des valeurs réglementaires pour les substances chimiques, en vigueur dans l'eau, l'air et les denrées alimentaires en France au 1er mars 2006, Institut national de l'environnement industriel et des risques, juin 2006, consulté à travers wikipédia.org le 08 mai 2011.

The New York Times, « *Réchauffement, les Chinois suivent le mauvais exemple américain* », dans courrier international n°840 du 07 décembre 2006.

Johan Rockstrom et al," A safe operation space for humanity, *Nature*", VOL 461/24 September 2009, p.473.

Thèses

AMARO (A) : « *Evolution des relations entre les entreprises internationales pétrolières et les pays exportateurs de pétrole* », Thèse, Université Paris I, 1983.

AMILIEN (C) : « *Droit international et gestion durable des forêts tropicales* », Thèse doctorat, Université d'Aix-Marseille, 1995.

AMOUSSOU-GUENOU (R) : « *Le droit et la pratique de l'arbitrage commercial international en Afrique subsaharienne* », Thèse, Université Paris II, 1995. 295 pages.

BATIBONAK (P) : « *Coopération internationale de la protection de la forêt au Cameroun* », Thèse de Doctorat 3ème cycle, IRIC (Institut des Relations Internationales du Cameroun) Yaoundé, 1995.

BOMBA (C-M) : « *l'Afrique et son patrimoine forestier. Essai de problématique générale du droit forestier en Afrique de l'Ouest et du Centre* », Thèse de Doctorat 3ème cycle, IRIC (Institut des Relations Internationales du Cameroun) Yaoundé, 1992.

BOUANGUI (V) : « *La protection de l'environnement et l'Organisation Mondiale du Commerce : Nature des rapports et perspectives d'harmonisation* », Thèse de Doctorat, Université de Reims, 2001, 2 Tomes.

BOUZANA (O) : « *Le régime juridique du règlement du contentieux pétrolier et gazier entre l'Etat algérien et les sociétés étrangères* », Thèse, Université Aix-Marseille, 1980. 689 pages.

Denis Roger SOH FOGNO : « *Développement et protection de l'environnement en Afrique centrale* », Thèse de droit public : Université de Nantes, 06 mai 2006, pp.21, 22 et 23.

ETEME (M-J), « *Aspects juridiques des contrats pétroliers d'exploration et d'exploitation en mer : approches comparées* » : Thèse doctorale, Université de Nantes, 03 février 2012.

GAUTIER-SICARI (M-A) : « *les plates-formes industrielles et le droit de l'environnement contradictions et avancés juridiques* » : Thèse, 18 septembre 2006, p.9.

GOUGUET (J-J) : *« Réflexions méthodologiques sur la connaissance de la pauvreté »*, Thèse d'Etat, Université de Bordeaux I, 1978.
LAURIOL (T) : *« Les Contrats Relatifs à l'exploitation des Ressources Naturelles »*, Thèse, Paris XI, 1989, 512 pages.
LEROUX-GOANACH : *« le droit international à l'épreuve de la protection des forêts tropicales »*, Thèses de droit public, Université de Nantes, 15 mai 2002, p.8.
MOCHKAN (M) : *« Les législations nationales relatives à l'exploration et à l'exploitation des mines offshore »*, Thèse, Université Paris I, 1993. 578 pages.
MVOGO TABI (A) : *« La protection de l'environnement dans la coopération des pays de l'Afrique Centrale : le cas de la faune et de la flore »*, Thèse de Doctorat 3ème cycle, IRIC (Institut des Relations Internationales du Cameroun), Yaoundé, 1988.
NDENDE (M) : *« Les armements d'Etats et leur participation au transport maritime »*, Thèse, Université de Brest 1990. 600 pages.
NDOUTOUME NGOME (J) : *« Les aspects géographiques et géostratégiques de l'exploitation pétrolière dans les pays du Golfe de Guinée »*, Thèse, Université de Nantes 2007. 715 pages.
POUGOUE (P-G) : *« La famille et la terre, Essai de contribution à la systématisation du droit camerounais »*, Thèse de Doctorat d'Etat, Université de Bordeaux, 1977.
SHARAIIAN (A) : *« Approche juridique des contrats pétroliers d'exploration et de production »*, Thèse, Université Paris XI, 2009. 562 pages.
TADAYONI-KAZEROUNI (A) : *« Le régime pétrolier américain et le nouveau droit international de la mer »*, Thèse, Université Paris II, 1992. 475 pages.
TORKZAD (B) : *« Le Droit International du Pétrole »*, Thèse, Paris V, 1997, 532 pages.

Conventions et Traités

Acte unique européen de 1986.
Convention de 1988 et ses avenants, relative à la recherche, à l'exploitation et au transport des hydrocarbures entre le Gouvernement de la République du Tchad et le Consortium pétrolier composé d'EXXON-MOBIL, CHEVRON et PETRONAS.

Convention des Nations Unies sur le Droit de la mer, Montego Bay, 10 décembre 1982.
Convention sur le Droit des traités entre Etats et organisations internationales ou entre organisations internationales, Vienne, 21 mars 1986.
Convention-Cadre des Nations Unies sur les Changements Climatiques, Rio, 1992.
Protocole à la Convention de Vienne sur la protection de la couche d'ozone, Montréal, 1987.
Protocole à la Convention-Cadre des Nations Unies sur les Changements Climatiques, Kyoto, 1997.
Protocole d'Assistance Administrative Mutuelle entre les Douanes camerounaises et tchadiennes le 26 septembre 2003 à Yaoundé, au Cameroun.
Acte n°12/74-UDEAC-180 du 07 décembre 1974 portant révision du Traité instituant une Union Douanière et Economique de l'Afrique Centrale et ses textes subséquents.
Avenant N°2 du 17 mars 1997 à la convention du 19 août 1988 entre la République du Tchad et le Consortium.
Protocole d'accord signé le 14 janvier 1994 où les parties (la République du Cameroun, la République du Tchad et les trois membres du consortium).
Acte n° 9/94-UDEAC-600 du 22 décembre 1994 approuvant le Protocole d'Assistance Mutuelle Administrative en vue de prévenir, rechercher et réprimer les infractions douanières entre les Etats membres de l'U.D.E.A.C.
Convention d'établissement du 20 mars 1998 entre la République du Cameroun et Cameroon Oil Transportation Company (C.O.T.CO) (Cm).
Convention sur le Droit de traités entre Etats, Vienne, 23 mai 1969.

Accords

Accord entre le Gouvernement de la République du Tchad et le Gouvernement de la République du Cameroun, relatif à la construction et à l'exploitation d'un Système de Transport des hydrocarbures par pipeline signé le 08 février 1996 à Yaoundé (Accord Bilatéral du 08 février 1996 à Yaoundé) (T et Cm).
Accord Général sur les Tarifs Douaniers et le Commerce du 30 octobre 1947.

Accord du 19 avril 1941 entre la Grande Bretagne et Venezuela, pour l'exploitation des gisements de Paria.
Accord du 15 avril 1994 instituant l'Organisation Mondiale du Commerce.
Accord-cadre du 31 janvier1995 entre la République du Tchad, la République du Cameroun et le Consortium (T).

Lois et Ordonnances[243]

Code civil français, (Article-552).
Code minier de 1956 (F).
Loi camerounaise N°82/20 du 26 novembre 1982 fixant des obligations particulières aux sociétés pétrolières sur le territoire national.
Loi concernant les Mines N°160 du 21 avril 1810 (F).
Loi de 1976 sur la protection de la nature (F).
Loi de 28 juillet 1791relatives aux Mines (F).
Loi du 16 septembre 1807, sur le desséchement des marais (F).
Loi N° 06 /PR/2007 du 02 mai 2007, relative aux hydrocarbures (T).
Loi N° 64/LF/3 du 06 avril 1964 portant régime des substances minérales de la République fédéral du Cameroun, (Cm).
Loi N° 78/-14 du 29 décembre 1978 Complétant, en ce qui concerne les hydrocarbures, la Loi N°64/LF/3 du 6 avril 1964 portant régime des substances minérales de la République fédéral du Cameroun.
Loi N° 96/14 du 05 août 1996 sur le Transport par pipeline des Hydrocarbures en provenance des pays tiers, (Cm).
Loi N°001/PR/99, du 11 janvier 1999, portant Gestion des Revenus Pétroliers (T).
Loi N°003/91 du 23 avril 1991 sur la Protection de l'Environnement, Fiscalité en matière d'Environnement (Co).
Loi N°016/93 du 26 août 1993 relative à la Protection et à l'Amélioration de l'Environnementale (G).
Loi N°016/PR/2000 du 18 août 2000 portant modification de la Loi 001/PR/1999 du 11 janvier 1999 (T).

[243] Notons que les lettres mises entre parenthèse devant les actes indiquent leurs pays d'origine. Ainsi, le (F) pour les actes français, le (T) pour les actes tchadiens, le (Cm) pour les actes camerounais, le (Co) pour les actes congolais, le (G) pour les actes gabonais, le (Cen) pour les actes centrafricains et le (Gui-équi) pour les actes équato-guinéens.

Loi N°02/PR/2006 portant amendement de la loi 001/PR/1999 du 11 janvier 1999 portant Gestion des Revenus Pétroliers et la Loi N°016/PR/2000 du 18 août 2000 portant modification de la Loi 001/PR/1999 du 11 janvier 1999 (T).

Loi N°04/PR/97 portant modification de l'ordonnance 07/PC/MTP/MH, du 03 février 1962, relative à la recherche, à l'exploitation au transport par canalisation des hydrocarbures et au régime fiscal de ces activités sur le territoire de la République du Tchad.

Loi N°06/PR/2007, du 02 mai 2007, relative aux Hydrocarbures, (T).

Loi N°07/018 du 23 décembre 2007 portant Code de l'Environnement de la République Centrafricaine (Cen).

Loi n°14/74 du 21 janvier 1975, portant réglementation des activités de recherche et d'exploitation pétrolière sur le territoire de la République Gabonaise (G).

Loi n°14/82 du 24 janvier 1983 portant réglementation des activités de recherche et d'exploitation des hydrocarbures en République Gabonaise.

Loi N°14/PR/98 sur les Principes Généraux de la Protection de l'environnement a été promulguée le 17 avril 1998 (T).

Loi n°15/62 du 2juin 1962 portant Code Minier en République Gabonaise (G).

Loi N°23-82 du 7 juillet 1982, portant Code Minier Congolais.

Loi N°24-94 du 23 août 1994 portant code pétrolier Congolais.

Loi n°55-720, du 26 mai 1955, (F).

Loi N°64/LF/3 du 06 avril 1964 (Cm).

Loi N°7/1981 du 06 juin 1981, relative aux hydrocarbures et la loi N°6/2000 du 20 mars 2000 (Gui-équ).

Loi N°7/2003 du 27 novembre 2003, Régulatrice de l'Environnementale en Guinée Equatoriale.

Loi n°77-620 du 16 juin 1977, complétant et modifiant le Code Minier (France).

Loi n°8/2006 du 3 novembre 2006 relative aux Hydrocarbures en République de la Guinée équatoriale (Gui-équ).

Loi N°90/053 du 19 décembre 1990 de la République du Cameroun.

Loi N°96/12 du 5 août 1996 portant loi-cadre à la Gestion de l'Environnement (Cm).

Loi N°96/14 du 5 août 1996 portant régime du transport par pipeline des hydrocarbures en provenance des pays tiers (Cm).

Loi N°99/13 du 22 décembre 1999 portant Code Pétrolier (Cm).

Ordonnance N°07/PC/MTP/MH du 03 février 1962 relative à la recherche, à l'exploitation au transport par canalisations des hydrocarbures et au régime fiscal de ces activités sur le territoire de la République du Tchad (T).

Ordonnance n°41/72 du 10 juin 1972 relative à la participation de l'Etat dans les sociétés pétrolières (G).

Ordonnance n°45/73 portant complément à la Loi 15/62 du 2 juin 1962 portant Code Minier en République Gabonaise.

Ordonnance n°58.1111, du 22 novembre 1958 (F).

Ordonnance n°58.1112, du 22 novembre 1958 (F).

Ordonnance n°58.1113, du 22 novembre 1958 (F).

Ordonnance N°73/016 du 10 février 1973 relative à la recherche, à l'exploitation, au transport par canalisations des hydrocarbures et au régime fiscal de ces activités sur le territoire de la République Centrafricaine.

Ordonnance N°93.007 du 25 mai 1993 portant Code pétrolier (Cen).

Décrets

Décret d'application N°171/2005 du 8 septembre 2005, sur la Stratégie et Plan d'Action pour la Conservation de Biodiversité en Guinée Equatoriale.

Décret d'application N°97/116 du 7 juillet 1997 (Cm).

Décrets du 20 mai 1955 (F)

Décret du 02 décembre 1958, (F)

Décret du 22 novembre 1959, (F)

Décret du Président de la République N°363/2001 du 16 novembre 2001(Cm).

Décret N° 219 /PR/TP/M du 10 mai 1967, précisant les conditions d'application du Code Pétrolier, (T)

Décret N° 630/PR/PM/MEERH/2010, du 04 août 2010 portant Réglementation des Etudes d'Impact sur l'Environnement (T).

Décret N°000405/PR/MEFPREPN du 15 mai 2002 portant Réglementation des Etudes d'Impact sur l'Environnement (G).

Décret N°145/PR/MMEP/2000, du 7 avril 2000 portant approbation du transfert à Petronas Carigali (Chad EP) Inc. et à Chevron Petroleum Chad Company Limited des droits et des obligations de Shell Exploration and Production Chad B.V. et Elf Hydrocarbures Tchad S.A.

Décret N°2005/0577/PM du 23 février 2005 sur les Modalités de réalisation des Etudes d'Impact Environnemental (Cm).

Décret N°2005-295 du 22 mars 2005, permettant la mise en œuvre des modalités de fonctionnement au niveau de l'Union européenne (F).

Décret N°2009-415 du 20 novembre 2009, Nomenclature et Contrôle des Installations Classées, énergie nouvelles et renouvelables (Co).

Décret n°56-838 du 16 août 1956 portant Code minier, (F)

Décret N°795/PR/PM/2006 (T).

Décret N°904/PR/PM/MERH/2009, du 06 août 2009 portant Réglementation des pollutions et des nuisances à l'environnement (T).

Décret N°97/116 du 07 août 1997 sur l'application de la Loi 96/14, (Cm).

Décret N°261/PR/TP/M du 9 septembre 1969 accordant à la Continental Oil Company (CONOCO) un permis exclusif de recherche des hydrocarbures liquides et gazeux dans la région du Lac Tchad et de la dépression du Chari (T).

Décret N°238/PR/MEF/03 du 1er juillet 2003, portant mise en place du mécanisme de stérilisation des revenus pétroliers provenant de l'exploration des trois champs de Komé, Bolobo et Miandoum (T).

Décret N°239/PR/MEF/03 du 1er juillet 2003, portant mise en place du mécanisme de stabilisation des dépenses financées au moyen des revenus pétroliers (T).

Décret N°240/PR/MEF/03 du 1er juillet 2003, portant organisation, fonctionnement et conditions du contrôle et de surveillance du Collège de Contrôle et de Surveillance des Ressources Pétrolières (CCSRP).

Décret N°096/PR/MEF/04 du 18 mars 2004 portant modalités de Gestion de Fonds des Générations Futures.

Arrêtés

Arrêté n°021/PM/MMEP/2001, du 21 juin 2001 portant modification des dispositions de création d'un Fonds <gaz pour le soutien du Programme de substitution du bois-énergie par le gaz (T).

Arrêté n°034/PM/MMEP/2000, du 07 juillet 2000, portant création d'un Fonds Gaz pour le soutien du Programme de substitution du bois-énergie par le gaz (T).

Arrêté n°1518/PM/MME/2005, du 12 juillet 2005, rectificatif de l'Arrêté n°034/PM/MMEP/2000, du 07 juillet 2000 portant création d'un Fonds Gaz pour le soutien du Programme de substitution du bois-énergie par le gaz (T).

Sites Web

Site LEXPRESS.FR du 28/05/2010 consulté le 11/05/2011.
http://fr.wikipedia.org/
http://univ-nantes.fr
http://www.boureseducarbone.com
http://www.econologie.com
http://WWW.iepf.org/media/docs/publications/187_GlossaireClimat_2005.pdf, page consultée le 10 décembre 2011.
http://www.manicore.com
http://www.pembina.org, « livre vert sur l'énergie et les changements climatiques », novembre, 2005.
http://www.pensee-unique.fr
Site AFP, RAJESH JANTILAL.
Site Amazon.com, Youmani Jérome Lankoandé : *« Economie politique des investissements directs de la Chine en Afrique »*, préface de Jean-Louis Roy, Editions universitaires européennes, 18 novembre 2011, 168 pages, consultés le 08 août 2012.
Site cedre.fr, le 11/01/2011, consulté le 10/05/2011.
Site consulfrance-houston.org, Service économique, du 15 septembre 2010, consulté le 10 /05/2011.
Site de fabrice-nicolino.com, le 20 septembre 2008, consulté le 12/05/2011.
Site de Liberation.fr le 18 juillet 2010, TERRE, consulté le 12/05/2011.
Site développement-durable.gouv.fr, Guide pratique du marché des quotas d'émissions de CO2, publié le 23 juin 2005 et consulté le 01/07/2011.
Site grain-de-vie.skyrock.com, Naufrages et bateaux poubelles, le mardi 20 janvier 2009, consulté le 15/05/2011.
Site http://ecofinance.mutations-multimedia.com/ consulté le 14/04/2012.
Site http://www.éconologie.com, Newsletter, consulté le 10/05/2011
Site internet http://go.worldbank.org/6JM863WP80 et relatif au Partenariat Privé-Public pour la réduction mondiale de gaz torchés, le 29 août 2007, site consulté le 9/06/2012.

Site les Afriques .com, Vitraulle Mboungou, *« La Chinafrique : Des investissements chinois toujours plus importants »*, consulté le 06 août 2012 sur le site.
Site Newsletter publié sur http://www.éconologie.com, consulté le 10/05/2011.
Site Reuters, Alister Doyle et Barbara Lewis : le Protocole de Kyoto prolongé de justesse jusqu'en 2020, consulté le 09 décembre 2012.
Site Rfi.fr, Mounia Daoud, le 12 juillet 2010, consulté le 12/05/2011.
Site universcience.fr, Romain Lejeune, consulté le 11/05/2011.
Site web de Wikipédia en français (auteurs) : *« Synthèse des valeurs réglementaires pour les substances chimiques, en vigueur dans l'eau, l'air et les denrées alimentaires en France au 1er mars 2006, Institut national de l'environnement industriel et des risques »*, juin 2006, consulté à travers wikipédia.org le 08 mai 2011.
Site web de Wikipédia en français (auteurs) : Protection de l'environnement, page consultée le 07/05/2011.
Site web de Wikipédia en français (auteurs) : *« Droit de la mer »*, consulté 08/05/2011.
Site web de Wikipédia en français (auteurs) : Erika (pétrolier) page consultée le 12/05/2011.
Site www.essotchad.com, consulté le 24/04/2012.
Site www.fedec-cam.org/ consulté le 11 juillet 2012.
Site www.manicore.com, Effet de serre consulté le 01/06/2011.
Site www.unep.org, Programme des Nations Unies pour l'Environnement.
Site www.worldbank.org/ggfr, RIOS (M) : « Partenariat mondial pour la réduction des Gaz torchés », 2006, consulté le 12/06/2012.
Site, LEMONDE.FR, Laurence Caramel, Climat un accord à Durban pour un nouveau pacte mondial en 2015 | 11.12.2011, consulté le 12.12.2011.
Site www.actuenvironnement.com/ae/dictionnaire_environnement/definition/protocole_de_montreal.php4, consulté le 20/05/2011.

INDEX

Environnement, Écologie et Développement aux éditions L'Harmattan

Dernières parutions

LES DÉCHETS ÇA SUFFIT
L'état des lieux
Exbalin Jacques - Préface de Greenpeace, Zero Waste France Fondation GoodPlanet et Surfrider Fondation Europe
La lecture de ce livre nous fait prendre conscience des dégâts provoqués par les déchets plastiques en mer notamment sur la faune aquatique. Il amène ainsi à de nouveaux comportements à propos de l'achat ou de l'utilisation de produits en plastique. Ce livre salutaire écrit pas un enseignant doit être transmis aux générations futures pour renouveler les consciences et sauver notre planète.
(10.00 euros, 136 p.)
ISBN : 978-2-343-11587-0, ISBN EBOOK : 978-2-14-003483-1

LE CHANGEMENT CLIMATIQUE VA-T-IL TOUT CHANGER ?
Manifeste pour une République sociale, écologique et conviviale
Münster Arno
Le changement climatique, et ses conséquences dramatiques pour des millions d'habitants, peut-il ouvrir la voie à une transformation sociale radicale susceptible de faire advenir un monde non seulement habitable mais meilleur et plus juste ? Annonce-t-il déjà un véritable changement de civilisation signifiant la fin du productivisme, de la croissance, du consumérisme et du mode de vie actuel ? La raison ne nous invite-t-elle pas plutôt à repenser et à défendre, dans le contexte actuel de la crise écologique et de la montée dangereuse de l'extrême droite, une République laïque et fraternelle ?
(Coll. Questions contemporaines, 17.50 euros, 162 p.)
ISBN : 978-2-343-11705-8, ISBN EBOOK : 978-2-14-003492-3

BIOCONTÔLE EN PROTECTION DES CULTURES
Périmètre, succès, freins, espoirs
Coordonné par Jean-Louis Bernard
Les concepts « d'agriculture écologiquement intensive », puis « d'agroécologie » ont été récemment proposés au monde agricole français comme des orientations autour desquelles devait s'organiser le système de production alimentaire. Ces concepts font appel à des moyens utilisés par la nature et sont moins nocifs pour le milieu et la santé. Cet ouvrage propose donc une analyse détaillée du terme et des moyens utilisés par le biocontrôle, encore peu connu et mal maîtrisé par la société.
(22.00 euros, 206 p.)
ISBN : 978-2-343-11399-9, ISBN EBOOK : 978-2-14-003474-9

RÉFLEXIONS SUR UNE NOUVELLE ÈRE ÉCOLOGIQUE ET CITOYENNE
L'humanité face au miroir
Richaud Isabelle - Préface de R.K Pachauri
Nous sommes à l'aube d'une véritable crise de civilisation : bouleversement écologique, insatisfaction des besoins matériels d'une large part de l'humanité, dégradation du bien-être

physique et mental, etc. Il est temps de nous attaquer aux causes fondamentales de cette crise, à commencer par des modes de vie dispendieux en ressources naturelles, ainsi qu'une conception étriquée de l'économie de la nature humaine. Une nouvelle ère plus écologique, moins matérialiste, est à portée de main, si nous cessons de prendre pour vrai le reflet du miroir déformant de la société de surconsommation.
(Coll. Biologie, écologie, agronomie, 32.00 euros, 394 p.)
ISBN : 978-2-343-11696-9, ISBN EBOOK : 978-2-14-003353-7

REFLECTIONS ON A SUSTAINABLE SOCIETY
Humanity in the mirror
Richaud Isabelle
We are on the verge of a true crisis of civilisation : ecological disruption, chronic insatisfaction of the basic needs of a large part of humanity and degrading physical and mental health in industrialised countries. We must address the crisis's main cause : the pursuit of a development approach focused on economic growth and based on intensive, inefficient use of natural resources. This book is a call for humanity to look itself in the mirror, question its identity as a species and re-examine its place in this world.
(Coll. Biologie, écologie, agronomie, 24.00 euros, 226 p.)
ISBN : 978-2-343-11772-0, ISBN EBOOK : 978-2-14-003354-4

LA GESTION DE L'INTÉGRATION DES ENTREPRISES PAR LA PRÉSERVATION DES ÉCOSYSTÈMES NATURELS
Déterminants et modèle de croissance verte
Mulenda Lomena Emamba Daniel
Préface de Martin Fortuné Mukendji Mbandakulu
Depuis plusieurs décennies, le sort de l'homme et des écosystèmes a toujours été déterminé en fonction des indicateurs économico-financiers, dont le PIB. Cette vision des choses s'est avérée injuste et prédatrice. Dès lors, comment parvenir au changement du modèle et des indicateurs de mesure du bonheur, particulièrement dans un contexte de dualisme économique ? Quels sont les déterminants de la gestion éco-économique et les composantes du modèle de croissance verte ? Le présent ouvrage répond à ces deux préoccupations.
(Coll. Études africaines, 24.50 euros, 232 p.)
ISBN : 978-2-343-10756-1, ISBN EBOOK : 978-2-14-003431-2

ÉCOLOGIE INTÉGRALE
Godron Michel - Préface de Patrice Obert
Comment faire face à la croissance démographique, augmenter la production agricole, économiser l'énergie et l'eau, maîtriser le changement climatique, assurer la transition énergétique, maintenir la biodiversité, trouver un nouvel équilibre économique et social ? En plus d'être techniques, biologiques ou économiques, les innovations nécessaires doivent prendre en compte l'esthétique, l'éthique et la spiritualité, présentes en chacun de nous.
(14.50 euros, 126 p.)
ISBN : 978-2-343-10640-3, ISBN EBOOK : 978-2-14-003154-0

LE DÉVERSEMENT ACCIDENTEL DES HYDROCARBURES EN MER
dans le droit de la CEMAC
Nyoth Hiol Michel - Préface d'Emmanuel D.Kam Yogo
La pollution marine (déchets toxiques et hydrocarbures) détruit l'écosystème, en privant les individus de l'exploitation des ressources halieutiques. Pour limiter ces catastrophes, la communauté internationale multiplie les actions pour protéger l'environnement marin. Suivant cet élan de solidarité internationale, la Communauté économique et monétaire de l'Afrique centrale (CEMAC) a pris des mesures pour lutter contre la pollution marine. De ce fait, existe-t-il un droit CEMAC de protection de l'environnement marin ?
(17.50 euros, 154 p.)
ISBN : 978-2-343-10032-6, ISBN EBOOK : 978-2-14-003132-8

LES TEMPÉRATURES ET L'EFFET DE SERRE
Essai sur l'histoire et l'avenir du climat
Giret Alain
L'atmosphère régule les températures terrestres par effet de serre, mais la Terre a toujours connu des canicules et des glaciations. Depuis 1 000 ans, une période chaude (vers l'An Mil) précéda le Petit Âge Glaciaire (1550-1850). Depuis 1970 ans, la Terre s'est fortement réchauffée. Pourquoi ? Les uns accusent le rejet massif de gaz à effets de serre, d'autres évoquent une suite de processus naturels. La science paraît dépassée par les passions pour faire la part entre nature et anthropisation.
(Coll. Acteurs de la Science, 21.00 euros, 192 p.)
ISBN : 978-2-343-11448-4, ISBN EBOOK : 978-2-14-003314-8

CHANGEMENT CLIMATIQUE
Histoire et enjeux
Merle Jacques, Voituriez Bruno, Dandonneau Yves
Les sciences de la Terre ont connu, ces dernières décennies, une mutation historique avec la prise de conscience du changement climatique. Les auteurs de cet ouvrage, chercheurs océanographes depuis les années 60, ont été les témoins et les acteurs d'une aventure scientifique sans précédent rassemblant des milliers de chercheurs. Ils racontent ici l'évolution des idées, l'avancée des connaissances et les événements sociopolitiques qui se sont entrecroisés pour arriver à la perception actuelle que l'humanité a du changement climatique en cours.
(36.00 euros, 352 p.)
ISBN : 978-2-343-09137-2, ISBN EBOOK : 978-2-14-001551-9

LES ANGOISSES D'UN VIEUX PLATANE EN QUÊTE DE POSTÉRITÉ
Déambulation littéraire botanique
Joseph Claude
Un vieux platane réellement installé depuis près de deux siècles au Jardin des Plantes de Paris et étrangement doté de la parole s'inquiète : il n'a pas encore donné naissance à une descendance qui lui soit parfaitement semblable. Après maints déboires et difficultés, un spécialiste du processus de multiplication parvient à réussir son bouturage. Ce succès ne calme pas pour autant les cogitations de l'arbre, bien au contraire ! À la suite d'innombrables interrogations traduisant ses anxiétés, il se penche sur les images, parfois troublantes, que donnent les arbres, et sur les métaphores qu'ils inspirent à l'homme.
(22.00 euros, 256 p.)
ISBN : 978-2-343-09807-4, ISBN EBOOK : 978-2-14-001604-2

GARDE-FAUNE EN FRANCE
Une carrière au service de la Nature
Marandon Jean-Luc
Policier de la nature à l'Office National de la Chasse et de la Faune Sauvage, l'auteur nous parle des pratiques de la chasse, des atteintes à la vie sauvage, mais aussi de la mise en place d'outils de conservation des habitats remarquables ou des espèces protégées. Méconnu du grand public, le métier de garde-faune occupe pourtant une place essentielle dans le domaine de la protection de la Nature. Un témoignage nécessaire.
(Coll. Rue des écoles, 24.00 euros, 290 p.)
ISBN : 978-2-343-08914-0, ISBN EBOOK : 978-2-14-001505-2

MÉDITATIONS D'UN CHASSEUR ÉCOLOGISTE
Bachasson Bernard
Si l'homme a d'abord chassé pour se nourrir, il n'a aujourd'hui plus de nécessité à le faire. Toutefois, l'activité cynégétique se poursuit. Mais depuis quelques décades, l'impact croissant de l'homme a provoqué une telle dégradation des milieux naturels et des populations d'animaux sauvages que beaucoup de nos concitoyens ont du mal à comprendre et accepter les prélèvements de gibiers par la chasse. La question de la prédation mérite donc d'être analysée, expliquée et discutée. En s'appuyant sur son expérience de chasseur-écologiste, l'auteur propose quelques

pistes à tous ceux qui tentent de concilier l'inévitable rôle de prédation avec le maintien de notre précieux patrimoine faunistique.
(25.50 euros, 242 p.)
ISBN : 978-2-343-09458-8, ISBN EBOOK : 978-2-14-001514-4

LES DÉCHETS MIS EN MOTS
Sous la direction de Cécile Desoutter et Enrica Galazzi
Des chercheuses et chercheurs proposent ici une réflexion sur la notion de «déchet». L'analyse des mots et des termes, de leurs paradigmes et collocations apporte un éclairage inédit sur des pratiques, des techniques et des concepts nouveaux liés aux déchets. L'analyse du discours offre des pistes originales pour prendre en compte la parole de nombreux acteurs dont les intérêts, les connaissances technicoscientifiques et les finalités ne sont pas toujours concordants.
(Coll. Langue et parole - Recherches en Sciences du Langage, 25.50 euros, 242 p.)
ISBN : 978-2-343-11181-0, ISBN EBOOK : 978-2-14-003190-8

UN EXEMPLE DE COOPÉRATION NORD-SUD
Margny-lès-Compiègne et Méhanna (France-Niger)
Hellal Dany - Préface de Jacques Arrignon
Par ce témoignage, l'auteur a souhaité évoquer les jalons d'un échange Nord-Sud, qui pourrait être l'histoire de n'importe quelle commune autre que Margny ou Méhanna, afin de donner à de nouvelles générations l'envie d'entreprendre des échanges et des projets à taille humaine, dans un monde où tout semble difficile. La coopération décentralisée permet de s'enrichir les uns les autres par les différents savoir-faire et fait ici découvrir un continent ou «solidarité» et «sens du bonheur» ont toute leur authenticité.
(10.50 euros, 70 p.)
ISBN : 978-2-343-03967-1, ISBN EBOOK : 978-2-336-36065-2

LE NOUVEAU MANUEL DE GESTION
des associations et ONG de développement (CD inclus)
Vincent Fernand
Ce manuel est un outil de travail et de gestion pour les dirigeants d'ONG/OP des pays du Sud. Il est composé d'un manuel de 320 pages et d'un CD permettant d'accéder à 200 outils de gestion et d'organisation d'ONG/OP ainsi qu'aux textes complets des cinq premiers manuels de gestion de l'auteur. Une mine d'exemples qui vous permettront d'améliorer la gestion, le développement et l'autonomie financière de votre organisation.
(35.00 euros, 316 p., Illustré en noir et blanc)
ISBN : 978-2-343-05489-6, ISBN EBOOK : 978-2-336-37297-6

THÉORIE DU STOCK FROID
Développer rapidement les pays pauvres
Ducrocq François
Les pertes colossales en récoltes, parfois jusqu'à la moitié de ce qu'un paysan peut retirer de la terre, constituent le frein économique majeur pour les pays en développement. Cet ouvrage propose une approche nouvelle du stockage de produits alimentaires frais dans la théorie microéconomique, laquelle perçoit traditionnellement le stock comme un résidu. Tout au contraire, le stock a un impact déterminant dans l'accumulation primitive du capital des pays les plus pauvres.
(Coll. Rue des écoles, série Essais, 26.00 euros, 250 p.)
ISBN : 978-2-343-04660-0, ISBN EBOOK : 978-2-336-37278-5

L'HARMATTAN ITALIA
Via Degli Artisti 15; 10124 Torino
harmattan.italia@gmail.com

L'HARMATTAN HONGRIE
Könyvesbolt ; Kossuth L. u. 14-16
1053 Budapest

L'HARMATTAN KINSHASA
185, avenue Nyangwe
Commune de Lingwala
Kinshasa, R.D. Congo
(00243) 998697603 ou (00243) 999229662

L'HARMATTAN CONGO
67, av. E. P. Lumumba
Bât. – Congo Pharmacie (Bib. Nat.)
BP2874 Brazzaville
harmattan.congo@yahoo.fr

L'HARMATTAN GUINÉE
Almamya Rue KA 028, en face
du restaurant Le Cèdre
OKB agency BP 3470 Conakry
(00224) 657 20 85 08 / 664 28 91 96
harmattanguinee@yahoo.fr

L'HARMATTAN MALI
Rue 73, Porte 536, Niamakoro,
Cité Unicef, Bamako
Tél. 00 (223) 20205724 / +(223) 76378082
poudiougopaul@yahoo.fr
pp.harmattan@gmail.com

L'HARMATTAN CAMEROUN
TSINGA/FECAFOOT
BP 11486 Yaoundé
699198028/675441949
harmattancam@yahoo.com

L'HARMATTAN CÔTE D'IVOIRE
Résidence Karl / cité des arts
Abidjan-Cocody 03 BP 1588 Abidjan 03
(00225) 05 77 87 31
etien_nda@yahoo.fr

L'HARMATTAN BURKINA
Penou Achille Some
Ouagadougou
(+226) 70 26 88 27

L'HARMATTAN SÉNÉGAL
10 VDN en face Mermoz, après le pont de Fann
BP 45034 Dakar Fann
33 825 98 58 / 33 860 9858
senharmattan@gmail.com / senlibraire@gmail.com
www.harmattansenegal.com